TE·
CHNO
LOGI
CAL

李雪松
张慧慧
朱承亮
等著

迈向
高水平科技
自立自强

Towards High-level
Technological
Self-reliance and Self-strengthening

中国社会科学出版社

图书在版编目（CIP）数据

迈向高水平科技自立自强／李雪松等著. -- 北京：
中国社会科学出版社，2024. 10. -- ISBN 978-7-5227
-4222-9

Ⅰ. F124. 3

中国国家版本馆 CIP 数据核字第 20245MA296 号

出 版 人　赵剑英
责任编辑　周　佳
责任校对　胡新芳
责任印制　李寡寡

出　　版　中国社会科学出版社
社　　址　北京鼓楼西大街甲 158 号
邮　　编　100720
网　　址　http://www.csspw.cn
发 行 部　010-84083685
门 市 部　010-84029450
经　　销　新华书店及其他书店

印　　刷　北京君升印刷有限公司
装　　订　廊坊市广阳区广增装订厂
版　　次　2024 年 10 月第 1 版
印　　次　2024 年 10 月第 1 次印刷

开　　本　710×1000　1/16
印　　张　20.75
插　　页　2
字　　数　236 千字
定　　价　108.00 元

前　言

　　党的十九届五中全会立足于新发展阶段这一历史方位，即全面建成小康社会、实现第一个百年奋斗目标之后，乘势而上开启全面建设社会主义现代化国家新征程、向第二个百年奋斗目标进军，提出要"坚持创新在我国现代化建设全局中的核心地位，把科技自立自强作为国家发展的战略支撑"。党的二十大报告指出，到2035年，我国要实现高水平科技自立自强，进入创新型国家前列。

　　实现高水平科技自立自强是贯彻新发展理念的内在要求。新发展理念阐明了我国未来发展模式和发展道路等重大问题，将创新放在首位，强调创新发展注重解决发展动力问题，是发展的第一动力。过去一段时期，随着国际主要大国力量对比格局的变化，我国面临的国际发展环境发生了重要变化。特别是在科技领域，领先国家对我国科技进步的遏制措施持续加码，导致我国在部分关键核心技术领域面临"卡脖子"问题。为更好把握发展主动权，我国必须提升科技创新综合实力，加快实现高水平科技自立自强。

　　实现高水平科技自立自强是推动高质量发展的必由之路。当前，我国经济已由高速增长阶段转向高质量发展阶段。推动高质量发展要求开辟发展新领域新赛道、塑造发展新动能新优势。要在这些方面取得进展，必须依靠科技创新。只有加快实现高水平科技自立自强，才能从源头上解决我国在技术变革、产业升级、经济增长、社会进步等领域面临的新问题新挑战，为实现中国式现代化打下坚实基础。

本书围绕当前及未来一段时期我国实现高水平科技自立自强面临的若干重要理论和实践问题进行研究，立足于对科技发展客观规律的理解和对国际科技发展环境的研判，把握实现高水平科技自立自强的核心要点，提炼关键问题、探索解决路径。

在谋篇布局上，本书按照"总论＋分章"的框架展开。总论着眼于理清迈向高水平科技自立自强面临的国际环境和风险挑战，并基于自身有利条件提出发展路径；各分章聚焦不同的理论和实践问题，分析实现高水平科技自立自强的科学内涵和理论逻辑，以及若干重点领域面临的关键核心问题和应对举措。第一章聚焦高水平科技自立自强的内涵、重点与难点，从历史逻辑和内涵分析的角度出发，提出实现高水平科技自立自强的重点和难点。第二章聚焦高水平科技自立自强的衡量与评价，在提出评价指标体系的基础上，明确高水平科技自立自强的实现路径。第三章聚焦推动实现关键核心技术自主可控，基于对关键核心技术攻关进展与现存问题的分析，以及对优势和挑战的总结，提出实现关键核心技术自主可控的政策建议。第四章聚焦加强基础研究投入，提高研究能力，从基础研究的内涵辨析和发展趋势出发，明确提高研究能力面临的关键问题和相应的政策举措。第五章聚焦深化科技体制改革，加快完成高水平科技自立自强，对科技体制改革的进展成效和理论框架进行梳理，在明确重大问题和重要突破点的基础上，提出深化科技体制改革的若干举措。第六章聚焦推动科技成果评价机制改革，在明确现状问题，充分借鉴国际经验教训的基础上，提出推动科技成果评价机制改革的政策建议。第七章聚焦推动人才培养和支持机制改革，在梳理相关机制探索历程，并明确问题与挑战的基础上，提出完善人才培养与支持机制的政策建议。

本书是中国社会科学院重大创新项目（2023YZD010）"实现高水平科技自立自强的关键"的研究成果，首席专家是中国社会科学院经济研究所所长李雪松研究员，负责研究框架的总体设计、研究思路的整体把握以及研究内容的修改完善。本书是集体智慧的结晶，具体写作分工如下：总论，李雪松、朱承亮、左鹏飞、张慧慧；第一章，张慧慧；第二章，罗朝阳；第三章，高洪玮；第四章，朱承亮；第五章，庄芹芹；第六章，李雯轩；第七章，李莹。

本书得到中国社会科学院哲学社会科学创新工程学术出版资助，在出版过程中，中国社会科学出版社智库成果出版中心主持工作副主任喻苗和责任编辑周佳付出了辛勤劳动，在此一并表示衷心感谢。尽管课题组付出了很大的努力，但受水平和时间所限，书中难免存在疏漏甚至谬误之处，敬请广大读者批评指正。

李雪松

2024 年 9 月

目　　录

迈向高水平科技自立自强

当前，全球科技领域呈现重大基础科学发现相对放缓、应用研究成果加速涌现、科学研究范式深刻转变的"三期叠加"特征，中国实现高水平科技自立自强面临新的科技趋势，蕴含新的战略机遇。中国一方面科技创新综合实力不断提升，加速迈向创新型国家前列；另一方面也须警惕国际规则非正常调整、前沿领域赛道固化、科技创新与经济增长脱节等风险挑战。面对新的科技趋势和风险挑战，中国需着力提升基础研究水平、深入推进科技体制机制改革、加快推动数据与场景优势向科技与产业优势转化、主动应对国际规则非正常调整、加强颠覆性和前沿技术研究、推动科技创新与经济增长互促共进，加快实现高水平科技自立自强。

一　全球科技发展呈"三期叠加"特征

当前，世界经济与科技格局正在加速重构，全球科技发展呈"三期叠加"特征。中国实现高水平科技自立自强面临新的科技趋势，蕴含新的战略机遇。

（一）重大基础科学发现相对放缓期

科技发展并非均匀分布，而是在自身规律和其他因素的综合影响下呈现"爆发"或"放缓"交替状态。百年来，虽然各国对基础研究高度重视，但原创性重大基础科学发现较为稀缺，易摘的"低垂果实"日渐稀少。当前，重大基础科学发现相对放缓，取得原创性、颠覆性重大科学成果需要更多耐心、更高投入、更长周期、更强协同。中国科学院《2023研究前沿》报告研判的128个科学研究前沿显示，新的科学革命有可能出现在物质科学等高度聚合的大学科领域，但目前尚处于范式迭代前的平静积累阶段。

一是可见存量博弈加剧。在可创新空间日渐收缩背景下，具有较强科技实力的国家抓紧抢占显性赛道，不断缩短基础科学向应用研发的转化周期，全力争夺人工智能、新能源等应用科技领域的可见存量。

二是前沿基础科学研究地位骤升。全球基础科学整体迈入"科技高原"，向前推进面临着巨大困难，但也意味着新"技术奇点"的临近，因而强化前沿基础科学研究的战略意义空前凸显。在此背景下，优化基础研究体系、促进学科交叉融合日益成为各国科技发展的共识。

（二）应用研究成果加速涌现期

当前，科学研究重心不断向下游应用端转移，应用科学研究空前活跃且竞争激烈。尤其是以人工智能为代表的新兴技术不断演进，推动 ChatGPT、Sora、星链等成果加速涌现，并带来一系列连锁反应。量子通信、脑机交互等成为应用科学研究的重要领域，数智技术、新能源、生物技术等领域加速形成科技制高点。

一是多个领域加速形成科技制高点。近年来，信息技术、新能源、新材料、生物技术等多领域出现了高水平应用，大量新的科技与产业制高点正在加速形成。世界主要国家纷纷把前沿科技赛道作为战略竞争和博弈的焦点，围绕这些科技制高点开展高烈度竞争。

二是交叉融合领域成为科技创新的重要源头。随着科技与产业耦合效应的不断加深，单一学科已经难以解决现实中多因素叠加形成的复杂问题，倒逼多学科多领域加快交叉融合，成为当前科技创新的重要来源，并推动量子芯片、合成生物学、人形机器人等新兴技术的快速发展。

三是技术发展的商业驱动特征日益明显。大量的前沿技术不断从实验室中走出来，相关应用从封闭性走向非封闭性，推动 AI 智能体、元宇宙等新兴应用场景构建，而商业化落地应用则成为新兴技术发展的关键驱动。

（三）科学研究范式深刻转变期

新一轮科技革命和产业变革正在向纵深演进，科学研究范式加速从宏观层面的"大定律、小数据"牛顿范式向细分领域的"大数据、小定律"默顿范式转变。面向细分领域，以观察和实验为主要手段的传统研究范式局限性越发凸显，大数据和智能化手段的重要性持续提高。数据、算法等成为新范式，极限思维、极限项目日益成为前沿科技探索的常态模式。科技创新活动组织化、集群化、网络化特征明显，大型企业成为引领基础研究和前沿技术的重要力量。

一是传统创新要素约束不断被突破。随着数据资源应用场景的大幅增加，数据成为新的创新要素，并替代或优化了资本、人力、土地等传统要素的投入。同时在新兴技术快速发展的背景下，人工智能、算法模型也逐步进入创新系统，使得创新要素重新组合。

二是原始创新重要性不断前移。当前，全球科技创新及其所引发的科技革命不断向纵深发展，呈现领域叠加化、边界模糊化、学科交织化的融合发展态势，科技创新各要素间的内在关系日益复杂和密切。厘清各要素的基本功能和内在关联，需要在逻辑源头和底层架构上发力，原始创新成为解决问题和加快突破的关键。

三是极限条件下的科技探索日益成为常态。从世界科技发展态势来看，面对前沿领域的激烈竞争，大多数关键技术的研发已经并非着眼于当下适用，而是挑战现有技术极限。树立极限思维、设立极限项目日益成为前沿科技探索的常态。

二　迈向高水平科技自立自强面临的风险挑战

当前大国博弈不断升级，中国步入实现高水平科技自立自强的关键期，面临以下三方面的风险挑战。

（一）国际规则非正常调整风险

大国科技博弈是新时代中国建设现代化强国的重要变量，须高度重视领先国家利用国际规则遏制中国科技发展的风险。

一是国际组织参与模式由"多元化发展需要"转变为"领先国家发展需要"。为维持世界经济科技霸主地位，领先国家加快调整相关国际组织的参与规则，由"全球模式"转变为"俱乐部模式"，成员参与方式由基于多元化发展需要的鼓励加入转变为基于领先国家需要的有条件加入。

二是领先国家操纵国际规则多维度遏制中国科技发展。领先国家综合运用重塑标准、出口管制、安全审查、立法限制、专利废除等诸多措施，定向打击中国优势科技领域；联合盟友构建芯片四方联盟、6G联盟等对华"遏制联盟"，试图切断中国与相关技术优势国家的交流合作，抬高中国构建科技创新体系的成本。

（二）前沿领域赛道固化风险

近年来，中国在多个前沿科技领域取得重要突破，人工智能领域也取得长足进步，但与世界先进水平仍存在一定差距。在赶超过程中，须警惕战略误判和赛道固化风险。

一是被动陷入领先国家绝对领先赛道，被领先国家最新人工智能成果"牵着鼻子走"。面对领先国家不断发布新型人工智能成果，若不保持追赶，中国或将错失科技发展的历史性机遇；但若不能在基础赛道上有所突破，只是不断对标新出现的人工智能成果，则不利于掌控人工智能发展的主动权。

二是一哄而上跟踪模仿，将导致人工智能陷入同质化竞争并引起赛道整体固化。中国人工智能领域基础研究和原创能力正加速累积，若一哄而上跟进单一专项赛道，高昂沉淀成本将造成转换和调整困难，容易导致赛道整体固化。

（三）科技创新与经济增长脱节风险

科技创新旨在促进经济社会发展和提升国家安全保障能力。当前中国科技创新驱动经济增长的效能不够强，部分领域面临脱节风险。

一是需警惕先进技术产业化应用不足，导致创新链与产业链融合不充分。从美苏争霸历程来看，后期苏联国防科技成果向民用转化不畅，科技进步惠及轻工产业与民生不充分，导致科技创新与经济增长脱节。现阶段尽管中国高度重视科技成果转化和产业化应用，但实际执行受到耐心资本不足、容错机制缺位等因素制约，创新链与产业链融合不充分。

二是需警惕部分创新主体缺乏科技与经济发展系统观，导致科技创新成为"孤岛"。当前，部分距离市场需求较远的创新主体过度强调科技本身，或者"为论文而论文"，对潜在应用场景和经济发展的论证不够充分，导致科技进步促进经济增长的属性发生畸变，两者之间存在脱节风险。

三　迈向高水平科技自立自强的有利条件

在新发展阶段，尽管中国科技发展面临上述风险，但也应认识到，中国科技事业已发生历史性、整体性、格局性重大变化，具备化危为机、持续跨越能力。其中，以下几方面有利因素有望进一步增强中国应对风险的能力。

（一）国家创新体系相对完善，战略科技力量初具规模

中国创新体系建设不断推进，已经初步建立起了各类创新主体健全、结构相对完善、创新能力不断提升的创新体系。

一是整体创新能力大幅提升。随着科技体制改革不断深入，中国创新生态持续优化、创新要素流动加快、国际科技合作增强，整体创新能力大幅提升。2022年中国研发经费投入突破3万亿元，位列全球第二位；研发投入强度为2.54%，位列全球第十三位。

二是战略科技力量主体发展较快。目前，中国正在运行的国家重点实验室有533家，重组进度明显加快，国家实验室体系逐渐完善，已初步具备承担国家重大战略任务的条件。高水平研究型大学建设迈向新阶段，已成为基础研究和科技人才培养的主体。第二轮"双一流"建设高校共有147所大学，部署了基础学科59个、工程类学科180个。国家科研机构持续改革创新，布局建设77个国家重大科技基础设施、200多家国家工程研究中心。

三是企业创新主体地位不断增强。科技创新体系的市场导向特征加快显现，2022年，中国企业、政府属研究机构、高等院校研发经费在研发总经费中的占比分别为77.6%、12.4%、7.8%，企业研究经费比重已与美国（77.6%）、日本（78.6%）、韩国（79.1%）水平相近。与此同时，科技领军企业不断壮大，《2022欧盟产业研发投资记分牌》显示，中国共有679家企业进入全球研发投资排名前2500位，仅次于美国。

（二）创新能力持续提升，部分科技领域由"跟跑者"转为"并跑者""领跑者"

2023 年，中国创新能力综合排名第十二位，部分科技领域已经与发达国家并跑甚至领跑。

一是多学科论文数量居全球首位。2022 年，中国各学科最具影响力期刊论文数量首次排名世界首位，高水平国际期刊论文数量及被引用次数、热点论文数量也均排名世界首位，同时农业科学、化学、计算机科学、工程技术、材料科学和数学 6 个学科的国际论文被引用次数排名世界首位。

二是 PCT 国际专利申请量实现数量质量"双提升"。中国 PCT 国际专利申请量已连续 4 年居世界首位，2022 年在各类知识产权的申请量上更是成绩斐然，专利、商标、工业品外观设计等申请量均接近或超过全球半数；华为公司 PCT 专利申请量全球第一，OPPO、京东方的申请量也进入全球前十。

三是多个产业领域领跑全球。中国在量子通信领域处于全球领先地位，发射第一颗量子卫星，建成全球最长的量子通信网络；新能源汽车实现换道超车，产销连续 8 年保持全球第一，比亚迪等 7 个品牌进入全球前十，"三电"技术全球领先；人工智能进入第一梯队，AI 专利申请数量在 2017 年超过美国。此外，在高铁、光伏产业、磁悬浮列车、无人机、太空探索等领域也具有一定的全球领先优势。

（三）超大规模市场与完备产业体系兼具，数据资源和科技创新应用场景丰富

中国的超大规模市场和强大生产能力优势，决定了在科技创新应用场景方面具备重要的有利条件。

一是中国具有超大规模市场。中国是全球规模超大且最具潜力的消费市场，拥有 14 亿多人口，城镇常住人口超过欧洲总人口，4 亿中等收入群体超过美国总人口。当前，居民消费呈现多样化、高端化、服务化等特征，在短板领域、薄弱环节和新领域新赛道等方面的投资还有较大可拓空间。同时，新型城镇化发展也为技术应用扩大化提供助力。

二是中国拥有完备产业体系。中国具有全球最完整的产业体系，多数材料、组件都能找到本土供应商，能够有效支撑创新原型产品快速试制和量产。同时，中国的基础设施网络日益完备，粮食、能源资源、重要产业链供应链安全保障能力不断提升，经济韧性持续增强。

三是中国拥有丰富的数据资源和科技创新应用场景。中国拥有其他国家无法比拟的数据资源优势，据 IDC 预测，2025 年中国数据量将占全球 27.8%，远高于美国的 17.5%。在"大数据、小定律"科研范式兴起背景下，中国着力推进数据基础制度建设，加速数据要素流通共享，为数据资源优势转化为科学研究和创新能力创造了条件。中国还拥有丰富的科技创新应用场景，助推传统产业数字化转型和新兴产业快速成长。创新技术与中国丰富的应用场景相结合，不仅可以实现快速升级，而且可以迅速实现产业

化，帮助企业加速创新迭代。

四　迈向高水平科技自立自强的路径选择

迈向高水平科技自立自强，需要结合全球科技发展"三期叠加"阶段特征，充分发挥中国的比较优势，积极应对国际环境变化带来的风险挑战，着力提升基础研究水平，深入推进科技体制机制改革，加快推动数据与场景优势向科技与产业优势转化，主动应对国际规则非正常调整，加强颠覆性和前沿技术研究，推动科技创新与经济增长互促共进，加快实现高水平科技自立自强。

（一）坚持目标导向和自由探索相结合，提升基础研究水平

基础研究是科技创新的"根服务器"，影响与控制着科技演进的主要脉络。在重大基础科学发现相对放缓期，中国要充分利用这一机会窗口，力争全面赶上全球基础科学前沿。要加强基础研究关键科学问题凝练能力，完善面向世界科技前沿的原创性科学问题的发现和提出机制。大力支持长周期、探索性、原创性基础研究。以目标任务为导向，加快建设一批大科学装置，完善平台间科研要素流动机制，提升有组织科研效能。加快推动教育体系学科调整和培养方式变革，优化学科布局，强化数学、物理等基础学科建设。推动人才评价改革落地见效，探索海外人才引育和激励机制，系统推进教育、科技、人才融合发展。涵养适度宽松、包容失败的科学文化，弘扬尊重科学、求真崇善的创新精神。

（二）深化科技体制机制改革，提升国家创新体系整体效能

在全球应用研究成果加速涌现期，要抢抓新一轮科技革命和产业变革机遇，不失时机地深化科技体制机制改革，努力在若干重要领域形成科技制高点，实现"变道超车"。明确国家战略科技力量的分工定位，健全协同机制，重塑效能优先的国家创新体系。探索"科技领军企业出题、科研机构参与答题、金融机构全程服务、人才机构全力支撑"的合作共赢新模式，加快大中小企业融通、产学研用协同的创新联合体建设，健全风险共担、收益共享机制，促进创新链各环节主体形成合力，集中力量攻克一批关键核心技术。建立全球协同创新网络，形成内外双向开放创新生态。

（三）充分发挥数据与场景优势，赋能科技与产业创新发展

在全球科学研究范式深刻转变期，要充分利用中国数据资源和应用场景丰富优势，加快推动数据与场景优势向科技与产业优势转化。建立产业和科研数据共享机制，加强分领域数据共享标准和规范建设；构筑第三方平台对接数据共享需求，推进国家产业和科研基础数据库建设；完善平台间科研要素流动机制。加快科研思维转变，引导科研界和产业界从适配思维向极限思维转变，在芯片、石墨烯、6G等重要领域部署一批极限科研项目；探索数据科学与计算智能融合模式，推动科研智能生态建设。

（四）扩大高水平对外开放，主动应对国际规则非正常调整

针对领先国家遏制中国科技发展的风险，一方面要在若干关键

核心领域持续推动国产替代，另一方面要不断扩大高水平对外开放。加强重要领域国际规则非正常调整的预警和防范，强化前瞻性、预见性研究，完善国际规则监测预警制度，做好国际规则非正常调整反制预案。深入研究国际科技合作规则，主动参与国际规则的谈判和制定，增强对人工智能应用、6G 标准等尚未成型国际规则的制定权。主动牵头参与全球科技合作与治理，牵头实施国际大科学计划和大科学工程，支持在中国境内发起设立国际科技组织，鼓励有条件的国内创新主体通过多种方式"走出去"。

（五）加强颠覆性和前沿技术研究，培育发展未来产业

针对前沿领域赛道固化风险，要以提升原始创新能力、打造原始创新策源地为目标导向，加强颠覆性技术和前沿技术研究，前瞻布局未来产业，在量子信息、生命科学、未来网络等领域不断开辟发展新赛道，不断塑造发展新动能。尊重科技创新和颠覆性技术创新规律，鼓励颠覆性技术和前沿技术的多路径探索，鼓励多条技术路线错位竞争，加快构建并切实落实科技创新容错机制。产业政策要谨慎处理具体技术路线选择，政府着力在经费稳定支持、应用场景培育、早期产品购买等方面更好发挥作用，为原始创新策源和技术变革性突破提供加速度。

（六）强化企业科技创新主体地位，推动科技创新与经济增长互促共进

针对科技创新与经济增长脱节风险，要强化企业科技创新主体地位，让科技创新离需求更近、离实用更近、离产业更近，促进

创新链与产业链深度融合，推动科技创新与经济增长互促共进。大力促进科技金融发展，充分发挥多层次资本市场在降低科技企业资金成本、拓宽企业投融资渠道、分散创新风险、加快先进技术产业化应用等方面的重要作用。积极回应新兴产业和未来产业发展需求，加快完善风险投资监管机制，发展壮大耐心资本，加快形成新质生产力。

第一章

高水平科技自立自强的内涵、重点与难点

2021 年 5 月，习近平总书记在两院院士大会和中国科协第十次全国代表大会上发表重要讲话时强调，要坚持创新在中国现代化建设全局中的核心地位，把科技自立自强作为国家发展的战略支撑。面对新一轮科学技术革命深刻演变，全球化发展格局加速演化，以及中国自身发展阶段特征和增长基础的改变，实现高水平科技自立自强成为中国完整、准确、全面贯彻新发展理念，加快构建新发展格局，着力推动高质量发展的必然选择。这一重要战略提出以来，引起了社会各界的广泛关注和讨论。但到目前为止，社会各界对于高水平科技自立自强的内涵，以及实现这一战略的重点和难点仍有许多不一致的见解，因此有必要针对相关内容进行系统性研究分析。本章第一部分将对该战略提出的时代背景，以及中国实现高水平科技自立自强的重大意义进行梳理。第二部分对中华人民共和国成立以来中国科技发展战略演变的过程进行分析，第三部分对国际上经历过相似发展阶段或采取过类似发展战略的国家的经验和教训进行梳理总结。关于战略背景、国

际经验、重大意义的分析是本书的重要基础，基于这些内容有助于从中国科技发展的历史纵深视角和国际横向视角理清高水平科技自立自强的理论和现实内涵，并结合当前科技创新和经济社会发展现状明确实现高水平科技自立自强的重点和难点。因此，本章的第四部分将从相关重点概念辨析的角度出发对高水平科技自立自强的内涵进行阐述分析，第五部分则将梳理实现高水平科技自立自强在各主要领域面临的重点和难点。

一　高水平科技自立自强的时代背景及科技战略演变的历史逻辑

从各国经济增长和社会发展的长期视角来看，科技进步是促进宏观经济持续增长最关键的动力之一。因此，在近现代世界科技强国发展的历史进程中，特别是第二次世界大战以来，各国在推动科学技术进步并进一步应用科学技术促进经济增长方面采取的战略性行为越发普遍。中华人民共和国成立以来，中国对科学技术的发展给予了充分的重视，并且根据国家实际发展阶段特征和外部环境变化，对推动科技发展的战略路径进行了数次调整。实现高水平科技自立自强是党的十九届五中全会以来中国提出的重大战略，理清这一战略所处的时代背景以及之前数次科技发展战略演变的历史逻辑，有助于更加清晰地理解实现高水平科技自立自强这一重大战略的内涵，以及实施过程中的重点和难点。

（一）实现高水平科技自立自强的时代背景

近年来，中国面临的外部发展环境发生了明显变化，主要原因是美国在经济贸易和科技创新领域的对华竞争战略进行了重要调整。这一调整的时间节点是从特朗普出任总统以来，总体战略演变特征是由特朗普政府时期强调经贸领域的逆全球化，转变为拜登政府时期维持高关税的同时推动重点科技领域对华"脱钩"，以及 2023 年以来拉拢盟友提出产业链、供应链"去风险"。

具体来说，2017 年 12 月特朗普公布了任内首份《国家安全战略报告》，强调"美国优先"是基本准则，并将中国定位为美国的"战略竞争对手"。这份报告并没有着重强调科技竞争，涉及对华的部分更多强调美国要改变贸易赤字的现状，重振美国制造业。但之后特朗普政府采取的措施进一步升级，对华竞争战略的重点一方面体现在贸易领域采取高关税，意图削弱中国制造业的竞争力，吸引制造业回流美国本土；另一方面，美国商务部发起了对中兴和华为的禁令，以维护国家安全为由禁止中兴和华为使用美国的先进技术和产品，并进一步通过实体清单的方式，对更多的中国企业、高校以及科研院所等进行出口管制和技术封锁。在这一阶段，美国所采取一系列措施对中国科技发展产生的影响处于逐步发酵阶段，中国在部分关键核心技术领域面临的"卡脖子"问题开始显现。

2021 年拜登出任总统以来，对华竞争策略发生了明显变化，采取的政治手段也更加多元化。在国际合作方面，拜登政府更加提倡多边主义，积极联络盟友形成利益共同体，推动产业链和供应链"去中国化"。直接对华竞争策略也更加系统和全面，2021年6月美国参议院通过了《2021年美国创新和竞争法案》，该法案由七部分组成，是一部囊括了政治、经济、文化、国际事务等多个领域的综合性法案，并且将中国作为其重点竞争对象。具体来说，其一，该法案瞄准芯片、5G等对华遏制的重点领域，以及数字技术和空间网络等中美竞争的重要战略领域，推出了一系列重大举措，包括但不限于资金支持、人才培养、科研改革等；其二，该法案强调对华战略竞争不仅限于科学技术领域，还包括了所谓的民主价值观念以及人权等一系列政治问题，从而导致中美之间的竞争关系进一步复杂化。此外，2022年8月拜登先后签署了《芯片和科学法案》和《通胀削减法案》，前者围绕芯片产业提出约为527亿美元的直接补贴和研发资助政策，同时限制受到美国补贴的企业在中国进行投资，意图吸引各国的高端芯片企业向美国转移并遏制中国的发展；后者则是一项瞄准新能源领域的贸易保护措施，意图通过财政补贴的方式刺激本国新能源产业发展，这将对中国处于快速发展阶段的新能源产业产生重要影响。2023年以来，美国在对华战略表述上将"脱钩"改为"去风险"，但这种话术上的调整并没有改变其对华关键技术领域限制和在产业链、供应链关键环节脱钩的实质，并且拜登在8月以行政命令的方式限制美国对中国半导体、量子信息、人工智能三大领域的投资。

因此，总体上近年来中国外部发展环境变化中，最主要的消极因素源自美国主导的国际经济贸易和科技发展竞争秩序相关的一系列重要战略调整。一方面，美国作为综合国力强、国际影响力大的世界强国，其对外竞争与合作战略的调整本身就将给国际秩序带来重要影响；另一方面，自从中国融入全球化经济发展以来，美国一直是中国在经贸领域最重要的合作伙伴之一。截至 2022 年年底，中国对美国的出口金额占中国出口总额的比重仍保持在 16% 以上。因此，与美国经贸关系的变化将对中国外需的体量和结构，以及参与国际经贸合作的策略产生深远的影响。

更重要的是，上述变化所产生的影响不仅限于经济贸易领域。近年来美国发起的与中国之间的战略竞争越来越聚焦于科技领域，且对中国先进科技发展的压制范围则不断扩大至航空航天、信息通信、智能汽车等多个领域，采取的竞争手段也从限制技术出口、人才交流不断扩展至高科技领域限制投资和多方位脱钩断链。从长期来看，中美博弈的本质是新兴大国崛起过程中，守成大国发起的经济与科技较量。美国希望通过推动先进科技和部分产业链、供应链与中国的"脱钩"来阻碍中国的科技进步和创新链、价值链升级，从而维护美国在全球格局中的主导权和控制权。[①] 由此可见，未来一段时间，中国在科技领域的发展将对现代化产业体系建设、新发展格局构建以及科技强国建设等一系列重要目标产生重大影响。

（二）实现高水平科技自立自强的重大意义

工业革命以来，科技进步对经济增长的重要作用已经从理论和实践层面得到了广泛的一致性认可。英、法、德、美等西方国家

---

① 王宏伟等：《中美技术摩擦给我国高技术产业和企业带来的风险分析》，《中国科学院院刊》2023 年第 4 期。

综合国力对比的此消彼长也让我们更加清晰地认识到，世界科技强国、经济实力强国和具有国际影响力和话语权的强国，这三者具有内在统一性。一个国家只有掌握了先进的科学技术水平，才能持续提升生产力水平，增强本国产品的国际竞争力，从而在经济实力上位居世界前列，并进一步扩大自身在国际上的影响力和话语权。因此，实现高水平科技自立自强不仅是科技领域的任务，而且是关乎中国现代化产业体系建设、经济高质量增长、国家发展安全等一系列重大目标能否顺利实现的关键性支撑。

1. 实现高水平科技自立自强是贯彻新发展理念的重要体现

习近平总书记在2021年1月省部级主要领导干部学习贯彻党的十九届五中全会精神专题研讨班上指出，新发展理念是一个系统的理论体系，回答了关于发展的目的、动力、方式、路径等一系列理论和实践问题，阐明了我们党关于发展的政治立场、价值导向、发展模式、发展道路等重大政治问题。新发展理念中，创新排在首位，注重的是解决发展动力问题。改革开放以来，中国一方面不断推动计划经济向社会主义市场经济转型，另一方面加快融入经济和贸易全球化发展。这种一手抓改革一手抓开放的发展路径，为中国的经济增长腾飞带来了诸多机遇。

随着发展历程的不断推进，进入新发展阶段，中国具备的发展基础已经发生了明显变化。首先，中国的经济实力和综合国力已经在改革开放40多年以来实现了较大飞跃，成为世界第二大经济体、第一大货物贸易国。2022年，中国的国内生产总值超过120万亿元，人均国内生产总值超过1.2万美元，第七次人口普查常住人口城镇化率超过60%。在经济发展和人民生活水平不断提升的同时，中国劳动力成本也在逐步提升。这既符合经济发展规律，也符合提升人民物质生活水平的需求。但同时，这也在客观上造成了中国在制造业领域国际竞争优势的减弱。其次，中国社会主义市场体系完善已进入后半段，增量改革空间在减少，改革方向越来越需要转向存量，因此改革过程中各方力量的博弈复杂化，掣肘因素在逐渐增多。通过推动改革能够释放的经济活力有所减弱，能带来的经济增长规模也因此下降。最后，随着中国常住人口城镇化水平超过60%，这意味着中国的城镇化发展也进入了后半程。根据发达国家的经验显示，人口城镇化率超过60%以后，其进一步增长速度会明显放缓。① 与此同时，过去十年当中，中国基础设施建设和房地产市场已经取得了非常显著的发展。随着城镇化进程的放缓，中国能够从基础设施建设和房地产发展中获得的经济增长红利也将明显减小。其中，房地产、地方政府隐性债务等领域在前期发展模式下的快速扩张甚至会为今后一段时期的经济增长带来风险。

因此总结来说，进入新发展阶段，中国传统经济增长模式的主要动力正在减弱，未来经济增长必须实现从要素驱动向创新驱动，从外延式增长向内涵式增长的转变，这也正是中国提出新发展理念并将创新作为发展第一动力的关键所在。贯彻创新发展的理念不是泛泛地讲创新，而是有的放矢、有迹可循，其重点就在于科技创新硬实力的提升，使科技创新能够真正转变为促进经济增长的科技进步。这也是实现高水平科技自立自强的重要目标。因此，

---

① 李智：《典型国家城镇化中后期的发展特征及启示》，《中国经贸导刊》2021年第16期。

实现高水平科技自立自强是贯彻新发展理念的重要体现。

2. 实现高水平科技自立自强是构建新发展格局的关键支撑

党的十九届五中全会提出，要加快构建以国内大循环为主体、国内国际双循环相互促进的新发展格局。这是立足中国经济发展阶段特征、应对国际环境变化、发挥中国超大规模经济体优势、推动经济高质量发展的重要举措。理解新发展格局的内涵，一方面须认识到从中长期发展的角度看，扩大内需、畅通国内大循环不仅要从需求端发力，更关键的是要实现供给和需求之间的良性互动，特别是要根据外需的趋势性演变特征和内需的发展潜力优化供给结构、提高供给质量。另一方面须认识到构建新发展格局并不是只注重国内大循环，而是强调国内大循环与国内国际双循环之间的协调发展。过去中国的经济循环在高度依赖国际市场需求和国内需求不足之间相互强化，导致东中西部区域经济发展不平衡不协调，同时也使中国经济增长、科技创新、产业升级等均明显受到外部环境的制约。这两方面都要求中国加快建设现代化产业体系。现代化产业体系是对中国现有产业体系的综合性系统性优化升级，是抢抓新一轮科技革命和产业变革重大机遇的重要举措。其中包括了制造业高端化、智能化、绿色化发展，战略性新兴产业融合集群发展，现代服务业与先进制造业和现代农业的深度融合，以及数字经济与实体经济的深度融合等。这些方面均需要充分发挥先进科学技术的动力作用。

近年来，人工智能、5G 等领域的快速发展正在为整个现代化产业体系提供新的可能运转模式和动力来源，而在这些相关的科技领域，中国尚未与世界先进水平形成不可逆转的差距，在部分领域甚至还具备一定的优势。与此同时，欧美发达国家也在瞄准前沿科技领域和新兴产业领域加速布局。在当前的国际环境下，欧美发达国家在相关领域取得的重要突破必然难以为我所用，因此中国必须加快推动在这些先进科技领域的自主创新。同时，这些新技术新产业的发展路径具有较大的不确定性，而在中国与欧美发达国家不存在明显差距的情况下，他们难以对先进科技形成有效垄断。因此，中国必须抢抓这一轮科技革命和产业变革带来的机遇，以高水平科技自立自强推动现代化产业体系建设，为构建新发展格局提供关键性支撑。

3. 实现高水平科技自立自强是应对国际风险挑战的重大举措

自第二次世界大战结束以来，人类社会整体进入到一个时间跨度相对较长的和平发展阶段，经济建设成为世界上大多数国家的主要目标。经过七十多年的发展演变，国与国之间的相对力量，以及不同政治力量的纵横捭阖已经导致国际竞争合作格局产生了重要调整。与此同时，人类科学技术在较长一段时期相对平稳的渐进式发展后再次表现出进入新一轮科技革命密集活跃时期的特征。[1] 在这些因素的共同影响下，经济全球化趋势遭遇逆流，地缘政治冲突或已爆发或暗流涌动，国际力量对比深刻调整，而中国则正处于从站起来、富起来向强起来飞跃，实现民族复兴的关键时期。在这一阶段，中国面临的诸多风险挑战均与科技发展休戚相关。

---

[1]　白春礼：《构建现代科技创新治理体系　全面提升科技创新供给能力》，《中国党政干部论坛》2018 年第 6 期。

其一，新一轮科技革命在创造了发展机遇的同时也带来了风险挑战，这一方面体现在颠覆性技术将不断涌现，并且产生的影响可能波及多个经济部门，推动新产业的诞生，甚至是技术体系、生产生活方式、经济社会结构等方面的改变。如果中国不能在颠覆性技术领域实现率先突破，那么就可能在新一轮产业变革中陷入被动地位。另一方面科技革命带来的影响逐渐从生产领域拓展到生活领域，这将给国家治理体系带来严峻的挑战。政府部门必须不断适应科技进步给社会带来的诸多影响，并充分利用新技术新工具提升治理能力。其二，随着国际竞争格局的变化和中美科技博弈的复杂演化，中国在科技安全领域面临的风险挑战越发严峻。这一方面体现为中国在部分关键核心技术领域面临的"卡脖子"风险，如芯片制造、光刻机、汽车及航空发动机、操作系统、核心工业软件等领域对外依赖度均较高。另一方面体现为中国在参与全球科技治理过程中面临着巨大的挑战。拜登出任美国总统以来，更加注重采取多元化的政治手段来对中国的科技发展进行压制，比如在诸多产业链供应链环节上联合欧盟和东南亚部分国家推动"去中国化"，意在通过其较大的国际影响力促使更多国家在产业链和创新链上与中国脱钩。① 这无疑会阻碍中国高科技企业的对外合作交流，也会将中国排除在部分先进科技的联合研发应用及相关标准的制定之外，从而大大降低中国在先进科技领域的参与度和影响力，阻碍中国参与全球科技治理。在这种情况下，中国必须更加注重推动科技创新，争取尽早在关键核心技术领域

①　陈靓：《美国贸易政策新思维映射下的"印太经济框架"》，《国际展望》2022 年第 6 期。

实现突破，提升整个国家的综合创新实力，才有可能保障中国这条承载着 14 亿人口的大船在风高浪急的国际环境中持续向前。因此，实现高水平科技自立自强是应对国际风险挑战的重大举措。

二 中国科技发展战略演变的历史逻辑

党的二十大报告提出全面建设社会主义现代化强国的两步走战略，并且明确到 2035 年中国发展的总体目标之一是实现高水平科技自立自强，进入创新型国家前列。在经济全球化快速发展和科技交流自由度较高的时期，先进科学技术跨国传播的阻碍较小，特别是大量跨国公司的出现，更是加快了后发国家进行科学技术学习和追赶的步伐。但是近年来，随着美国对中国科技发展压制措施的不断升级，中国在高科技领域与国际先进企业进行合作交流，以及引进国际先进设备和学习国际先进科技的渠道正在被逐步压缩，整体科技发展面临的国际环境在明显恶化。在这种情况下，中国的科技发展战略必须转向更高水平的自主创新，更加注重提升国家创新体系的效能，形成以经济社会发展需要和前沿基础科学发展推动"双轮"驱动的科技创新模式，从而为经济高质量发展提供强大的先进科技力量支撑。

（一）计划经济体制下的科技发展战略（1949—1977 年）

在计划经济时代，中国科技资源配置模式是与计划体制相适应的，由政府主导的分配方式。因此，科技活动的运行机制以及科学技术的发展方向均带有浓重的计划色彩。在此期间，对科技发展形成重要影响的政策文件主要包括《1956—1967 年科学技术发展远景规划》（以下简称《十二年规划》）和《1963—1972 年科学技术发展规划纲要》（以下简称《十年规划》）。

1956 年 12 月，中共中央批准了《十二年规划》，这是中华人民共和国成立以来的第一个中长期科技发展规划。《十二年规划》提出的方针是"重点发展，迎头赶上"，主要内容是围绕 13 个方面提出了 57 项重大科学技术任务。更重要的是该规划对科学研究工作的体制进行了详细的布局，将整个科学研究工作系统分为中国科学院、产业部门的研究机构、高等学校和地方研究机构四个部分，同时对各部分主要承担的职能，以及科学技术人才的培养、使用、分配等进行了规定。[①]《十二年规划》是一项非常全面系统的规划，在当时的国情条件下具有很高的科学性和合理性，奠定了中国政府部门主导科学研究发展的基础。

为响应中央于 1960 年冬提出的"调整、巩固、充实、提高"八字方针，国家科委在《十二年规划》的基础上开始制定《十年规划》，并于 1963 年 12 月经中共中央、国务院批准。该规划为应对发展环境和发展要求的变化，提出"自力更生、迎头赶上"的方针，总体思想与当时整个经济社会发展中快速赶超的思想契合，提出在重要的急需的科学技术领域实现"大跃进"。该规划提出 375 项重点研究试验项目、3205 个中心问题和 15000 个研究课题，但在实施三年后受"文化大革命"的冲击，基本陷入停滞状态。[②]

---

① 曹希敬、袁志彬：《新中国成立 70 年来重要科技政策盘点》，《科技导报》2019 年第 18 期。
② 曹希敬、袁志彬：《新中国成立 70 年来重要科技政策盘点》，《科技导报》2019 年第 18 期。

总体来说，这一阶段中国的科学技术发展战略以赶超世界先进科技水平为主要目标，强调瞄准重点急需领域，并主张自力更生。但同时由于当时中国的体制原因，两份规划都带有浓重的计划色彩，发展方向由政府部门主导，科学界具有一定的发言权，但企业参与度较低。尽管强调技术与生产之间的结合，但当时语境下的生产是计划模式的生产，科技发展的相关制度安排也是适应于计划经济体制下的目标要求，因此这在一定程度上导致了改革开放以后中国的科技发展体制与市场需求存在较大的距离。

（二）商品经济时期的科技发展战略（1978—1991 年）

1978 年 3 月全国科学大会的召开，标志着中国的科技事业在经历了"文化大革命""十年动乱"后迎来了改革春风。从 1978 年改革开放到 1992 年党的十四大正式提出建立社会主义市场经济体制，中国处于由计划经济向市场经济过渡的时期。这一阶段的科技发展战略也具有明显的过渡特征，对科技发展产生重要影响的政策文件包括两类，一类是对科技创新行为进行保护和奖励的法案及条例，另一类是对科技体制进行改革的规划性文件。

前一类政策文件主要包括《中华人民共和国专利法》《中华人民共和国技术合同法》《中华人民共和国发明奖励条例》《中华人民共和国自然科学奖励条例》《中华人民共和国科学技术进步奖励条例》。其中法案的出台从法律层面上明确了科技成果的产权归属和交易规范，建立了最基本的科技创新激励机制，而各类奖励条例的颁布则鼓励了科研人员从事科学技术研究发明的积极性。

后一类政策文件主要包括 1985 年 3 月发布的《中共中央关于

科学技术体制改革的决定》（以下简称《决定》）和 1986 年 11 月批准的《国家高技术研究发展计划》（以下简称"863 计划"）。《决定》主要围绕科技拨款制度、科技人才管理、基础研究、技术成果转化等方面推出了一系列改革措施。总体思想是尊重科技活动规律和科技人才成长规律，让科技体制更加符合经济发展需求。但这一阶段科技发展仍具有较强的计划色彩，如代表性的"863 计划"选择了对经济和社会发展具有重要影响的七个高技术领域，在经费、人员等方面进行资源配置，目标是加速缩小与世界前沿的差距。此外，还有国家科技攻关计划、国家重大科学工程计划等也在具体领域具有类似作用。

总结而言，这一阶段科技体制改革的主要特点包括更加关注科技活动自身特点和规律，探索非行政手段、引入竞争机制，扩大科研机构和科技人员自主权，促进科技与经济的结合等。[①] 这一阶段改革的基础是中华人民共和国成立后建立的科技体制，是一种由计划向市场逐渐过渡的过程，其中计划的色彩仍然比较浓重。

（三）以科教兴国战略为指引的发展阶段（1992—2005 年）

1992 年党的十四大召开，正式提出建立社会主义市场经济体制，并且指出必须把经济建设转移到依靠科技进步和提高劳动者素质的轨道上来，这一发展思想是科教兴国的初期阶段。1993 年 11 月在党的十四届三中全会上审议通过的《中共中央关于建立社会主义市场经济体制改革若干问题的决定》中，提出科技体制改

---

① 李正风：《中国科技政策 60 年的回顾与反思》，《民主与科学》2009 年第 5 期。

革的目标是"建立适应社会主义市场经济发展，符合科技自身发展规律，科技与经济密切结合的新型体制"。这一阶段对科技发展产生重要影响的政策同样可以分为两类，一类是促进科学技术进步的相关法律法规，另一类是关于科技体制改革的具体政策措施。

前一类主要包括《中华人民共和国科学技术进步法》《中华人民共和国促进科技成果转化法》《国家科学科技奖励条例》等，其中《中华人民共和国科学技术进步法》是科技领域的基本法，该法律的颁布奠定了科技法律制度的基本框架，国家也在按照法律规定，根据科技进步和社会主义市场经济的需要对科技体制进行改革。《中华人民共和国促进科技成果转化法》则打通了将政府资助的科技成果向企业转化的路径，强化了科技与经济的结合。

后一类主要包括两项重大决定。其一是 1995 年中共中央、国务院颁布的《关于加速科学技术进步的决定》，该决定首次正式提出实施科教兴国战略。科教兴国战略以全面落实科学技术是第一生产力为基本要求，坚持以科技进步和提高劳动者素质来促进经济建设，按照市场机制的作用规律，推动技术与经济的多渠道结合。其二是 1999 年中共中央、国务院发布的《关于加强技术创新，发展高科技，实现产业化的决定》，该决定意在推动高科技的产业化发展，以及通过体制改革促进技术创新和科技成果的产业化发展。

总结而言，这一时期主要以科教兴国为主线，推动科技体制以适应社会主义市场经济建设为目标逐步完善，促进科技成果以市场化的方式向生产领域转化，提高科技进步对经济发展的贡献率。但需注意到，一方面由于形成于计划经济时代的科技体制基础仍较为僵化，与市场结合不足；另一方面随着中国深度融入全球化发展，技术引进成本较低，导致许多产业领域过度依赖技术引进、吸收、改造，自主研发和创新不足。

（四）以自主创新战略为指引的发展阶段（2006—2019 年）

2006 年 1 月在全国科技大会上，时任中共中央总书记胡锦涛指出，自主创新能力不强、高新技术产业占比不高、关键领域对外技术依赖较大、科学研究实力不强等问题是中国科技水平与经济社会发展要求不相适应的主要表现，因此走中国特色自主创新道路、提高自主创新能力是建设创新型国家的重要战略选择。

为增强自主创新能力，2006 年 2 月国务院发布了《国家中长期科学和技术发展规划纲要（2006—2020 年)》（以下简称《纲要》)。《纲要》指出科技工作的指导方针是"自主创新，重点跨越，支撑发展，引领未来"，其中对于自主创新的定义是"从增强国家创新能力出发，加强原始创新、集成创新和引进消化吸收再创新"。相较于前一阶段的科技发展战略，选择自主创新发展战略更加注重将企业成为技术创新的主体，并对科技投入形成稳定的增长机制。《纲要》的实施是中国科技创新由模仿、引进、吸收走向自主创新的重要战略转变。为落实《纲要》提出的目标，2012年，中共中央、国务院印发了《关于深化科技体制改革加快国家创新体系的意见》，提出要进一步深化科技体制改革、强化企业技术创新主体地位等一系列具体目标措施，从而促进科技发展战略与经济社会发展方向紧密结合。

党的十八大以来，中国提出坚持走中国特色自主创新道路，实施创新驱动发展战略，并出台了《国家创新驱动发展战略纲要》《关于大力推进大众创业万众创新若干政策措施的意见》《关于全面加强基础科学研究的若干意见》等一系列重要政策措施。创新驱动发展战略的关键一方面在于转变中国的发展动力，将传统的要素驱动转变为创新驱动；另一方面也明确了科技创新的发展要以促进经济发展为目标。据此推出的一系列改革措施意在深入落实自主创新战略，不断提升科技创新体制与经济发展需求的适应性。

（五）以科技自立自强战略为指引的发展阶段（2020 年至今）

2020 年 10 月，党的十九届五中全会提出，要坚持创新在我国现代化建设全局中的核心地位，把科技自立自强作为国家发展的战略支撑，并且在《中华人民共和国国民经济和社会发展第十四个五年规划和 2035 年远景目标纲要》中以科技自立自强为战略支撑，对创新驱动发展战略进行了系统性部署，这标志着中国的科技发展战略进入以科技自立自强战略为指引的阶段。

2021 年以来，习近平总书记在多个重要场合阐释了科技自立自强对于立足新发展阶段、贯彻新发展理念、构建新发展格局的重要作用，并且强调加强基础研究、强化国家战略科技力量、培育高水平创新人才等政策措施的必要性。实现高水平科技自立自强既是自主创新战略的延续，同时也是结合中国现阶段经济社会发展需求和科技发展面临的关键问题所作出的更加系统性和全局性的战略安排。2023 年 12 月的中央经济工作会议再次强调要推动高水平科技自立自强，并且着重突出以科技创新引领现代化产业体系建设的重要战略措施。由于本书后续部分将围绕科技自立自强进行深入全面的分析，因此此处不再围绕实现科技自立自强相关的政策措施及战略方向展开进行论述。

三　国际经验与教训

早在工业革命以来，国际上关于技术进步促进经济社会发展的重要作用就已经形成了广泛共识。但直到第二次世界大战之前，基础科学对经济社会的影响尚未得到政府部门的重视，因此仍处于自由发展阶段。第二次世界大战以后，在美苏"冷战"时期，两国在前沿科技领域的竞争使基础科学对技术进步以及经济社会发展的重要作用加速显现。在此情况下，美国政府部门开始在战略上不断提升对科技进步的重视，并大力支持基础前沿科技领域的研发活动。随着苏联解体，美苏两极格局被打破，美国成为当时唯一超级大国。近年来，面对美国不断主动挑起并促使其不断复杂演变的中美科技博弈，我们有必要从历史经验教训的角度去复盘美国曾经发起过的与其他国家的科技博弈过程，通过分析双方的应对措施，并推演过程中的利弊得失，为中国当前所处的发展阶段提供借鉴和启示。具体来说，本部分将重点分析第二次世界大战后美国和苏联在科技领域的竞争博弈过程，以及20世纪70年代以来，随着日本经济崛起，美国与日本围绕半导体领域的科技竞争博弈过程。

（一）美苏"冷战"时期的科技博弈

从第二次世界大战后国际格局演化的角度看，冷战时期开始的标志是 1947 年 3 月美国杜鲁门主义的正式出台，结束的标志则是 1991 年苏联解体。[①] 在这期间，世界两极格局是以美国和苏联为中心的，两个阵营之间在军事、科技、经济等方面的综合较量，而且当时全世界仍笼罩在第二次世界大战的阴云之下，因此对利用科技进步增强国防力量极为重视。

根据美苏之间的科技力量对比，以及双方在这一过程中的科技发展战略调整，可以将这一时期分为两个阶段。第一阶段是 1947—1964 年，这一阶段苏联在国防科技方面取得进展，但与美国相比没有拉开决定性差距，主要体现为苏联在核能开发利用以及航空航天等领域的突破性成就，使得美国在与苏联的科技竞争中局部领域处于劣势地位。第二阶段是 1965—1991 年，美国科技发展战略的调整以及在电子信息技术领域的快速发展使得美国在与苏联的竞争中逐步占据优势地位。[②]

从苏联的角度看，在其经济发展模式的作用下，由国家计划主导的科技领域发展具有两方面的特点。一方面是以壮大国防军事力量为主要目标的科技进步取得重要成果。第二次世界大战后苏联迅速在原子弹、氢弹的研发上取得了重要成就，并且于 1957 年成功发射了第一颗人造卫星，使建造运载核弹头的洲际弹道导弹

---

① 时殷弘：《美苏冷战史：机理、特征和意义》，《南开学报》2005 年第 3 期。
② 李哲、杨晶、朱丽楠：《美国国家创新体系的演化历程、特点及启示》，《全球科技经济瞭望》2020 年第 12 期。

成为可能。另一方面是轻重工业结构失衡情况下，由政府主导的科技与产业发展结合对民用领域的重视程度不足。具体来说，苏联在国民经济发展上过度重视重工业，而忽视了面向普通民众需求的产业发展。同时，在推动科技发展、以科技进步促进产业技术升级的过程中，偏向于应用研究发展，对科技促进军工发展给予高度重视，但对科技促进民用产业发展的重视程度不足，从而导致社会需求对科技发展的指引性功能被忽略，这也导致苏联错失了信息技术的发展机遇。[①] 在这种发展模式下，国家向军工领域倾斜的资源所产生的成果，很难向提升人民生活水平的生产领域转化。在 1983 年美国提出"星球大战计划"后，苏联经济社会发展的综合实力已难以支撑其与美国在前沿科技领域竞争。

从美国的角度看，在冷战初期，美国的科技发展战略主要关注国防科技领域，在具体发展方向的规划上则主要遵循科技发展的线性规律和科学家对于未来科技发展方向的判断。但在这种发展模式下，美国航天领域的发展落后于苏联，"斯普特尼克时刻"促使美国开始反思自己的科技发展战略，[②] 并且从 1965 年开始进行战略调整。这次战略调整的特点概括来说是更加重视发展需求对于科技发展的引导作用，也就是将过去强调科技自身从基础研究到技术应用的线性发展规律，转变为更加重视未来发展需求对于技术的需要，以及更进一步对于科技创新和基础研究的需要。此

---

① 郭春生、胡志伟：《科技革命与苏联兴衰的关系论析》，《当代世界与社会主义》2023 年第 1 期。

② 李哲、杨晶、朱丽楠：《美国国家创新体系的演化历程、特点及启示》，《全球科技经济瞭望》2020 年第 12 期。

外，这种转变不仅表现在国防军事领域的科技发展战略，而且表现在从 20 世纪 70 年代起，美国更加重视科技创新对经济社会发展的促进作用。美国科技发展规划的制定不仅有政府部门和科学家的参与，而且还邀请工业专家以及非政府机构的研究者参与其中。

对比总结来说，在美苏科技竞争中，美国在后期逐步占据领先地位的重要原因是，根据现实情况的变化及时调整了科技发展的战略路径。一方面认识到科技发展不能仅仅依靠从研发到应用的线性模式，而要同时关注从需求到供给的引导效果；另一方面认识到必须将科技与经济紧密结合在一起。在这两方面的结合下，美国基本建立了自下而上的科技发展路径决策过程，而苏联始终采取自上而下的科技发展计划模式，后期的科技进步与经济发展出现了脱节。

（二）美日半导体科技竞争

20 世纪 60—70 年代是日本经济增长的黄金时期，由于日本在钢铁、汽车、家电、电子设备等领域的快速发展，以及日本本土市场规模较小而采取的出口导向型政策，美国对日本的贸易逆差缺口不断扩大。美国为了扭转这一趋势，缩小贸易逆差，在主要贸易产品领域不断发起贸易战，并且对日本进行技术出口限制，将日本排除在高端技术的合作研究之外。

日本为了应对美国不断发起的贸易冲突，改变过度依靠外贸发展经济的状况，开始寻求通过发展高科技产业来提升本国竞争力。从技术层面来看，日本相较于美国在相当长一段时间内处于技术追赶状态。因此，当美国在半导体相关先进技术领域对日本采取封锁措施时，日本希望通过集结各方面的科研力量加速实现在集成电路方面的突破，并逐步建立完善了由政府、产业界、学界等多方共同参与的国家创新体系。弗里曼（Christopher Freeman）在《技术政策与经济绩效：日本国家创新系统的经验》中对日本的创新模式进行了详细研究，并且基于进一步的国际比较提出了国家创新体系的概念，认为这是推动一国技术进步、促进经济增长的有效模式。

具体来说，日本在从依赖技术引进转向自主研发的过程中，采取的科技创新模式典型是 VLSI 研究联合体。① 该联合体主要由日本电气、东芝、日立、富士通、三菱电机这五家大型半导体生产企业，以及日本工业技术研究院电子综合研究所和计算机综合研究所组成，并且由日本通产省具有较高影响力的官员担任联合体理事会秘书长。这种组织机构形式一方面在人员队伍上保障了日本半导体领域最高水平的研究人员参与，另一方面在资源上保障了国家层面将大量财力向这一领域倾斜。这是在技术追赶中非常有效的一种组织模式。在 VSLI 研究联合体的努力下，日本半导体领域取得了突破性的发展，甚至在 1986 年取代美国成为全球最大的半导体生产国，并在 1988 年占据了全球半导体市场 50% 以上的份额。② 但是之后随着日本房地产泡沫破裂，经济步入较长时间的下行周期，对日本科技的发展也带来了明显的负面影响。1992 年，

---

① 史卫：《日本应对贸易摩擦的科技政策选择及对我国的启示》，《财政科学》2020 年第 9 期。

② 史卫：《日本应对贸易摩擦的科技政策选择及对我国的启示》，《财政科学》2020 年第 9 期。

美国取代日本再次成为世界最大的芯片出口国。尽管到目前为止日本在诸多高科技领域依然保持着世界领先水平，但是已经难以与美国在高科技领域进行竞争。

与美苏之间以国防军事为主的竞争格局不同，美国与日本之间的竞争从一开始就更加注重如何利用科技促进经济发展，提升产业竞争力。在这一过程中，美国采取的科技发展策略是不断强化科技与经济的结合程度，利用各类政策支持企业创新，在诸如半导体等先进技术领域加大对企业给予的政府补助力度，通过国家的大力支持确保自身在高技术领域的国际领先水平，从而在科技层面对日本形成压制和垄断。但是，美国对日本所采取的压制措施并不仅限于科技领域，而是在政治、外交、经济等多个领域的全面施压。由于第二次世界大战以后很长一段时间日本在国家安全领域高度依赖美国，因此，美国与日本的博弈力量明显不对等，这决定了日本在美国全方位的遏制措施下难以实现长期的有效抗衡。

也有文献从其他角度解释了美国和日本之间科技力量对比的变化。平力群从科技给社会发展产生的影响角度入手，将科技创新划分为渐进性创新与颠覆性创新，并且指出由于美国各类创新主体的联结依赖市场交易，更能够充分激发资本引导资源配置的活力，这种"市场型"国家创新体系更加容易产生颠覆性创新。① 而日本的创新主体的联结依赖组织内或组织间的稳定关系，有利于

---

① 平力群：《探析日本经济波动的制度因素——基于国家创新体系的视角》，《日本学刊》2021 年第 3 期。

各类主体协同应对颠覆性创新作出适应性调整，这种"关系型"国家创新体系更有利于在颠覆性创新进入成熟期后对其进行进一步低成本的应用开发，即从事渐进性创新。由于创新体系的差异，在颠覆性创新缺失的 20 世纪 70 年代，日本的"关系型"国家创新体系有利于渐进性创新，从而极大地推动了其技术进步和经济发展，部分产业增长表现明显好于美国；而进入 20 世纪 90 年代，在美国的"市场型"国家创新体系催生了信息技术革命，其作为一项颠覆性创新促使美国经济迎来了新的增长机会，而日本则无法及时分享这种颠覆性创新带来的好处。从科技与经济社会互动的角度看，这种解释具有一定的合理性，特别是在如何释放科技创新活力，把握颠覆性创新机会方面值得我们重点关注。

（三）对中国的启示

总结上述两次美国主导并取得最终胜利的科技博弈过程，结合中国当前面临的中美科技博弈现状，可以总结出以下几点启示。

一是由国家主导的科技发展战略必须注重科技创新与经济社会发展之间的互动关系。在美苏竞争中，美国科技水平在后期实现领先的关键原因在于，其科技发展战略的调整不仅考虑了科技活动自身的规律，而且十分注重经济和社会发展对于科技创新的需求，以及政治因素、社会舆论等对科技资源和科技评价的影响。因此，美国的科技与经济社会发展实现了较好的融合。

二是在完善国家创新体系中，应当将科技资源合理分配在基础研究、应用研究、试验发展的各个环节，并且应当对科技成果转化给予充分的重视。基础研究和应用研究都具有十分重要的作用，短期内可以根据现实短板有所倾斜，对某一环节重点加强，但长期来看，二者不可偏废。特别是对于中美这样两个大国之间的竞争而言，个别领域的追赶或者领先并不能成为保障长期发展的条件，只有形成高效的创新体系，才有可能确保科技在全球范围内的领先水平，并成为产业升级和经济增长的"护城河"。

三是中美科技博弈绝不仅限于科技领域的竞争，美国所采取的压制手段也不会只体现在高科技领域。从近年来美国不断挑起地缘政治问题，并利用所谓的民主、人权等价值观领域的问题向中国发难就可见一斑。因此，中国在考虑科技领域的发展以及博弈策略时，不应将视角局限于科技领域，而应当将科技与经济、政治、外交等领域的策略进行综合考虑，系统梳理双方的竞争优势所在。一方面从自身出发，采取多样化的应对策略；另一方面也要警惕美国在其他领域采取的动作所产生的连锁反应。

四 高水平科技自立自强的内涵分析

实现高水平科技自立自强是党和国家立足新发展阶段、贯彻新发展理念、构建新发展格局，推动高质量发展的必然选择。这一重大战略自提出以来得到了学界和业界的广泛关注。同时学界和业界也在围绕高水平科技自立自强进行持续不断的研究和讨论，其中的焦点之一就是高水平科技自立自强的内涵。对高水平科技自立自强的内涵进行辨析之所以如此重要，是因为只有在清楚明确其内涵的情况下，才能进一步针对基础研究、关键核心技术、国家战略科技力量、科技体制改革、人才培养等关键领域提出清晰合理的目标和精准有效的路径，同时也有助于更加准确预判在实践过程中可能面临的困难和风险挑战，以便及时采取应对举措。因此，理清内涵是全面、准确实施这一战略的重要前提。根据已有研究中对高水平科技自立自强的讨论，以及本书撰写过程中多次专家研讨会形成的重要观点，本章将首先围绕四对重要概念对其含义进行阐释和辨析，包括科技自立自强与自主创新、科技自立自强与融入全球创新、战略目标导向与自主探索、中央与地方的"两个积极性"。通过这四对概念的辨析，有助于我们从不同的角度理解高水平科技自立自强的内涵，并进一步围绕不同的领域以明确责任主体和目标任务的方式提出高水平科技自立自强的内涵。

（一）科技自立自强相关重要概念分析

1. 科技自立自强与自主创新

自主创新是 2006 年国务院发布的《国家中长期科学和技术发展规划纲要（2006—2020 年)》（以下简称《纲要》）中明确提出的科技发展战略。《纲要》中指出，自主创新就是从增强国家创新能力出发，加强原始创新、集成创新和引进消化吸收再创新。同时还强调要坚持有所为、有所不为，在重点领域的选择上要立足自身基础和优势，还要考虑对国计民生和国家安全的影响。此外，通过对《纲要》及同一时期其他与科技创新战略相关的政策文件进行分析可以发现，在以自主创新为指导思想的科技发展战略中，基础研究的承担主体仍限于大学和科研院所，尚未重视企业对基础研究的投入。在论及企业的部分，强调的重点是支持鼓励企业成为技术创新主体。

　　高水平科技自立自强战略是对自主创新战略及创新驱动发展战略的继承和发展，是根据中国进入新发展阶段以来，在科技进步和科技促进经济发展等领域面临的新问题、新风险、新挑战所提出的应对举措。其一，相较于自主创新战略，高水平科技自立自强战略在重点领域的选择上将科技对国计民生和国家安全影响的重视程度大幅提升，而对所谓科技领域的国际比较优势的考量有所减弱。这并不意味着要在科技发展的具体实施安排上提出一些脱离现实、不切实际的目标，而是由于发展环境的变化，对于部分基础较为薄弱、不具备比较优势的领域，由于面临着"卡脖子"问题，我们必须选择加速突破。在自主创新为指导思想的科技发展阶段，国际经济贸易和科技进步的全球化仍处于快速推进阶段，整体发展环境是有利于科学交流和技术引进的。但当前由于中美科技博弈的复杂化，美国不仅联合盟友限制先进技术产品对中国出口，而且通过限制基础软件使用、人才交流等一系列措施意图遏制中国科学研究的进步。因此中国面临的科技发展环境已经从"互利互惠"变为"脱钩断链"，在这种情形下，对于科技发展重点领域的考量必须将产业竞争和国家安全等战略因素放在更加重要的位置，采取更加有组织的科研模式进行研发攻关。其二，相较于自主创新战略，高水平科技自立自强战略更加强调企业科技创新的重要性，并且将企业的角色定位由技术创新主体转变为科技创新主体，强调支持鼓励企业在基础研究领域的投入。这意味着企业在整个创新链条上位置的前移。这种战略转变对于中国的科技创新至关重要，因为在新一轮科技革命的浪潮下，颠覆性创新的出现可能带来经济社会发展范式的重大变化，中国如果在这一过程中落后将会加重科技发展受制于人的困境。颠覆性创新作为一种重大原始创新，其研发和应用必须与生产活动和市场需求紧密结合。① 因此，只有充分发挥企业这一市场主体在科技创新中的重要作用才能精准把握这一轮科技革命和产业变革的机遇。

2. 科技自立自强与融入全球创新

尽管实现高水平科技自立自强从战略层面来讲更强调立足自身需求，实现先进技术的"自力更生，自给自足"，但这并不意味着采取高水平科技自立自强的发展战略是放弃了融入全球创新的道路。在理解高水平科技自立自强时需要对科技发展的国际环境建立充分准确的认知，而且我们也已经充分认识到当前存在的诸多不利因素，以及这些因素给中国融入全球创新体系和创新范式带来的困难和挑战。为了应对这些困难和挑战，在高水平科技自立自强战略中，不断提高对外开放水平、积极融入全球创新链、打造国际一流的创新生态仍是重要战略措施。只是在当前中美科技博弈的环境下，中国实施这些战略措施面对的阻力更大，其中的风险挑战更加复杂。

自中华人民共和国成立以来，由于中国在科技发展上处于追赶状态，因此一直非常重视对国际先进科学技术的跟踪学习和引进吸收。在中国出台的第一个科技发展规划《1956—1967 年科学技术发展远景规划》中就特别强调，科学研究要首先掌握世界现有的先进科学成就，尽量避免重复研究国外早已解决了的问题。而当前中国提出的高水平科技自立自强发展战略也并不意味着我们

---

① 李晓华：《"新经济"与产业的颠覆性变革》，《财经问题研究》2018 年第 3 期。

要在科学技术的研究发展上"另起炉灶",更不意味着面对美国在部分先进领域对中国的封锁就放弃利用国际已有的研究成果提升中国的原创技术。相反,高水平的科技成果必须是与国际已有相关科技成果紧密结合的,也必须是能够经得起国际科技竞争的严峻考验的。

人类科技的发展历史一直以来都是相互融合、相互促进的过程。历史经验证明,自我封闭只会导致科技的落后,即使能够自立也只是在科技有无之间的突破,而不是在竞争中优胜劣汰之后的高水平自立自强。自改革开放以来,特别是加入世界贸易组织之后,中国在经济贸易和科技进步方面已经与世界建立了广泛而紧密的联系,这为中国突破当前的困境奠定了良好的基础。同时,在高水平人才领域,中国已经实施了多轮吸引海外高层次人才回国计划。这些回国工作的科技人才一方面能够为中国科技发展利用国际先进成果发挥重要作用,另一方面也能够为科技领域进一步的民间交流提供重要的沟通渠道。因此,无论是从理论指导还是从现实条件来看,融入全球科技创新体系都是实现高水平科技自立自强战略必不可少的重要举措之一。

3. 战略目标导向与自主探索

按照科学技术自身发展规律,由源头性的基础研究通过应用研究和试验发展最终成为广泛应用于生产活动中的技术,每个环节的驱动因素和技术路线都存在差异。早期对于科学技术发展的认识遵循单向的线性规律,认为科学技术的进步追根溯源都是由基础科学领域的知识创新所驱动的,而基础科学领域科学家的研究发明具有自主探索的特征。但随着现代科学技术进步中,由产业需求牵引所带来的科技进步现象增多，对科技进步规律的认识也在发生变化。特别是随着演化经济学的广泛传播和应用，无论是在理论上还是在实践中，更多的研究者和从业者都认为科学技术的发展规律是双向的，甚至是网络化的。这个网络当中不仅包括单纯的科技领域的因素，而且包括经济、社会、政治等因素。在这种认识下，科技进步就不再是由科学界单一驱动的模式，而是由科学界、产业界、政府、社会公众多方建立联结，组成一个复杂网络，进而由这一网络的动态演化而驱动。① 因此，科技进步的战略目标导向就变得非常重要。这种重要性还不仅体现在后发国家对国际先进科学技术的赶超过程中，而且体现在对未知领域的探索当中。

对于实现高水平科技自立自强而言，在基础研究领域我们必须鼓励科学家由好奇心驱动的自由选择精神和自主探索权力，但同时也需要发挥战略目标的引导作用。在多数研究中，美国的基础研究范式被认为是给予了科学家较强自主权的模式，但实际上美国的各类研究组织和基金都在大的战略方向上发挥引导作用，这也是美国在冷战时期由于航天科技领域落后于苏联所总结的经验教训。因此，更加有效的实践模式是在粗线条的决策上依赖战略目标，而在细分领域则给予创新主体自主探索的权利。

此外，我们还需格外注重战略目标导向形成过程中政府决策与市场作用之间的关系。② 具体而言，战略目标导向的形成机制可以

---

① 洪银兴：《科技创新阶段及其创新价值链分析》，《经济学家》2017 年第 4 期。
② 路风、何鹏宇：《举国体制与重大突破——以特殊机构执行和完成重大任务的历史经验及启示》，《管理世界》2021 年第 7 期。

分为"自上而下"和"自下而上"两种，前者中政府决策更加注重吸收顶尖科学家和战略科学家对于科技发展方向的判断和决策，后者中政府决策更加注重吸收科技企业和市场对科技发展方向的需求。从实践方式来看，前者更适应于通过组织决策的方式实现，而后者则需要借助成熟的市场机制来建立反馈渠道。从决策效率来看，前者的决策模式更加迅速，但容易造成人为的疏漏和偏误，后者决策模式相对复杂，却有利于产生超越现阶段已有认知的结果，产生颠覆性创新。这两种形式并没有绝对的优劣，却有不同的适用领域。总体来说，"自上而下"式更适用于"跟跑"领域，"自下而上"式更适用于"并跑"和"领跑"领域。

4. 中央与地方的"两个积极性"

目前围绕高水平科技自立自强进行的一系列讨论都重点从国家层面入手，关注中央政府在这一战略实践中所发挥的重要作用，而较少关注地方政府所应当承担的责任。但实现高水平科技自立自强要紧紧围绕面向世界科技前沿、面向经济主战场、面向国家重大需求、面向人民生命健康四个方向，而其中有许多细分领域与基层活动密切相关。因此实现高水平科技自立自强不仅要发挥中央的积极性，而且要发挥地方的积极性。

自高水平科技自立自强战略提出以来，国家层面已经进行了多方面的决策部署，但已有的决策部署工作多数要么将全国作为一个整体，要么关注某一个重点区域（非行政性的）或产业园区，具体到地方基层的落实举措上尚且存在许多不明确、不深入，甚至是相对空白的领域。在以经济综合实力竞争为主要导向的国际竞争环境下，企业的竞争实力是构成一个国家综合经济实力的基本单元。中国是一个人口规模大、土地面积广、民族多样化、国情复杂度高的国家，中央与地方之间存在的信息不对称程度较高。因此对科技创新企业的培育不光要从中央政府层面推出一些顶层机制设计，而且需要地方政府采取一些因地制宜的政策措施，充分发挥本地的优势，找准地区在全国科技创新大局中的分工地位。现阶段，在高水平科技自立自强战略实施过程中，国际科技创新中心和区域创新中心建设均是发挥地方积极性的重要举措，但都处于初步发展阶段，仍有许多涉及人才、资金、土地等方面的体制机制问题有待理顺。① 总体而言，实现高水平科技自立自强要充分重视发挥地方政府的积极性，优化在科技创新相关事项上中央与地方之间的激励机制，让地方政府在支持企业发挥创新主体地位，优化区域创新生态，以及科技创新体制机制改革试点等方面发挥更加重要的作用。

（二）高水平科技自立自强的内涵定义

实现高水平科技自立自强作为国家层面的科技发展战略，对其内涵定义的阐释，应当重点围绕高水平、科技自立和科技自强这三个关键词来理解。其中，高水平意味着中国科技创新发展将实现从跟跑到并跑甚至领跑的转变，实际上反映了从量变到质变的思想；科技自立更加强调瞄准关键核心技术领域实现"自立"，即"人有我有"，甚至是"人有我优""人无我有"，保障产业链供应

① 陈诗波、陈亚平：《中国建设全球科创中心的基础、短板与战略思考》，《科学管理研究》2019年第6期。

链自主可控；科技自强则更加强调国家在科技创新领域的国际竞争力，要求建设成为科技强国并在全球创新网络中扮演更为重要和更具影响力角色的过程。此外，科技自立更加强调中短期发展的目标，而科技自强更加强调长期发展的目标。同时，二者之间是相互促进、不可分割的。为进一步明确高水平科技自立自强的内涵，本部分从参与主体、体制机制、目标方向三个方面进行详细阐述。

在参与主体方面，实现高水平科技自立自强需要依托于一个完善高效的国家创新体系。这一体系所联合的主体包括政府、高校和科研院所等研究机构、企业，以及科技领域的各类社会组织。其中研究机构在科技创新链条上承担的分工角色更加偏重于基础研究和应用基础研究，企业则更加偏重于应用研究和试验发展，但随着新一代科技革命的发展，二者之间的分工在进一步相互靠近和融合，研究机构中的科研工作者能够拥有更多利用自己的发明创造进行创新创业的机会，而企业也由于科技创新能力的提升和市场的需求更加愿意在前沿基础领域进行投入。政府的作用则在于组织各方科技力量，对前沿基础科学领域和共性技术领域给予足够的资金支持，建立有效的战略目标决策机制，实现有组织的科技创新。

在体制机制方面，由于实现高水平科技自立自强需要充分发挥企业作为科技创新主体的作用，因此，其一，在体制机制的设计上需要重点理顺政府与市场、中央与地方、国内和国际之间的关系。其二，要围绕科技创新的关键目标和重要改革领域，形成有利于关键核心技术突破的组织攻关模式，加强政府、企业共同支撑的基础研究投入模式，围绕科技人才激励优化科技人才评价和科技成果评价机制等。

在目标方向方面，应当围绕科技自主、科学发现、技术创新、成果转化、国际竞争实力提升等形成一系列具体目标。在科技自主方面，主要瞄准关键核心技术、关键设备等的自主能力进行评价；在科学发展方面，应当针对基础研究投入、学科体系建设、原创科学成果研究等重点领域进行评价；在技术创新方面，应当围绕技术创新投入和创新产出进行评价；在成果转化方面，应当围绕科技创新成果从实验室走向产业化发展的过程进行研究，对企业参与并实施科技成果转化过程进行评价；在国际竞争实力方面，要围绕技术输出、科技成果的国际竞争力以及对国际规则影响力等方面进行评价。

五　实现高水平科技自立自强的重点与难点分析

2021年5月，习近平总书记在两院院士大会和中国科协第十次全国代表大会上讲话指出，必须深入实施科教兴国战略、人才强国战略、创新驱动发展战略，完善国家创新体系，加快建设科技强国，实现高水平自立自强。此外，习近平总书记还强调了实现高水平科技自立自强需重点发力的五个方向：一是加强原创性、引领性科技攻关，坚决打赢关键核心技术攻坚战；二是强化国家战略科技力量，提升国家创新体系整体效能；三是推进科技体制改革，形成支持全面创新的基础制度；四是构建开放创新生态，参与全球科技治理；五是激发各类人才创新活力，建设全球人才高地。围绕这五方面的内容，本部分将分析在实现科技自立自强过程中每一方面可能面临的重点和难点。

（一）打赢关键核心技术攻坚战

关键核心技术"卡脖子"问题是中美科技博弈过程中中国面临的突出问题。2022年，中国集成电路进口额超过4000亿美元，在主要进口商品中排第一位，是中国关键核心技术"卡脖子"的具体表征之一。从更宽维度来看，部分领域核心零部件、基础元器件、高端材料自给率不足1/3等现象表明，中国关键核心技术对外依存度偏高。对于这一困境，其一，我们应当建立客观的认识，就现阶段自身发展阶段而言，中国仍处于社会主义初级阶段，综合经济实力仍与发达国家存在显著差距，这决定了中国在部分科技领域落后于人具有现实合理性，而且即使是发达国家也不可能在科技领域占据全局先进性和引领性。这种客观认识有助于更加理性决策关键核心技术攻关计划，避免一拥而上。其二，关键核心技术"卡脖子"背后的原因是综合性的。但仍有两个方面需要重点关注：一方面是需要持续增强基础研究投入，特别是要支持鼓励企业进行基础研究投入，这有利于从更加长远的视角增强中国产出原创性、引领性的科技成果；另一方面是要进一步优化新型举国体制的作用领域和作用机制，形成有效的关键核心技术攻关模式。

对于这两方面的重点，在具体实践过程中又各自面临一些难点。在加强基础研究投入方面，难点在于如何激发企业在基础研究方面进行持续投入的积极性。[①] 基础研究存在投入周期长、产出成果不确定性较高等特点，因此，除了针对企业基础研究投入实施税收优惠补贴，还需要不断优化企业科技研发和生产经营的环境，减少对企业经营活动的非必要干预，稳定企业家长期投入的信心。在完善关键核心技术攻关模式方面，难点在于确定攻关路径、提升攻关效率。在确定攻关路径方面，需要充分发挥国家科技决策咨询委员会和科技领军企业的作用，对重点行业绘制关键核心技术图谱，明确存在"卡脖子"潜在风险和已经处于"卡脖子"困境的领域，并确定攻关优先级。在提升攻关效率方面，需要明确新型举国体制中市场与政府的作用边界，对于不涉及国家战略安全且其最终应用场景面向市场主体的领域，要充分发挥市场在资源配置中的决定性作用，强化企业创新主体地位，发挥龙头企业在产业联盟、技术联盟中的引领作用。

（二）强化国家战略科技力量

强化国家战略科技力量主要包括两个方面：一方面是不断增强国家实验室、国家科研机构、高水平研究型大学、科技领军企业等主体的科技创新实力，另一方面是加强地区层面的科学中心和科技创新中心建设。对于前一方面，国家实验室、国家科研机构、高水平研究型大学、科技领军企业均是国家战略科技力量的重要组成部分，但他们之间的分工和定位有所不同。因此，从提升国

---

① 徐晓丹、柳卸林：《大企业为什么要重视基础研究?》，《科学学与科学技术管理》2020年第9期。

家创新体系整体效能的角度来讲，应当重点关注对各类科技创新主体的分工定位并加强它们之间的沟通合作。对于后一方面，由于区域科技创新中心的建设在实践过程中需要依靠地方政府将一系列重要的政策措施和创新性的体制机制进行实际落地，因此，这一过程中的重点在于充分发挥地方在建设区域科技创新中心当中的积极性，协调好局部与全局之间的统筹关系。

对于加强不同科技创新主体之间的沟通合作，难点在于如何优化体制机制约束，充分调动国家科研机构、高水平研究型大学等"国家队"与企业开展广泛的合作研究，以及从事科技成果转化的积极性。由于中国现行的科研体制是在计划经济时期建立的基础上逐步跟随市场化发展进行改革调整而来，因此偏向于体制内的科研机构在其科研行为上仍具有较强的行政导向色彩，对市场需求的回应不足。为了促进国家科研机构和高水平研究型大学在科技成果研发应用上更加注重市场需求，需要进一步优化对这些科研机构以及科研人员的考核评价机制，并且从健全科技成果转化平台等角度入手进一步促进科技成果转化。在建设区域科技创新方面，难点在于如何精准定位不同地区在科技创新中心建设中的基础条件和比较优势，从而提升国家相关建设规划和地区实际情况之间的契合度。克服这一难点需要加强地方在建设区域科技创新过程中的自主权，特别是在产业选择、人才引进、资源配置等方面，要鼓励地方政府着眼长远、敢于试错、宽容失败。

（三）深入推进科技体制改革

科技创新是一项知识和智力密集的活动，科技人才对科技创新活动的成效具有至关重要的影响。因此，尽管科技体制是一个涉及多个领域的庞大复杂的制度体系，但在推进科技体制改革的过程中要把握住释放科技人才活力这个重点。只有释放了科技人才的活力，才能从优化科研项目立项、管理等角度入手，使科技项目资源的配置方向更加符合国家发展战略需求，同时提高科技资源的配置效率，保障项目资源投向真问题、产出真成果。

通过科技体制改革释放科技人才活力，需要同时从科技人才管理评价和科技成果评价两个方面入手。由于相较于一般的生产活动，科技研发活动需要更高的创造性和专业性，其中蕴含的难以被显性传达和被精确量化的隐性知识要明显高于其他类型的活动，因此科研活动的产出效率与科技人才的内生动力相关性更高，进一步导致无法凭借外在因素对科技人才实现最优激励。所以释放科技人才活力的难点就在于，如何通过有效的机制设计实现科技人才内生激励与外生激励之间的完美融合。对偏重基础研究的领域，允许科研人员按照自己的好奇心选择研究方向是非常重要的，同时由于基础研究成果距离市场应用较远，同行评议是对基础研究人才以及基础研究成果进行评价的重要方式，因此需要建立有效的声誉机制，保障同行评议的公正性和真实性。对于偏重应用研究的领域，由于其与市场应用的距离相对较短，从事应用研究并致力于将其科学技术应用于具体生产活动中的科学家在一定程度上与企业家更为接近。因此，对于这类科研人员应该保留其对自己科研成果的剩余索取权，而科研成果的价值则交由市场进行评价。这种机制将有效激励科研人员回应市场对于科学技术发展的需求，并且能够避免研发过程中信息不对称所带来的道德风险。

（四） 深度融入全球科技创新网络

在新一轮科技革命驱动下，产业变革和产业升级的重要特征之一是技术复杂度的不断提升。特别是在高端技术领域，其核心零部件产品需要的专业技术知识以及投入的相关产业品种明显多于传统制造业的零部件产品。在这种科技进步范式的驱动下，科技研发活动需要具有不同学科知识背景的人才进行交流合作，因此，中国的科技创新体系必须深度融入全球科技创新网络。这不仅有利于直接引进和吸收国际先进知识和技术，而且有利于吸引更多的高水平科技人才参与由中国主导的科技研发工作。总体来说，深度融入全球科技创新网络的重点可以分为两类。一类是"走出去"，即鼓励国内的科技型企业和科研院所积极出国交流，特别是科技型企业，可以通过在海外布局研发中心的方式来参与全球创新链。此外，还应当注重提升中国在各类科技型国际组织中的参与度，从而增强中国参与全球创新治理的能力。另一类是"引进来"，即通过建设具有全球竞争力的开放创新生态，吸引更多的科技资源和科技人才向中国集聚。

现阶段，由于国际格局加速演变，中美科技博弈复杂演化，中国在深度融入全球科技创新网络中面临的最大的难点是，如何突破由美国主导的对中国的科技封锁。应对这一难点，需要跳出科技领域的思维去看待科技问题，通过强化科技与经济对外开放"一盘棋"战略，防范美国联合同盟进一步扩大对中国的科技封锁范围。在这一过程中，要始终坚持以开放合作、互利共赢的原则深度融入国际产业体系。寻找美国与其盟友之间的利益分化点，利用中国超大规模市场优势增强对欧、日、韩的吸引力，并据此推动与各国在贸易投资、市场互惠、人才交流等方面的合作，弱化美国联合盟友对中国进行科技封锁的能力。

（五）加快建设全球人才高地

实现高水平科技自立自强，归根结底要依靠高水平创新人才。就科技人才而言，中国的研究与开发（R&D）人员总量规模已经连续多年稳居世界首位，但是每万名就业人员中的 R&D 人员数量，以及 R&D 人员中基础研究和应用研究人员占比偏低，试验发展人员占比较高。总体来说，中国目前已经成为科技人才大国，但是尚未建设成为人才强国。要建设成为全球人才高地，重点是通过不断优化完善中国的人才培养体系和人才生活工作环境，从而一方面有助于加快培育本国高水平科技人才，另一方面有助于从全球范围内吸引人才。从培养本国人才的角度看，要从根源出发，从改革优化教育体系入手，特别是要注重对科学精神、创新能力、批判性思维的培养。同时还要加强对现有科技人才队伍的培养和使用，给予科研人员相对自由宽松的学术研究环境，在整个社会营造尊重知识、尊重人才的环境。从吸引全球高水平人才的角度看，重点在于提升中国的开放水平，在全球树立尊重人才，开放包容的形象。

从短期内加快建设全球人才高地的实际操作层面看，中国目前在培养国内高水平创新人才方面面临的难点问题是科研管理体制僵化，非科研工作挤占科研人员精力较多，且尚未建立有效的容错机制，科研活动的试错成本较高，难以心无旁骛地在自己的专业领域从事具有较高创新性的工作。破解这一难题一方面要进一步改革科研管理体制，在科技人才评价上赋予用人单位更大的自主权；另一方面要对当前以项目导向的科研资源分配机制进行改革优化，避免在项目导向分配下出现热门领域扎堆支持，而冷门领域无人问津的现象。同时在项目经费执行过程中还应当给予科研人员更大的经费使用自主权，降低过度僵化的经费管理体制对科研人员积极性的伤害。在吸引全球高水平人才方面，中国目前面临的难点是高水平科技创新平台不足导致对科技人才的吸引力不足。高层次科技人才不仅关注物质生活水平，而且关心自己所在科研平台的实力，因为这将对其科研工作成果产生直接影响。为了吸引更多高水平科技人才，中国必须加快打造国际领先的科技创新中心，将最优质的科学资源集中起来，为高层次科技人才创造一个能够充分发挥其能力的平台。

第二章

高水平科技自立自强的衡量与评价

科技立则民族立，科技强则国家强。中国式现代化要靠科技现代化作支撑，实现高质量发展要靠科技创新培育新动能。党的十八大以来，以习近平同志为核心的党中央高度重视科技创新工作，坚持把科技创新作为引领发展的第一动力，把科技创新摆在国家发展全局的核心位置。2021年5月，习近平总书记在两院院士大会和中国科协第十次全国代表大会上的讲话中提出，中国广大科技工作者要"以与时俱进的精神、革故鼎新的勇气、坚忍不拔的定力，面向世界科技前沿、面向经济主战场、面向国家重大需求、面向人民生命健康，把握大势、抢占先机，直面问题、迎难而上，肩负起时代赋予的重任，努力实现高水平科技自立自强"[①]。党的十九届五中全会提出，坚持创新在中国现代化建设全局中的核心地位，把科技自立自强作为国家发展的战略支撑，为中国科技事业未来一个时期的发展指明了前进方向、提供了根本遵循。立足于发展基础和风险挑战，党的二十大报告提出，"实现高水平科技

---

① 习近平：《在中国科学院第二十次院士大会、中国工程院第十五次院士大会、中国科协第十次全国代表大会上的讲话（2021年5月28日）》，《人民日报》2021年5月29日。

自立自强，进入创新型国家前列"是到 2035 年中国发展的总体目标之一。准确衡量与评价高水平科技自立自强，不仅可以评价中国高水平科技自立自强的状态与相关政策实施效果，还有助于找出中国实现高水平科技自立自强的薄弱环节。因此，构建出理论上站得住、实践中可操作的全面反映中国科技自立自强水平的评价指标成为实现这一目标的重点和难点。

本章按照从理论中总结指标、从指标中研究现状、从现状找到薄弱点的研究思路展开，研究内容做到层层递进、逻辑清晰。第一部分将对科技自立自强的核心要义进行系统梳理，准确理解高水平科技自立自强的科学内涵和核心特征，为科学衡量与评价高水平科技自立自强提供理论基础。第二部分主要论述衡量与评价高水平科技自立自强遵循的指导思想、基本原则及基本方略，为科学衡量与评价高水平科技自立自强提供理论指导。第三部分主要研究美国、英国、日本、德国、法国和韩国等主要经济体实现科技强国的关键节点，总结出实现科技强国的主要特征，为衡量与评价高水平科技自立自强提供关键备选指标。第四部分则系统梳理和科技自立自强相关的指标体系，并根据前三部分的研究结论筛选出衡量与评价中国高水平科技自立自强的核心指标。第五部分主要对比分析中国与美、英、日、德、法、韩等主要发达国家在主要指标上的优势和差距，界定实现高水平科技自立自强的目标值，对中国实现高水平科技自立自强的薄弱环节进行系统分析，找出高水平科技自立自强的实现路径。第六部分则有针对性地提出推动中国实现高水平科技自立自强的政策建议。

一 高水平科技自立自强的核心要义

科学衡量与评价高水平科技自立自强，首要任务是精准把握其科学概念与内涵，找出高水平科技自立自强的核心特征。

（一）高水平科技自立自强的深刻内涵

实现高水平科技自立自强不是一蹴而就的简单过程，也不是一成不变的简单概念，在实现的过程中需要做到从无到有、从有到优、从优到强的新飞跃，应从"高水平""科技自立""科技自强"三个维度进行理解。

1. 高水平是从量变到质变的转型，是从跟跑到并跑再到领跑的超越

近年来，中国载人航天、探月探火、深海深地探测、超级计算机、卫星导航、量子信息、核电技术、大飞机制造、人工智能、生物医药等领域创新成果不断涌现，科研论文数量在 2018 年超过美国，PCT 专利数量在 2019 年超过美国成为世界第一，中国创新指数持续上升，位列全球第 11 位，[①] 科技创新能力显著提升，取得了长足进展。但是在原始创新能力等方面与世界主要科技强国之间还有明显的差距，要实现新发展阶段的新发展目标，仍任重而道远。比如，美国早在 20 世纪 60 年代就已经完成探月工程和深海探测科学活动，波音 707 客机在 20 世纪 50 年代就投入商业运

---

① 《2022 年全球创新指数》，世界知识产权组织，https://tind.wipo.int/record/46617。

营，其全球导航系统 GPS 在 20 世纪 90 年代就投入运行；中国 PCT 专利数量虽达到世界第一，但三方同族专利仅为美国的 50%，知识产权收入占比较低；中国论文总量虽位列世界第一，但具有全球影响力的高被引论文和科学家数量远低于美国。可见，中国当前科技创新水平呈现数量优于质量、整体优于局部的特征。而高水平科技自立自强则意味着中国科技事业发展需要实现从量变到质变的转型，从跟跑到并跑再到领跑的转型超越。

2. 科技自立是关键核心科技、产业链和供应链实现自主可控的转变

科技自立是在关键核心技术领域实现"自立"，即"人有我有"，甚至是"人有我优"和"人无我有"。需要各创新主体尤其是高科技头部企业树立自主创新的大局意识和全局观念，摒弃科技发展中依赖引进的惯性思维，积极将自身的创新策略安排与国家科技自立自强任务的需求相契合。短期内，科技自立旨在补齐"短板"，即要加快部署应急科技攻关项目，力图攻克各项"卡脖子"技术，形成完整的国内产业链和供应链体系。中长期内，科技自立主要指中国在把握国际国内科技发展全局的基础上，保持战略定力，全面规划和部署关键核心科技攻关项目，更好地实现科技自立的策略性安排。同时，科技自立并不是关起门来自己做，要强化开放合作创新，积极融入全球创新体系，用好全球创新资源。通过扩大对外开放，建立面向全球的科学基金，发起大科学计划等形式，加强国际化的科研环境建设。另外还需要增强主体之间的合作，推动多种形式的产学研的合作，要完善创新体系，提高效率。

3. 科技自强是对科技创新力、支撑力、影响力与把控力的集中概括

科技自强强调国家在科技创新领域的国际竞争力，要求建设成为科技强国并在全球创新网络中扮演更为重要和更具影响力的角色。[①] 科技自强其一是创新能力强，要在原始创新、基础研究、前沿科技探索、关键核心科技攻关、知识产权与技术标准获取和高水平科技人才培育等方面的能力强，这是科技自强最基本的表征。创新能力强着重强调的是实现"从 0 到 1"式的科技突破和对世界前沿科技发展方向引领带动。科技自强其二是支撑力强，即将科技转化为现实生产力、为现实问题提供科学技术解决方案、为经济社会高质量发展和民生改善予以支撑的能力强，这是科技自强的核心效能。科技支撑力不仅体现在对国内高质量发展的赋能上，还体现在对全球共性问题解决的助益上。科技自强其三是影响能力强，即凭借科技实力优势在国际社会上获取话语权以及规则与标准制定主导权、抢占产业链与价值链的制高点、推进国际大科学合作和科技援助的能力强，这是科技自强的外在显性表征。科技自强其四是把控力强，即把握自身乃至全球科技发展趋势与方向、确保科技向善和安全可控的能力强，这是科技自强的高阶要求。另外，科技强国还应承担起积极倡导负责任式创新、促进国际科技合作、实施人道主义科技援助、推动国际科技规则朝着更加均衡的方向发展等国际使命。

---

① 温军、张森：《科技自立自强：逻辑缘起、内涵解构与实现进路》，《上海经济研究》2022 年第 8 期。

从发展逻辑来看，科技自立更加强调中短期发展目标，科技自强更加强调长期发展目标，同时在发展过程中二者又相互促进、不可分割。高水平指科技创新水平在国际上处于领先地位，是对自立自强的更进一步要求。由科技自立走向科技自强的过程，是中国科技事业由补"短板"到锻"长板"，再到整体强大的过程，是中国由国际科技规则体系的被动接受者向参与制定者，再向主导制定者转变的过程，也是中国由科技大国向科技强国转变并顺势推动世界科技整体进步的过程。因此，高水平科技自立自强的实现过程必然是波浪式前进和螺旋式上升的，科技自立的边界需要不断拓展，科技自强的内涵需要持续深化，不能毕其功于一役，需要进行不断的探索创新。面对复杂形势和艰巨任务，我们必须立足实现中华民族伟大复兴的战略全局，着眼于科学把握和有效应对世界百年未有之大变局，始终坚持以人民为中心的发展思想，不断提升中国发展的独立性、自主性、安全性，催生更多新技术、新产业，开辟经济发展的新领域新赛道，形成国际竞争新优势，推进中国式现代化建设。

（二）高水平科技自立自强的核心特征

高水平科技自立自强和世界科技强国以及创新型国家息息相关，实现高水平科技自立自强是成为世界科技强国的核心要求，也是进入创新型国家前列的主要标志，建成世界科技强国要全面实现高水平科技自立自强。从建设世界科技强国和创新型国家的特点来看，高水平科技自立自强应具有以下主要特点。第一，实现高水平科技自立自强的国家需要具有优秀的科学发现能力，不断取得重大科学研究成果，还需要具有坚实的技术创新能力，确保技术始终处于先进水平。第二，实现高水平科技自立自强的国家需要做到关键核心技术自主和安全性强，既要能够解决"心腹之患"，也要能够解决"燃眉之急"。第三，实现高水平科技自立自强的国家需要具有高效的创新效能、成果转化渠道和成果转化能力，使得科技投入能够高效转化为科学技术成果，科学技术成果能够迅速高效地转化为生产力，支撑和引领社会进步。第四，实现高水平科技自立自强要具有国家核心竞争力和强大的综合国力。总体而言，实现高水平科技自立自强国家的核心特征为：具备卓越的科学研究能力，具有坚实的技术创新能力，具有高效的成果转化能力，具有突出的驱动发展能力，具有领先的国际竞争能力。

二　指导思想、基本原则及基本方略

（一）指导思想

加快实现高水平科技自立自强需要高举中国特色社会主义伟大旗帜，深入贯彻党的二十大和党的十九大历届全会精神，坚持以马克思列宁主义、毛泽东思想、邓小平理论、"三个代表"重要思想、科学发展观、习近平新时代中国特色社会主义思想为指导，全面贯彻党的基本理论、基本路线、基本方略，统筹推进稳步实现高水平科技自立自强。深入学习贯彻习近平总书记《论科技自立自强》主要篇目及高水平科技自立自强相关讲话重要指示精神，认真学习党的二十大报告、《中华人民共和国国民经济和社会发展第十四个五年规划和 2035 年远景目标纲要》等重要文件精神，坚持以人民为中心的发展思想，坚持在高质量发展中实现高水平科技自立自强，充分认识到全面深化改革对于实现高水平科技自立自强的必要性和重要性，做好实现高水平科技自立自强的顶层设计，设定更加科学合理的目标和路径。

（二）基本原则

1. 坚持党的全面领导

坚持以习近平新时代中国特色社会主义思想为指导，增强"四个意识"、坚定"四个自信"、做到"两个维护"，自觉主动用习近平总书记关于科技创新的重要论述，武装科研人员头脑、指导科技创新实践、推动科技自立自强。结合庆祝中国共产党成立 100 周年和党史学习教育，认真总结党领导中国科技事业发展的辉煌成就和宝贵经验，更好地指导和促进新时代科技创新发展，加快实现科技自立自强。大力弘扬科学家精神，加强科研作风和学风建设，教育和激励科研人员坚守初心使命，秉持国家利益和人民利益至上，主动担负起时代和历史赋予的科技自立自强使命。

2. 坚持科学性原则

评价指标体系设计要始终体现指标的科学性，在现有理论研究和实践经验的基础上，采用恰当的理论和设计方法，使指标体系充分体现出中国科技自立自强的关键特征。评价指标一是要能准确反映中国科技自立自强在全球的发展水平与发展趋势；二是要能准确体现中国科技自立自强的不足之处；三是选取的指标要有代表性，避免指标体系庞杂带来的低效率，也要避免指标选择中出现易忽略的评价内容。应在充分考察科学性的基础上，分析相关指标的科学内涵及不同指标之间的相互联系，以较少指标构建起能够完整、准确、全面反映中国高水平科技自立自强的指标评价体系。

3. 坚持定量与定性、客观与主观相结合原则

同国际上绝大部分国家竞争力或创新能力评价指标一样，构建高水平科技自立自强评价体系需要遵循定量指标与定性指标、客观评价与主观评价相结合的原则。其中，定量指标反映一切可以用客观数据表征的特点，如科技投入、科技产出等"硬实力"；定性指标用以描述那些采用定量指标无法或不能充分体现的国家科技创新"软实力"特征。客观指标要全面反映实现高水平科技自立自强的工作成效，主观指标要更好反映人民群众及国际社会对高水平科技自立自强的认同感。定量指标要能够准确定义、精确衡量且能反映工作的关键业绩，定性指标要根据实际适当划分。

4. 可比性与可操作性原则

构建衡量高水平科技自立自强评价指数的目的是，综合评价国家层面的科技发展水平与独立自主能力，需要进行横纵向的对比分析。为了使不同发达程度和不同科技发展水平的国家之间具有可比性，筛选相关指标时应以比例指标和强度指标为重点，建立起可进行跨国比较的评价指标。此外，指标设计的最终目的是用于衡量和评价，要充分考虑所选指标的可操作性。在指标选取过程中，关键是要兼顾数据的可获得性，数据源应具备易于获取和来源可靠的特性。

（三）基本方略

党的二十大报告提出，坚持面向世界科技前沿、面向经济主战场、面向国家重大需求、面向人民生命健康，加快实现高水平科技自立自强。科技自立自强是提升供给体系质量、保障产业链和供应链安全的关键，能够为构建新发展格局、实现高质量发展提供战略支撑。目前，中国已经成为具有重要影响力的科技大国。到 2035 年，中国发展的总体目标包括实现高水平科技自立自强，进入创新型国家前列。

立足新发展阶段，我们需要制定更精准、更有效的政策措施，完善体制机制，探索有效路径，加快实现高水平科技自立自强。如何衡量与评价高水平科技自立自强的现状是首先要考虑的问题。在衡量与评价高水平科技自立自强之前，最重要的是要对实现高水平科技自立自强的标准形成共识。首先，高水平科技自立自强的标准是相对的，不是绝对的。如果国内创新水平和独立自主能力取得了很大进步，但仍距世界主要发达国家有较大差距，则远未达到高水平科技自立自强。相对标准是指与世界其他国家相比的标准，即实现高水平科技自立自强意味着在科技创新水平以及科技自主能力方面达到世界先进水平。其次，实现高水平科技自立自强是一个持续且渐进式的发展过程，每一个时期都有其特殊之处，每一个阶段都对应不同的重点任务。因此，衡量与评价高水平科技自立自强的相关指标要根据每一阶段的特点进行动态调整，力争准确全面衡量高水平科技自立自强的发展状态。最后，实现高水平科技自立自强的标准要充分参考世界主要发达国家，尤其是美国、英国、日本、德国和法国等已经实现高水平科技自立自强国家的产业发展特征、创新模式，从中提取出实现高水平科技自立自强的关键节点，作为衡量评价中国高水平科技自立自强的状态及是否实现高水平科技自立自强的标准。

在此基础上，本书立足新发展阶段与中国创新发展实际情况，按照 2035 年实现高水平科技自立自强的总体目标，从关键核心技术自主能力、科学发现能力、技术创新能力、成果转化能力和国际竞争能力五个维度构建在理论上立得住、实践中可操作可评价的高水平科技自立自强评价指标。同时，考虑到实现高水平科技自立自强是一个渐进持续的发展过程，因而确立不同阶段的指标尤为关键，不同时期的指标需要根据当时特点进行动态调整。

三 世界主要科技强国实现科技自立自强的经验与特征

回顾世界科技发展史，英国、法国、德国、美国、日本和韩国等国家都先后抓住科技革命与产业变革的重大机遇，成为世界公认的科技强国。研究这些科技强国的特点及建设经验，对衡量和评价中国高水平科技自立自强以及如何实现高水平科技自立自强具有重要的借鉴意义。

（一）先发国家实现科技强国的历史演进

1. 英国实现科技强国的历史演进

英国是近代科学的主要策源地，历史上涌现出诸如牛顿、胡克、赫歇尔、法拉第、麦克斯韦等一大批世界级科学家,在数学、物理学、天文学、电磁学等领域为全人类作出了杰出贡献,使英国的科学技术实力特别是基础研究能力至今仍然处于世界领先地位,影响着世界各国的经济社会发展进程。英国早在1167年就建成了英语世界历史上最悠久的牛津大学等新型大学,成立于1660年的英国皇家科学院是世界上历史最悠久、最著名的学术团体之一。18世纪中叶,第一次工业革命诞生于英国,自此机器代替人工、科技融入生产成为趋势,人类创造物质财富和驱动社会发展的方式发生巨大变革,工业发展的现实需求促进英国科技向深度与广度发展。但到19世纪中叶,英国错失新工业革命良机,科技与工业领域的优势逐渐弱化,在科技上的领先地位开始逐步丧失,德国、美国逐渐取代英国的地位。两次世界大战之后,英国政府开始大力支持教育与科技事业的发展,政府研发经费投入快速增长,重点研发领域由军事国防逐渐向民间应用转移。美苏冷战结束后,英国政府对科技创新的重视程度达到前所未有的高度,通过搭建国家科技成果转移转化平台、构建高校产学研创新体系等举措大力促进科技与经济紧密结合。2000年以来,英国政府开始大力培育国家创新体系,努力使英国继续保持在世界科技创新领域中的优势地位,在生命科学与生物技术、电子和信息科学与技术、新材料与制造技术、空间与海洋科学与技术等重点领域取得了大量重要成果,使英国科技水平一直处于世界领先地位。

2. 法国实现科技强国的历史演进

16世纪到19世纪中期,科学革命、技术革命、工业革命相对并行发展,英国率先成为第一个世界科技强国,而法国则是继英国之后第二个世界科技强国。作为欧洲历史悠久的国家，法国在科学和启蒙运动中发挥了重要作用，为科学的繁荣和进步作出了重大贡献。近代以来，法国历史上诞生了庞加莱、傅立叶、拉瓦锡和玛丽·居里等一大批世界级科学家，将法国推向了科学的领先高度。18 世纪中期至 19 世纪中期，法国支持自然科学，使科学研究建制化，极大地推动了当时科学研究事业的发展，成为继英国之后又一世界科学中心。在这一进程中，法国科研机构发挥了重要的推动作用，早在 17 世纪，法国就已有巴黎大学、图卢兹大学、斯特拉斯堡大学等许多高质量大学，为培养科学人才提供了良好的平台。1666 年，路易十四设立法国皇家科学院，为法国和欧洲科学家提供了交流合作的平台，极大地促进了科学知识的传播和科学的发展。第二次世界大战结束后，法国在科技领域坚持自主创新，加大对基础研究的支持力度，通过立法形式保障科研投入，并对科技发展的优先地位多次予以明确，为法国创造大量的优秀知识成果作出巨大贡献。21 世纪以来，法国政府采取了一系列重大举措，包括营造自由与竞争共存的学术氛围、积极发挥科技评价的作用、制定重大创新战略和建立科技创新网络等，促使法国科技创新实力与竞争力不断提高。

3. 德国实现科技强国的历史演进

19 世纪末至 20 世纪初，德国成为继英国和法国后第三个世界科学中心，跻身先进工业国家行列。1871 年至第一次世界大战之前，德国受惠于国家统一和教育改革，抓住了第二次工业革命的机会，科技和工业进入高速发展时期。这一时期，一大批著名的科学家和工程师脱颖而出，李比希、霍夫曼等著名化学家确立了德国化学在世界化学中的领导地位，高斯、克莱因等数学家将哥廷根大学打造为世界数学研究中心，普朗克等开辟了物理学新纪元。在工业方面，德国注重科学、技术与生产的有机结合，以及专利立法保护前沿应用技术，使德国实用技术位于世界前列，孕育了化学工业和电力工业等具有发展潜力的新兴工业。科学发展带来了技术突破和产业变革，19世纪70年代，德国率先引发了以电力技术和内燃机为标志的第二次工业革命，创造了电力与电器、汽车、石油化工等一大批新兴产业，将工业社会带入电气化时代，使德国迅速成为19世纪末20世纪初的世界科学中心和工业化强国。第二次世界大战后，德国政府通过重新调整科技主管部门，进一步完善科研体系以及大力扶持工业企业创新，极大地推动了德国技术创新和成果转化。到20世纪70年代，德国在生物学、材料科学、重离子研究等科学领域达到国际先进水平，在化工和医药、航空、汽车和机械制造等工业技术方面更是全球领先。民主德国和联邦德国统一后，德国政府快速精简和重组科研体制，继续提高科研机构的基础研究经费，组建新的科研机构和大科学中心，改善大学基础研究条件，推动德国基础研究快速发展，在生物技术、微电子技术等领域全球领先。

4. 美国实现科技强国的历史演进

美国是当今世界唯一的超级大国，也是在几乎所有科学技术尖端领域都处于世界领先地位的科技强国。美国自1776年独立以后便开启了工业化进程，通过不断引进和改良技术的做法，为美国从农业国家向工业化国家转变提供了重要的技术支撑。19世纪70年代，第二次工业革命爆发之后，电力被广泛应用于各生产部门，推动了美国各行各业的技术改造，促进了美国经济的腾飞，使其逐渐成长为世界头号经济大国。20世纪上半叶，美国抓住两次世界大战的机遇，引进大批欧洲流亡科学家从事科研和教育工作，为其科技创新注入大量新鲜血液，推动科技水平飞速发展。同时，美国通过实施"曼哈顿原子弹计划"等国家科学计划，为其科学技术的长远发展奠定了基础。第二次世界大战后，美国逐渐确立起由政府支持科学技术研究的发展战略，保持高水平的研发投入力度、重视基础研究、保障科学家的自主性等成为战后科技政策的主要特点，美国现代化科技创新体系趋于完备，逐步形成国家创新体系。冷战期间，美苏对抗日益激烈，科技竞争达到前所未有的高度，美国相继策划并实施了阿波罗登月计划、星球大战计划、人类基因组计划等众多国家重大科学计划，在太空科学、军事科学、生物科学等领域均取得了重大进步。这一时期，许多军用技术被源源不断地转往民用领域，催生了一批包括微软、Intel、AMD、高通等在内的世界科技巨头，使美国引领了以信息和通信技术为代表的第五次技术革命。

（二）后发国家实现科技强国的历史演进

1. 日本实现科技强国的历史演进

日本的科学技术起步相对较晚。1868年明治维新之后，日本明治政府不遗余力地推行"殖产兴业"计划，大力引进和学习西方先进科学和技术，科学水平和工程技术能力不断提升。到第二次世界大战前夕，日本在医学、微生物学领域已可与西方发达国家相提并论，武器装备制造和交通运输等方面也走在了世界前列。

第二次世界大战以后，日本科学与技术进入飞速发展阶段，在短短几十年内一跃成为世界科技强国。20世纪50年代，日本主要采取的是直接引进发达国家的技术专利和设备来解决重建阶段的燃眉之急。随着经济的恢复，日本的技术引进策略发生了转变，更加重视对国外先进技术的模仿和改良，发展独立自主的科研力量。1972年超越联邦德国成为世界第二大经济体，丰田汽车公司的"准时制生产"甚至成为继"福特流水线"之后工业生产方式的又一大革命。随着与欧美发达国家的技术差距的缩小，日本技术引进的空间也随之减小，发达国家纷纷开始重视对输出技术的保护。面对困境，日本积极寻求科技发展新思路，并于1980年确立了"技术立国"的科技发展战略，提出要加强基础科学研究，培养创造性人才，提高自主技术开发能力。同时，日本也更加重视民间企业的自主创新，产业技术政策的重点从保护企业转向鼓励企业自主开发技术，进一步提高了日本的国际竞争力，使日本成为继美国、德国和英国之后的世界第四大技术出口国。进入21世纪后，日本获得诺贝尔科学奖的数量迅速提升，科学国际影响力和技术出口显著增长，基础研究引人瞩目，成功跻身世界科技强国之列。

2. 韩国实现科技强国的历史演进

20世纪50年代，韩国经济已经到了崩溃的边缘，使其原本就薄弱的科技力量消失殆尽。随后，韩国选择"工业立国，贸易兴国"的战略，并于1962年制定了第一个"五年经济发展计划"，确立了以"引进技术"为主的科技发展路线。20世纪70年代，韩国逐步由劳动集约型工业和轻工业转向重工业，并逐渐意识到技术引进无法真正帮助其实现国家富强。为保持国家发展态势，韩国在 20 世纪 80 年代调整了发展策略，将自主研发和提升国家创新能力作为主要发展目标，由"工业立国"逐步向"科技立国"转变。20 世纪 90 年代，随着知识产权与技术保护意识逐渐增强，韩国政府开始重视自主研发与科技创新能力的培养，对技术引进实行严格监督和审查，禁止企业引进成套技术设备，鼓励有选择地引进关键技术和设备，提倡在引进先进技术的同时，强化技术吸收，发展自主科研力量，提高技术适应能力和创新能力。1997 年，韩国新一轮"五年经济发展计划"着重对发展本国高级研究机构作出了统筹安排，创新体系得到了不断完善。21 世纪以来，韩国应对世界变革，确立"科技全球化"，提出到 2040 年跻身于全球 5 大科技强国的科技发展长期愿景与目标。从"引进模仿"转变为"科技创新"，从"工业立国"转向"科技立国"，韩国政府准确地把握了时代科技走向，成功走出经济科技薄弱的困境，跻身于科技强国。当前，韩国在半导体及半导体材料、网络通信、造船业、石化行业和生物技术等产业达到了国际先进水平，整体科技实力位居世界先进国家之列。

（三）实现科技强国国家的主要特征

1. 先发国家在基础科学领域率先取得重要突破

在世界科技强国建设中，英国和法国率先建立现代科学体制，先发成为世界科技强国。两个国家的共同特点是率先在基础科学领域取得了重大突破，奠定了成为科技强国的基础。英国历史上涌现出一大批世界级科学家，在数学、天文学、电磁学等领域取得大量基础性科研成果，使英国的科学技术实力特别是基础研究能力至今仍然处于世界领先地位。同样，法国历史上也涌现出一大批世界级科学家，在数学、化学、核物理、电磁学等领域取得大量原始性科研成果。

2. 后发国家大多经历从技术引进到原始创新的过程

后发国家在刚开始的时候技术相对比较落后，往往需要先引进发达国家的先进技术，经过消化吸收再创新的阶段，最终走向原始创新。这在美、日、韩三国发展史上体现最为明显。美国整个19世纪都在源源不断地从欧洲引进先进技术，20世纪上半叶则引进大批欧洲流亡科学家，让其进入高校和科研机构从事基础研究工作，最终美国的基础研究和原始创新能力迅速提升至世界领先水平。日本从20世纪40年代开始大量引进国外先进技术和专利，60年代后才开始注重技术消化吸收和再创新能力的培养，最终从一个技术追赶型国家转变为一个技术领先型国家。韩国从20世纪50—70年代得到了美国大量产业转移和技术转让，引进、吸收和效仿是韩国政府当时推进工业化的主要措施。20世纪80年代，韩国调整了科技发展战略，将自主研发和提升国家创新力作为主要发展目标，由"工业立国"逐步向"科技立国"转变，走上技术自主创新的道路。

3. 大学等科研机构起到引领性作用

在英、法、德、美等国家的科技发展过程中，大学和国立科研机构都起到了重要的引领作用。英国皇家科学院、牛津大学、剑桥大学等科研机构为英国培养了一大批优秀科研人才，诞生了一系列世界级科研成果。法国巴黎大学、图卢兹大学、斯特拉斯堡大学等科研机构培养出了玛丽·居里、拉瓦锡、庞加莱等世界级人才，极大提升了法国的基础科研水平。德国的马普学会、弗劳恩霍夫协会、赫姆霍兹联合会则是德国重要的战略科技力量，是长期性、战略性重点基础研究项目的主要承担者。美国国家实验室则是联邦科研机构的最重要组成部分，也是世界上最大的科研系统之一，对大科学装备研发、前沿科学研究、关键核心技术攻关等具有重要引领作用。

4. 政府发挥积极的引导作用

检视科技强国的崛起因素，政府在其中发挥了重要的引导作用。英国政府通过大力培育国家创新体系，稳固其科技创新能力。法国通过立法等形式保障科研投入，营造自由与竞争共存的学术氛围，促使法国科技创新实力与竞争力不断提高。德国通过专利立法保护前沿应用技术，使德国实用技术位于世界前列。美国相继策划并实施了阿波罗登月计划、星球大战计划、人类基因组计划等众多国家重大科学计划。日本确立"技术立国"的科技发展战略，加强基础科学研究，培养创造性人才，提高自主技术开发能力。韩国通过"五年经济发展计划"对其科技发展作出统筹安排。

四　高水平科技自立自强评价指标构建

（一）国内外相关评价指标体系的分析与借鉴

随着人们对创新的认识不断加深，全球研究机构、各国政府和学者陆续推出了一系列以创新、竞争力、可持续发展等为评价对象的国家创新能力评价指标。比如，世界经济论坛发布的《全球竞争力报告》，世界知识产权组织、英国国际商学院和美国康奈尔大学共同发布的"全球创新指数"（Global Innovation Index，GII），彭博资讯集团发布的"彭博创新指数",瑞士洛桑国际管理发展学院（IMD）开发的"科技竞争力评价指标",加拿大马丁繁荣研究所发布的"全球创造力指数",中国科学技术发展战略研究院的"国家创新指数",中华人民共和国科学技术部发布的"中国科学技术评价指标",中国航天系统科学与工程研究院提出的"科技强国评价指标"等指标受到了人们的广泛关注和引用,为评价高水平科技自立自强提供了较好的参照（见表2－1）。

表2－1　　　　　高水平科技自立自强相关评价指标

名称	提出机构	评价体系与指标
《全球竞争力报告》	世界经济论坛	三个层面：基础条件、效能提升和创新成熟度，共12个支柱性因素，合计114项指标
全球创新指数	世界知识产权组织、英国国际商学院和美国康奈尔大学	两个层面：注重创新投入和创新产出。投入包括制度、政策环境、人力资源、基础设施、市场成熟度及商业成熟度，产出包括知识创造和创意产出
彭博创新指数	彭博资讯集团	包括研发经费、制造业、生产率、高技术产业、高等教育、研究人员、专利等情况
科技竞争力评价指标	瑞士洛桑国际管理发展学院	四个层面：经济运行、政府效率、企业效率和基础设施，合计260项指标
全球创造力指数	加拿大马丁繁荣研究所	五个层面：研究与开发支出、人力资源、技术管理、科学环境和知识产权
国家创新指数	中国科学技术发展战略研究院	五个层面：创新资源、知识创造、企业创新、创新绩效和创新环境

续表

名称	提出机构	评价体系与指标
中国科学技术评价指标	中华人民共和国科学技术部	六个层面：人力资源、研发经费、科技活动、产出、高技术产业、公众对科学技术的理解与态度
科技强国评价指标	中国航天系统科学与工程研究院	五个层面：科学发现能力、技术创新能力、成果转化能力、驱动发展能力、国际竞争能力，合计30项指标

上述国内外研究机构、政府构建的指标体系各有特点，对各评价体系的主要指标进行分析，可得到三点共同特征：一是指标体系以综合性指标为主，这表明较多国家认同创新能力是多种要素的集合；二是主观指标与客观指标相结合，某种程度上也反映了对一个国家创新能力评价逻辑的转变；三是均从整体角度来综合评价一个经济体或国家的创新能力或科技竞争力，便于决策者了解经济体或者国家科技创新能力在全球的位置、不足和全球创新的格局。

通过对上述指标体系进行分析和总结，笔者认为在构建高水平科技自立自强评价指标中，需要综合考虑以下关键因素：关键核心技术自主能力、科学发现能力、技术创新能力、成果转化能力和国际竞争能力五个方面。同时，在对标分析中国与世界公认科技强国发展水平差距的同时，应该在国际共用指标体系的基础上，添加符合中国特点的指标，使之更好地反映中国的实际情况，服务于中国的政府决策和市场需要。

（二）高水平科技自立自强评价指标构建

根据高水平科技自立自强的内涵、特征及指标体系构建基本原则，综合考虑实现高水平科技自立自强国家的主要特征，以及国内外现有与科技自立自强相关指标体系，本书从科技自主能力、科学发现能力、技术创新能力、成果转化能力和国际竞争能力五个方面评价高水平科技自立自强（见表2-2）。

表2-2　　　　高水平科技自立自强评价指标体系

维度	指标	指标说明
科技自主能力	"卡脖子"关键技术攻破率	"卡脖子"关键核心技术每3—5年进行一次调整，每次调整只增加不删减
	"卡脖子"关键技术产业化率	"卡脖子"关键技术是否实现产业化，应根据专家或者行业内人员主观判断界定
科学发现能力	基础研究经费占R&D经费比重	基础研究指R&D活动中的第一类活动；数据来源：《中国科技统计年鉴》
	高被引科学家占比	全球高被引科学家名单由科睿唯安公司公布，每年公布一次
	国际一流大学得分占比	软科世界大学学术排名前100高校得分汇总，由上海交通大学高等教育研究院发布
技术创新能力	每万人就业人员中从事R&D活动人员数	统计单位：年；数据来源：《中国科技统计年鉴》
	三方专利占世界比重	三方专利指在EPO、JPO、USPTO都提出了申请的同一项发明专利

维度	指标	指标说明
成果转化能力	新产品销售收入占主营业务收入比重	用于反映创新对产品结构调整的效果，数据口径为大中型工业企业
	每万名科技活动人员技术市场成交额	技术市场成交额指全国技术市场合同成交项目的总金额
国际竞争能力	知识产权出口占本国总出口比重	知识产权出口即知识产权的使用费用，数据来源：https://stats.wto.org/
	主导制定的国际标准数量占比	数据来源：https://www.iso.org/

1. 科技自主能力

科技自主创新是实现高水平科技自立自强的根本遵循，关键核心技术自主能力是衡量中国"高水平科技自立"的关键指标。关键核心技术是国之重器，体现了一国的综合科技实力，代表了国际竞争的战略制高点，也是保障产业链供应链安全可控的主要筹码。当前，中国是全世界唯一拥有联合国产业分类当中全部工业门类的国家，但部分行业仍存在短板，受到别国"卡脖子"的威胁。2018年，《科技日报》梳理了制约中国工业发展的35项"卡脖子"的关键技术，其中包括芯片、传感器、光刻机、操作系统、激光雷达等关键技术。短期内，关键核心技术"卡脖子"问题是中国面临的突出问题，突破"卡脖子"技术是科技自立自强的题中之义，也是中国实现高水平科技自立的关键抓手。因此，将"'卡脖子'关键技术攻破率"作为衡量高水平科技自立自强的关键指标。长期内，解决"卡脖子"问题，不仅仅要攻克核心技术，更重要的是在市场上实现国产化替代，否则只能算是"卡脖子"技术的"备胎"而已。因此，将"'卡脖子'关键技术产业化率"作为衡量高水平科技自立自强的关键指标。需要指出的是，随着世界科技水平的不断进步，"卡脖子"关键技术的数量将会是不断变化的，需要进行动态调整。

2. 科学发现能力

科学是技术之源，每一次技术革命都以科学上的突破为前提。科学发现主要指重要的科学发现，即对全人类科学研究作出重要贡献，得到全世界的认可。科学发现是技术创新的根基，提升科学发现能力是实现高水平科技自立自强的根本要求。基础研究是整个科学体系的源头，是支撑科技原始创新的前提条件，在基础研究领域取得重要进展是实现高水平科技自立自强的必然要求和重要目标。因此，将"基础研究经费占 R&D 经费比重"作为衡量科学发现能力的关键指标。根据世界主要科技强国经验，人才、大学和科研院所在基础研究中扮演着重要角色。因此，将"高被引科学家占比"和"国际一流大学得分占比"作为衡量科学发现能力的关键指标。

3. 技术创新能力

技术是产业之源，技术创新是"从 0 到 1"的过程，产业创新主要建立在技术创新基础之上。高水平科技自立自强的技术创新能力主要体现在对先进技术的研发与掌控力上面。衡量技术创新能力同样需要从技术研发投入和产出两个方面着手。在技术创新投入方面，科学研究人员是从事技术创新的核心主体，是技术创新的直接参与者和推动者。因此，将"每万人就业人员中从事研究活动人员数"作为反映技术创新能力的关键指标。在技术创新产出方面，专利是世界上最大的科技信息源，专利转让和许可也是知识产权交易的重要组成部分。其中，高水平发明专利更是技术取得创新的根本体现，也是促进科技成果转化的重要保障。因此，将"三方专利占世界比重"作为衡量技术创新能力的关键指标。

4. 成果转化能力

科技成果转化是指为提高生产力水平而对科技成果进行的后续试验、开发、应用、推广直至形成新产品、新工艺、新材料，发展新产业等活动，是科学技术转变为生产力、产生经济效益的一个完整过程，解决的是"从 1 到 100 再到 N"的过程，同时也是新兴产业培育壮大、产业链向中高端迈进实现科技自立自强的必然要求。科技成果转化能力不能采用单一的"科技成果转化率"衡量，这一概念将从科研到创新的复杂问题简单化，不具有科学性。科技成果转化大体可分为内部转化和外部转化。其中，内部转化指企业自行投资实施转化，主要反映在生产批文、新产品或新技术推广应用上面，鉴于新产品是科技成果转化的直接产物，可通过"新产品销售收入占主营业务收入的比重"进行衡量；外部转化指企业向他人转让技术成果、许可他人使用科技成果、以该科技成果作为合作条件等多种形式进行，可通过"每万名科技活动人员技术市场成交额"进行衡量。

5. 国际竞争能力

高水平科技自立自强的国际竞争能力指国家在科学发现、技术创新以及成果转化过程中展现出的胜于他国的能力。知识产权出口是反映技术成果显性转移转化的重要指标，代表了一国的科学技术自主生产能力。同时也体现了一国的技术输出规模，代表了该国科技能力在全球的认可度和影响力。因此，应将"知识产权出口占本国总出口比重"作为衡量国际竞争能力的重要指标。另外，标准是质量的技术基础，是世界"通用语言"和通行规则，也是推动服务贸易高质量发展的"加速器"，主导制定国际标准是科技引领创新的重大体现。因此，应将"主导制定的国际标准数量占比"作为衡量国际竞争能力的重要指标。

五　中国高水平科技自立自强的现状、目标值及实现路径

改革开放以来，在中国共产党的坚强领导以及几代中国科学家不断努力下，中国已建成世界上最大规模的科技队伍，研发总支出跃居世界前列，科技创新成果取得跨越式发展，在基础研究、应用研究方面已跃居世界前列，建立了世界上门类齐全的国家创新体系与国家战略科技力量，科学与工程论文发表数量实现了大幅度增长，科技总实力不断提高，从科技追赶型进入科技创新型国家行列，从世界科技第二方阵进入第一方阵，并与美国等科技强国不可避免地形成前所未有的科技竞争较量。在此背景下，中国科技发展今后更需要坚持创新驱动发展，采取"非对称"赶超战略，大力推进科技自立自强。因此，需要对中国科技自立自强的现状进行梳理分析，找出影响实现高水平科技自立自强的关键"症结"，实施有针对性的举措，加快实现高水平科技自立自强。

（一）中国高水平科技自立自强的现状与目标值界定

1. 科技自主能力

"卡脖子"技术问题往往涉及多个领域，背景成因复杂。因此，判断"卡脖子"技术问题是否得到解决应从多方面进行考虑。其一，要认识到解决"卡脖子"问题是解决最紧急、最紧迫的技术难题，其关键是实现国产替代，解决起来不可能一蹴而就。对"卡脖子"技术国产替代的技术先进性水平应适当放松，可以采用"是否与国际最前沿水平的技术差距在一代及以内"作为关键"卡脖子"技术问题是否得到解决的标准。另外，根据其他科技强国的经验，任何一个科技强国都没有在某一领域掌握所有关键技术，世界科技强国之间往往是"你离不开我，我离不开你"。因此，其二，解决关键"卡脖子"问题的另一思路是在关键技术环节形成"卡脖子"技术优势，通过和其他国家之间互"卡脖子"，最终解决"卡脖子"技术问题。因此，"卡脖子"关键技术攻破率应参照以上标准来计算，同时考虑到科学技术是不断发展的，未来可能还会出现新的"卡脖子"技术问题，"卡脖子"关键核心技术每3—5年应进行一次调整，每次调整只增加不删减，以确保该指标可以动态反映中国解决关键"卡脖子"核心技术的进度。在"卡脖子"关键技术产业化率方面，应根据专家或者行业内人员主观判断来界定"卡脖子"关键技术是否实现产业化。

截至2023年4月，在2018年《科技日报》报道的制约中国工业发展的35项"卡脖子"关键技术中，包括芯片、操作系统等已至少有21项被攻克，^① 占比达到60%，年均攻克超4项"卡脖子"关键技术。考虑到中国在光刻机、航空发动机短舱以及光刻胶等领域起步较晚，与国际先进水平尚有较大差距，宜将实现高水平科技自立自强时关键"卡脖子"技术的攻破率设定在90%以上，同时考虑到产业化具有一定的滞后性，宜将"卡脖子"关键技术产业化率的目标值设定在85%以上。

2. 科学发现能力

科学技术是第一生产力，是国家经济社会发展和赢得国际竞争的决定性力量。科学发现能力主要从科研经费、科研人才和科研机构三个层面进行衡量。在基础研究经费占R&D经费比重方面，中国的基础研究经费占比为6.57%，约为同期日本、韩国和美国的50%，不足英国40%和法国的30%。对比来看，中国基础研究占比与科技强国之间差距较大。从基础研究差距的来源来看，韩国的企业担负了该国基础研究经费的58%，日本的企业占了48%，法国、英国为20%—30%，而中国的企业只有4%，可见中国基础研究经费的缺口主要在企业端。企业在基础科学研究中投入不足，导致没有足够的知识储备和能力积累，产业缺乏核心技术，也影响产学研合作和科技成果的转化效果。从基础研究的走势来看，2007—2018年，中国基础研究经费占R&D经费的比重均在6%以下，2019—2022年，从6.03%增长至6.57%，年均增长3%。而根据中国科学技术部信息，"十四五"时期，中国基础研究经费投

---

① 《35项"卡脖子"技术，至少已突破21项》，中国电子业协会，http://www.nacmids.org/home/headway/info/id/1017/catId/51.html.

入占研发经费投入比重有望达到8%左右，2022—2025年，年均增长率约为6.78%。对比其他科技强国基础研究经费占比情况，日本、韩国、美国、英国和法国分别为12.8%、14.4%、15.1%、18.3%和22.7%（见图2-1），五个科技强国的均值为16.66%。要解决中国产业的"卡脖子"难题，必须在基础研究领域进行大规模、长周期的投资，加大在基础研究上的投入力度。综合以上情况以及结合中国基础研究历史走势与主要科技强国情况，宜将基础研究占比的目标值设定为16%。

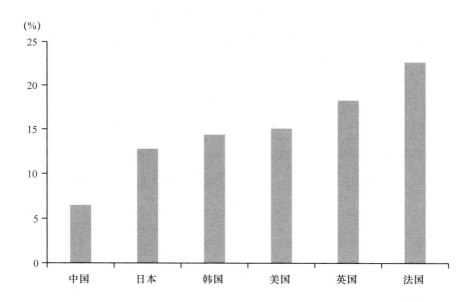

图2-1　中国与主要科技强国基础研究经费占R&D经费比重对比

注：中国为2022年数据，日本、韩国和美国为2020年数据，英国和法国为2019年数据。

资料来源：《中国科技统计年鉴（2022）》。

高被引科学家指在全球高校、研究机构和商业组织中对所在研究领域具有重大和广泛影响的顶尖科学人才，其研究成果在过去十年对自然科学和社会科学的单个或多个学科产生了重要的学术影响力。因此，采用高被引科学家人数与本国从事科学研究人员总数[①]比值来计算高被引科学家占比。根据科睿唯安 2022 年度"高被引科学家"名单，中国内地科学家有 1169 人入选，美国、英国、德国、法国、日本和韩国分别有 2764 人、579 人、369 人、134 人、90 人和 70 人入选。在高被引科学家总数方面，中国仅次于美国，为英国的 2 倍。在高被引科学家占比方面，中国高被引科学家占比为 0.49‰，美国、英国、德国、法国、日本和韩国分别为 1.74‰、1.83‰、0.82‰、0.42‰、0.13‰和 0.16‰。对比来看，中国高被引科学家占比和法国相当，但远低于美国和英国。根据中国高被引科学家历史数据，2015 年高被引科学家入榜人数仅为 144 人，2016—2022 年分别为 185 人、249 人、482 人、636人、770 人、935 人和 1169 人，上榜人数逐年增加，2022 年上榜人数为 2015 年的 8 倍。根据中国高被引科学家人数历史走势，以及主要科技强国高被引科学家占比现状，宜将高被引科学家占比目标值设定为 1‰。

国际一流大学和科研机构指在软科世界大学学术排名位居前 100名的高校，是世界各国基础研究竞争的主战场。根据上海交通大学世界一流大学研究中心数据，2023 年世界排名前 100 名的高校中，中国内地共有 10 所高校上榜，美国、英国、德国、法国、日本和韩国分别有 38 所、8 所、4 所、4 所、2 所和 1 所高校入选。从排名前

---

① 研究人员总数采用 R&D 活动中的研究人数计算；数据来源：《中国科技统计年鉴》。

100 高校的总得分来看，中国高校总得分为 310.6，而美国、英国、德国、法国、日本和韩国高校的总得分分别为 1614.3、336.9、121.9、141.7、71 和 25.8。在得分占比方面，中国、美国、英国、德国、法国、日本和韩国的得分占比分别为 8.6%、44.9%、9.4%、3.4%、3.9%、2.0% 和 0.7%。对比来看，中国世界排名前 100 名的高校在数量上仅次于美国，且在总得分和得分占比上超过德国、法国、日本和韩国，但没有高校进入世界排名前 20 的名单，得分总数低于仅有 8 所高校入榜的英国。考虑到中国有 22 所高校在世界排名第 100—第 200，同时参考主要科技强国的高校得分占比情况，将国际一流大学得分占比目标值设定为 15%。

3. 技术创新能力

技术创新主要建立在科学道理的发现之上，是产业创新的基础。技术创新的过程不仅是产生产品、新工艺或者新服务的过程，更是将其引入市场、实现商业价值的过程。技术创新是企业竞争优势的重要来源，是企业可持续发展的重要保障。在从事 R&D 活动人员数方面，中国 2021 年从事 R&D 活动人员数达到 571.63 万人，远高于英国、德国、法国、日本和韩国。但在每万人就业人员中从事 R&D 活动人员方面，中国每万人就业人员中从事 R&D 活动人员数仅为 77 人·年，英国、德国、法国、日本和韩国分别为 145 人·年、163 人·年、166 人·年、134 人·年和 203 人·年（见图 2－2）。对比来看，中国虽然从事 R&D 活动人员数远超其他科技强国，但在每万人就业人员中从事 R&D 活动人员数不足英国、德国、法国和韩国的一半，仍有较大提升空间。从中国从事 R&D 活动人员数历史走势来看，2015—2021 年，中国从事 R&D 活动人员数分别为 3758.8 千人·年、3878.1 千人·年、4033.6 千人·年、4381.4 千人·年、4800.8 千人·年、5234.5 千人·年和 5716.3 千人·年，其间增长约 2000 千人·年，年均增长率约为 6.2%。从每万人就业人员中从事 R&D 活动人员数历史走势来看，2015—2021 年，中国每万人就业人员中从事 R&D 活动人员数分别为 49 人·年、50 人·年、52 人·年、56 人·年、62 人·年、70 人·年和 77 人·年，年均增长率约为 6.7%。综合中国每万人就业人员中从事 R&D 活动人员数的历史走势及主要科技强国现状，将每万人就业人员中从事 R&D 活动人员数目标值设定为 160 人·年，超过日本和英国当前水平，接近德国当前水平。

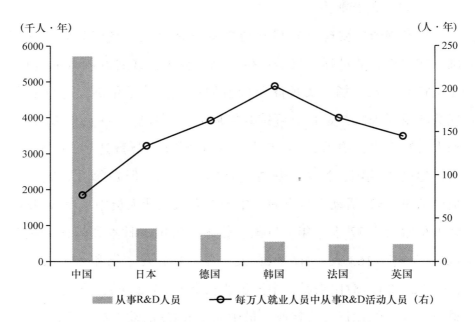

图 2 - 2　中国与主要科技强国从事 R&D 人数对比

注：中国为 2022 年数据，日本、韩国、德国和法国为 2020 年数据，英国为 2019 年数据。

资料来源：《中国科技统计年鉴（2022）》。

三方专利即三方同族专利，是 OECD 组织关于创新与技术指标中的重要统计指标，指来自欧洲专利局、日本专利局、美国专利与商标局保护同一发明的一组专利。为反映科技产出的综合实力，三方专利占世界比重采用专利拥有量计算。根据 OECD 数据[①]，全球 2020 年共有三方专利 57595 件，其中中国拥有 5897 件，占全球的份额为 10.2%，美国、英国、德国、法国、日本和韩国分别拥有为 13039、1708、4381、1880、17469 和 3244 件，分别占全球总数的 22.6%、3.0%、7.6%、3.3%、30.3% 和 5.6%。对比来看，中国拥有三方专利数仅次于日本和美国，位列世界第三。虽然中国三方专利总数和占比远超英国、德国、法国与韩国，但距日本和美国尚有较大差距，仅为美国的 50% 和日本的 33%。从历史走势来看，2015 年以来中国三方专利从 3259 件增加至 2020 年的 5897件，年均增加超过 500 件，年均增速超过 10%。根据中国三方专利历史数据及其他科技强国情况，到 2035 年中国三方专利总数有望达到 12000 件，因此将三方专利占世界比重目标值设定为 20%。

4. 成果转化能力

科技成果转化是实现"从 1 到 100 再到 N"的过程，包括内部转化和外部转化。在内部转化方面，根据国家统计局数据，2021年，中国大中型工业企业实现新产品销售收入 22.2 万亿元，与主营业务收入之比为 27.6%，比 2020 年提高 0.2 个百分点。根据中国创新成效指数数据，中国新产品销售收入占主营业务收入比重指数在 2005—2021 年年均增长约 3.6%。按照这一增速推算，中

[①] "Triadic Patent Families", OECD, https://data.oecd.org/rd/triadic-patent-families.htm.

国 2035 年的新产品销售收入占主营业务收入比重可达 47%。另根据《国家企业技术中心评价方法》，"新产品销售收入占主营业务收入的比重"的满分要求为 40%。因此，将新产品销售收入占主营业务收入的比重的目标值设定为 40%。

在外部转化方面，根据国家统计局数据，2022 年中国技术市场成交额达到 4.78 万亿元，2021 年每万名科技活动人员技术市场成交额达到 25.4 亿元，较 2020 年增长 16.2%。根据中国创新成效指数数据，中国每万名科技活动人员技术市场成交额指数在 2005—2021 年年均增长约 11.2%。按照这一增速推算，中国 2035 年的每万名科技活动人员技术市场成交额可达 125 亿元。考虑到科技市场在达到一定规模后增速可能会减慢，将每万名科技活动人员技术市场成交额的目标值设定为 100 亿元。

5. 国际竞争能力

国际竞争能力指一个国家的综合科技实力在全球的竞争力水平，具有较高国际竞争能力是高水平科技自立自强国家最直接的体现。知识产权出口占本国总出口比重和主导制定的国际标准数量占比可以有效捕捉一个国家综合科技实力在全球市场上的竞争能力。根据 WTO 数据，全球 2022 年实现知识产权出口总额达 4469.12 亿美元，占全球服务总出口的份额为 6.27%。中国 2022 年实现知识产权出口总额为 135 亿美元，占世界知识产权出口总额的 3%，占中国服务贸易出口总额的 3.2%。同期，美国、英国、德国、法国、日本和韩国分别实现知识产权出口 1274、277、483、138、465 和 79 亿美元，占其服务贸易出口的比重分别为 13.7%、5.6%、11.7%、4.1%、27.9% 和 5.9%。从知识产权出口总额和占服务贸易出口比重来看，中国和法国相当，远低于美国、德国和日本。从历史数据来看，2018 年以来，中国知识产权出口占服务贸易出口的比重年均增长 11.5%，高于其他科技强国。综合中国知识产权出口历史走势及其他科技强国现状，将知识产权出口占本国服务总出口比重的目标值设定为 10%。

国际标准是支撑一国国际化发展和实施"走出去"战略的重要举措，因此通过积极主导及参与国际标准制定，能够提高中国在科技领域话语权和引领能力。近年来，中国标准国际化成绩显著，在实质性参与国际标准制定、国际标准化组织工作、双多边标准化合作等方面取得良好进展。根据国际标准化组织（ISO）数据，在 2000 年前，中国制定的国际标准数量仅为 13 项；2001—2015 年，中国经济社会高速发展，中国制定的国际标准达到 182 项；2015—2020 年，随着经济和技术实力进一步提升，中国主持的国际标准数量超过了 800 项，年均增速达到 28%。从占比来看，中国截至 2015 年主导制定的国际标准数量仅占总数的 0.7%，截至 2022 年主导制定的国际标准数量仅占总数的 5.8%，几年来增速明显，但仍远低于德国、美国、日本等科技强国。随着中国科技实力进一步增强，到 2035 年，中国主导制定的国际标准数有望超过 5000 项，按照国际标准总数年均增加 600 项计算，中国 2035 年主导制定的国际标准数量占比可达 15%。因此，将主导制定的国际标准数量占比目标值设定为 15%。

（二）中国高水平科技自立自强指数及实现度

本书根据 2035 年实现高水平科技自立自强的目标安排，设立目标实现型高水平科技自立自强指数，并进一步测算每年的高水平科技自立自强实现度。目标实现型高水平科技自立自强指数的测算公式如下：

$$HighTec = \sum_{i=1}^{5} W_i \times X_i \; ; \; X_i = \sum w_{ij} x_{ij}$$

其中，$HighTec$ 表示高水平科技自立自强指数，W_i 表示第 i 个一级指标的权重，X_i 表示第 i 个一级指标的得分。w_{ij} 表示第 i 个一级指标下第 j 个二级指标的权重，x_{ij} 表示第 i 个一级指标下第 j 个二级指标的得分。在权重方面，本书采用等权重的方法进行测算，即所有五个一级指标均占 20% 的权重，所有一级指标的得分同样采用等权重对二级指标进行加总。二级指标即具体量化的指标，具有不同的计量单位，合成总指数时不能直接进行加减运算，需要进行去量纲化处理。本书参考联合国人类发展指数（HDI）的做法，单个指标采用如下方式去量纲化：

$$x_{ij} = \frac{x_{ij}^{real} - x_{ij}^{min}}{x_{ij}^{target} - x_{ij}^{min}} \; ; \; x_{ij} \in [0, 1]$$

其中，x_{ij}^{real} 为第 i 个一级指标下第 j 个二级指标的统计录得数，x_{ij}^{min} 表示第 i 个一级指标下第 j 个二级指标的最小值，x_{ij}^{target} 为第 i 个一级指标下第 j 个二级指标的目标值。若 $x_{ij}^{real} > x_{ij}^{target}$，则令各 $x_{ij} = 1$。指标的目标值可设定为恰好实现高水平科技自立自强时的取值，主要结合 2035 年实现高水平科技自立自强的目标安排对指标体系中所有指标赋予目标值，最小值设定为 2018 年[①]各项指标的数值的 50%。根据以上设定，当所有指标均不低于目标值时即判定为实

---

① 2018 年"中兴事件"之后，"卡脖子"问题逐渐得到公众关注。

现高水平科技自立自强。根据《国家创新指数报告》，中国国家创新指数排名从 2000 年的第 38 位，逐渐上升到 2017 年的第 17 位，中国科技创新发生了整体性、格局性的深刻变化，科技资源投入规模跻身世界前列，创新产出能力引领全球，成为世界创新版图中的重要一极。鉴于此，本书将高水平科技自立自强在 2018 年的实现度设定为 60%，将 2035 年的实现度设定为 100%，进而对各年高水平科技自立自强的实现度进行标准化处理，将标准化后的实现度表示高水平科技自立自强的实现度。根据以上设定，2018 年以来中国高水平科技自立自强指数及实现度如表 2-3 所示。

根据高水平科技自立自强实现度历史数据，截至 2022 年年底，中国高水平科技自立自强已经实现了 74.1%。从历史走势来看，中国高水平科技自立自强指数年均增加 3.5 个百分点，实现了快速增长。随着中国科技水平逐渐接近或者超越世界科技前沿及各项指标接近目标值，高水平科技自立自强指数增长可能会有所减慢，但仍可在 2035 年前实现高水平科技自立自强。

（三）中国高水平科技自立自强的实现路径

根据《全球创新指数 2023》，中国国家创新指数世界排名第 12 位，连续十年稳步提升，位居 36 个中高收入经济体之首①。中国有必要也有能力从以引进为主的科技进步方式和以要素投入为主的经济增长模式，转向依靠科技自立自强来提高科技供给的水平，为现代经济体系"强筋健骨"。在高水平科技自立自强的征程

---

① 资料来源：WIPO 网站（https://www.wipo.int/global_innovation_index/zh/2023/index.html）。

表 2 - 3   中国高水平科技自立自强指数及实现度

维度	指标	2018 年	2019 年	2020 年	2021 年	2022 年	2035 年
科技自主能力	"卡脖子"关键技术攻破率（%）	0	11.4	20	28.6	60	90
	"卡脖子"关键技术产业化率（%）	—	—	—	—	—	85
科学发现能力	基础研究经费占 R&D 经费比重（%）	5.5	6	6	6.5	6.57	16
	高被引科学家占比（‰）	0.26	0.3	0.34	0.39	0.47	1
	国际一流大学得分占比（%）	2.5	3.4	5.0	6.0	8.6	15
技术创新能力	每万人就业人员中从事 R&D 活动人员数（人·年）	56	62	70	77	85	160
	三方专利占世界比重（%）	8.68	10.18	10.24	10.5	11	20
成果转化能力	新产品销售收入占主营业务收入比重（%）	23.6	24.9	27.4	27.6	30	40
	每万名科技活动人员技术市场成交额（亿元）	15.7	18.4	21.9	25.4	29.7	100
国际竞争能力	知识产权出口占本国服务总出口比重①（%）	2.06	2.33	3.17	3.03	3.18	10
	主导制定的国际标准数量占比（%）	1.58	3.1	4	4.8	5.8	15
	高水平科技自立自强指数	0.146	0.217	0.282	0.327	0.447	1
	高水平科技自立自强实现度（%）	60	63.3	66.3	68.5	74.1	100

① 来自 WTO 数据（https://stats.wto.org/dashboard/services_en.html）。

中，中国必须依靠掌握关键核心技术、提高科技竞争力来摆脱产业链的"低端锁定"，为此，需要将基础研究、原始创新、自主创新放在更加显要的位置，遵循系统论和整体论的创新逻辑，全方位地强化科技创新体系的独立自主性，精准发力，久久为功。

1. 强化基础研究布局，提升科技原创力

习近平总书记指出，中国面临的很多"卡脖子"技术问题，根子是基础理论研究跟不上，源头和底层的东西没有搞清楚。国内作为开展基础理论研究主力军的高校院所，对解决迫在眉睫的"卡脖子"技术问题缺乏兴趣、动力不足。落实中央坚持创新在中国现代化建设全局中的核心地位，把科技自立自强作为国家发展的重大战略部署，现行的科研评价体系迫切需要进行全面深化改革，探索能够差异化满足不同创新主体诉求的动态协同激励机制，从根本上破除评价体系中激励导向和国家需求之间的矛盾。

2. 构建重大科创平台，增强创新组织力

"平台建设"一直是政府发挥公共科技职能的抓手，重大科技创新平台具有规模大、层次高，产业支撑作用强、要素整合能力高的特点，是科技创新平台体系中的"重器"。当今科技强国无一不将重大科创平台视为占领科技制高点的"顶级装备"。在新一轮世界科技力量的竞争中，中国不仅需要提升既有重大科技平台的集聚效应与"头雁"效应，在"高原"上塑造"高峰"，而且需要增添一批能够产生原创科学成果、研发关键核心技术、促进学科互动交流、培养高素质创新人才的重大创新平台，以此来开展长周期、大规模、高风险的研发活动，完成综合性、突破性、战略性的创新任务。

3. 鼓励多方协同创新，推进产研深度融合

在人类历史上，科技创新是一个技术进步与产业应用"双螺旋式上升"的过程。在以往的科技实践中，中国探索构建了一系列产学研合作模式，然而，传统的产学研合作模式具有短期、松散、线型的特征，容易出现行政管理各自为政、激励机制不甚明确、监督机制尚未形成、利益分配不易平衡等弊端。基于高水平科技自立自强的要求，中国需要推进创新活动从单要素、单主体、单领域的线性创新向多要素、多主体、多领域的系统创新转型，构筑以高校、院所、企业为核心，以政府、中介、金融、行会为辅助，持续紧密、利益共生、多核网状的协同创新联盟，将创新的"孤岛"串成"岛链"，以获取创新整体效益的最大化。

4. 嵌入全球研发网络，扩大科技影响力

在新一轮科技革命中，新的技术发展范式的复杂度和开放度均不断提升，任何一个国家都需要通过更加深入的国际合作来保持科技创新的自主性和先进性。高水平科技自立自强，既需要自力更生，也需要扩大开放，只有树立全球发展视野、对标国际领先水平，主动地参与全球科技创新活动，才能为构建全球科技创新共同体作出中国贡献。按照互利互信、互学互鉴的宗旨，聚四海之气、借八方之力，分享世界科技发展的最新成果，传播中国的新思想与新技术，积极参与国际性技术创新联盟建设，主导或发起国际大科学计划，提升在全球创新格局中的话语权。

六　实现高水平科技自立自强的对策建议

（一）加大统筹各方资源，加强国家战略科技力量建设

打赢关键核心技术攻坚战，解决"卡脖子"问题，需加大统筹各方资源，加强国家战略科技力量建设，健全新型举国体制。一要加强新型举国体制系统谋划。实现高水平科技自立自强，最迫切的是要破除体制机制障碍，最大程度发挥科技作为第一生产力、人才作为第一资源的潜能，激活创新动力的作用。新型举国体制基于国家意志、国家使命，旨在以制度创新、体制安排确保攻坚必胜。二要推动新型举国体制组织实施。关键核心技术及其集成平台等具有智力高度密集、资源高度集中、技术高度集成、市场高度垄断等特征，存在较大突破难度。完善党中央对科技工作统一领导体制，以党的组织力保障科技创新执行力，革除资源配置、力量布局等方面分散、重复、低效等弊端，真正把制度优势转化为科技发展和治理效能。三要充分整合政府、市场和社会力量。政府主要体现在宏观管理与统筹协调、重大科技计划组织等方面。市场主要表现为发挥配置资源的决定性作用、检验创新价值与商业模式等。充分发挥社会力量中科技服务组织的桥梁纽带作用，有序组织战略科技力量，使不同机构功能定位清晰、衔接协同紧密。

（二）完善人才培养模式，打造高素质科技人才队伍

一是发挥顶尖科技人才的领衔作用。以"小中心大网络"的

组织形式，着力汇聚和发挥战略科学家等顶尖科技人才的领衔作用。推进科技创新治理体系与治理能力现代化，凝聚战略科技力量，跨学科、跨部门、跨组织共同研判前沿科学和产业共性技术领域的关键问题。推动形成一批具有国际竞争力的原创性科学发现与突破性关键核心技术成果。二是完善人才培养政策与评价机制。建立针对性的培养政策和评价机制，给予团队充分积累和沉淀的时间，做好资金支持与人才队伍保障，特别是要为从事关键核心技术研究和实验工作的青年科学家建立适用合理的评价机制，开辟鼓励与激励新通道，强化关键核心技术研究和实验工作的平稳运行。三是持之以恒深化教育改革。坚持系统观念，统筹推进育人方式、办学模式、管理体制、保障机制改革，深化现代职业教育体系建设，根据实际需求调整高校专业招生规模，重点打造一批世界顶级高校和科研院所，坚决破除一切制约教育高质量发展的思想观念束缚和体制机制弊端，全面提高教育治理体系和治理能力现代化水平。

（三）完善科技政策，健全创新机制

一是推动科技政策和科技创新深度融合。大力推动科技政策和创新深度融合，进一步加强创新动力机制、创新成果转化机制和优化协同机制方面的探索，强化科技政策的支撑环境，为破除科技创新的体制机制障碍提供基础保障，使科技政策和科技创新有效结合，坚决破除实现快速高效科技创新的障碍，形成一个多层次推进、全方位融合、高质量创新的生态系统。二是大力推进科技政策机制创新。完善高校、科研院所和企业的有效衔接机制、

人才有效流动机制，加强基础设施、公共服务等方面的高科技化水平，为技术创新方面的公共服务提供资源共享平台。三是强化企业创新主体地位。实施高新技术企业和科技型中小企业培育工程，创新财政科技资金使用方式，实施科技资金按照奖励性后补助，从研发经费补助、自主知识产权转化、科技成果转化、研发人才培养、引进等方面进行扶持。

（四）建设知识产权强国，积极融入全球创新网络

一是加强重点产业关键核心技术知识产权创造与布局。加强事关国家安全的关键核心技术自主研发和知识产权创造，在类脑智能、量子信息、基因技术、未来网络、深海空天开发、氢能与储能等前沿科技和产业变革领域开展前瞻性、战略性的知识产权布局。二是推动知识产权赋能产业高质量发展。推进知识产权链与创新链、产业链、资金链、人才链"五链"深度融合，深化专利导航在关键领域和前沿技术发展方面的决策支撑，充分挖掘知识产权治理的强链、补链、延链作用，推进知识产权转化运用并引导社会资金参与关键核心技术领域科技创新，加速关键核心技术创新成果产业化。三是优化全链条、系统性的知识产权治理体系与治理能力。强化国家战略性科技力量知识产权管理能力与企业科技创新主体地位，加大对关键核心技术以及新兴产业、重点领域、种源种业等知识产权的保护力度，依法管理涉及国家安全的知识产权对外转让行为，全面提升知识产权创造、运用、保护、管理、服务整体水平。四是积极融入全球创新网络，主动谋划和积极利用国际创新资源，提高中国科技领域的国际化水平和影响力，让中国科技为推动构建人类命运共同体作出更大贡献。

（五）积极参与国际标准规则制定，提升中国科技话语权

一是强化中国参与国际标准规则体系建设的顶层设计，积极调动各方力量，进一步增强合力。要完善政府颁布标准和市场自主制定标准的工作机制，推动标准化工作的改革创新。坚持政府在标准化工作的组织协同、政策引导等方面的主导作用，充分利用央企、国企及科研单位的创新能力和资源，营造企业参与标准制定的市场化气氛，有侧重地引导中国跨国公司参与国家、行业标准及国际标准的制定和修订工作，最大限度推动中国优势和特色技术标准成为国际标准。此外，引领科技龙头企业建立技术、专利及标准联动创新体系，并与科研机构及中小企业建立标准合作机制。二是积极开展国际合作，引领形成国际共识。一方面，发挥中国国际标准化组织常任理事国、技术管理机构常任成员的职能，促进人工智能、数字化、增材制造等新兴技术领域国际标准化战略和规则的制定。同时，鼓励中国专家到美欧等标准化协会任职，增加在标准投票表决流程上的话语权，提高中国标准通过的概率。另一方面，深化标准化活动的国际合作。促进与共建"一带一路"国家尤其是新加坡开展国际标准制定项目和提案，与金砖国家探索标准化合作新机制，并深化与东盟国家的区域标准化对接以推进亚太经济一体化进程。

第三章

推动实现关键核心技术自主可控

关键核心技术是国之重器，对中国实现高水平科技自立自强、推动经济高质量发展、保障国家安全具有重要意义。当前，世界百年未有之大变局加速演进，国内外环境发生深刻复杂变化，中国关键核心技术供给不足的短板愈加凸显。习近平总书记强调，关键核心技术是要不来、买不来、讨不来的。只有把关键核心技术掌握在自己手中，才能从根本上保障国家经济安全、国防安全和其他安全。①《中华人民共和国国民经济和社会发展第十四个五年规划和 2035 年远景目标纲要》强调，"关键核心技术实现重大突破，进入创新型国家前列"是 2021—2035 年必须实现的既定发展目标。党的二十大报告提出，"以国家战略需求为导向，集聚力量进行原创性引领性科技攻关，坚决打赢关键核心技术攻坚战"。推动实现关键核心技术自主可控，加快实现高水平科技自立自强成为中国当前和未来一个时期发展的迫切战略需求。

---

① 习近平：《在中国科学院第十九次院士大会、中国工程院第十四次院士大会上的讲话》，《人民日报》2018 年 5 月 28 日。

一　推动实现关键核心技术自主可控的重大意义和理论逻辑

（一）推动实现关键核心技术自主可控的重大意义

当前，中国能否在重点领域具备自主、持续且系统的关键核心技术攻关能力，不仅决定着中国能否实现高水平科技自立自强、成功跨入创新型国家前列，还将从根本上决定中国经济高质量发展的动力是否强劲，更决定着中国能否实现产业链、供应链安全稳定以及国家安全的战略目标，具有极其重要的战略意义。

推动实现关键核心技术自主可控是中国实现高水平科技自立自强、进入创新型国家前列的重要前提和坚实基础。党的二十大报告指出，到 2035 年，创新领域发展的总体目标为"实现高水平科技自立自强，进入创新型国家前列"。其一，在重点领域实现关键核心技术的自主可控有利于打破对外国的技术依赖，增强中国科技独立自主发展的能力，是实现高水平科技自立自强的重要前提。其二，高水平科技自立自强要求具有较强的原始创新能力，创新型国家也以追求原始性科技创新为基础。原始创新是通过对最新的科学知识、规律现象、发明技术等的深入研究而产生的创新成果，是关键核心技术突破的关键。因此，推动实现关键核心技术自主可控和提升原始创新能力具有高度的一致性，一国关键核心技术的加快突破必然伴随着基础研究和原始创新能力的提升。当前，中国的基础研究和原始创新能力依然薄弱，制约了重点领域关键核心技术的攻关进程。因此，加强原创性、引领性科技攻关，着力提升原始创新能力，推动关键核心技术自主可控，是中国实现高水平科技自立自强、跻身创新型国家前列的坚实基础。

推动实现关键核心技术自主可控是中国制造业高质量发展的关键支撑。制造业是国民经济的主体。改革开放以来中国经济发展的实践表明，以制造业为主体的实体经济是国民经济增长的强大驱动力。党的十八大以来，习近平总书记多次强调要大力发展制造业和实体经济，制造业高质量发展成为中国经济高质量增长的重要动力。党的二十大报告提出，"坚持把发展经济的着力点放在实体经济上，加快建设制造强国"。制造业是中国科技创新的主战场。进入新发展阶段以来，中国制造业的产业结构不断优化，高端化、智能化、绿色化发展水平持续提升，自主创新能力的增强在其中发挥了关键性作用。习近平总书记指出，制造业的核心就是创新，就是掌握关键核心技术。筑牢制造业根基，实现从制造大国向制造强国的转变，关键在于重点领域关键核心技术的自主可控。但从当前来看，中国在高端装备、新一代信息技术、新材料、高端化工等制造业领域仍存在大量"卡脖子"技术。因此，加快破解制造业重点领域"卡脖子"难题，推动实现关键技术自主可控成为中国制造业高质量发展的关键支撑。

推动实现关键核心技术自主可控是中国产业链、供应链安全稳定的根本保障。近年来，新一轮科技革命和产业变革加速演进，国际形势愈加复杂多变，在新冠疫情、俄乌冲突等事件的催化下，世界政治、经济和科技格局加速重构，科技创新在全球经济社会发展和竞争格局中的作用愈加突出。部分西方国家将中国视为主要竞争对手，在高科技领域对中国进行全方位围堵和打压，华为、中兴通讯等高科技企业多次被无理由限制和制裁，中国产业链、供应链的稳定性和安全性受到严重威胁。从根本上看，中国重点领域关键核心技术创新能力依然薄弱，部分产业链的关键环节严重依赖国外进口，工业母机、航空发动机、高端芯片等高技术领域存在瓶颈制约，基础材料、关键元器件等关键共性技术领域也落后于国际先进水平，尚不具备自主可控能力，为他国的技术封锁和遏制提供了契机。基于此，推动实现重点领域关键核心技术的自主可控无疑将成为中国应对全球科技竞争的必要手段，以及抵御西方发达国家科技封锁和遏制的重要法宝，是中国保持产业链、供应链安全稳定，维护国家安全的根本保障。

（二）推动实现关键核心技术自主可控的理论逻辑

"关键核心技术自主可控"可分为"关键核心技术"和"自主可控"两个组成部分，要充分理解关键核心技术自主可控的理论逻辑必须首先对二者各自的内涵和特征进行剖析，再将其有机结合，最终形成对这一概念的全面认识。

1. 关键核心技术的内涵及特征

（1）关键核心技术的内涵

对于技术关键性的探讨是创新经济学长期关注的重要问题之一。关键核心技术能给国家、产业与企业带来可持续的竞争力，具有突出的重要性与价值性，广受学者、企业以及社会公众的研究和关注。基于不同的理论和视角，现有研究对关键核心技术内涵的界定包括以下几种方式。①

一是创新战略视角下的关键核心技术。基于此视角的研究认为，技术创新是既定技术或创新战略下的产物。所谓关键核心技术，是企业、产业、国家面向企业竞争战略、产业竞争战略、国家竞争战略的一类技术，其在很大程度上决定了创新主体能否在创新竞争中获得可持续的竞争力，从而占据优势地位。从中国现实来看，推动关键核心技术自主可控的政策导向与西方国家的技术封锁和遏制密不可分，发展关键核心技术是中国科技战略的重要组成，担负着保障产业链、供应链安全稳定，维护国家安全的重要使命，因而其天然就具有突出的战略性。

二是技术类型视角下的关键核心技术。从双元创新理论出发，企业技术创新按路线可分为利用式创新与探索式创新。其中，利用式创新通过对原有知识体系进行优化重组，实现企业产品技术性能与参数的改进，是一种在既有知识边界内部的技术与产品改良方式；相反，探索式创新则强调突破原有知识边界，通过新技术与新产品的开发等方式实现新的市场扩张。相较于利用式创新，探索式创新需要更大的资金投入和更长的投资期限，投资风险也更高。基于该视角的研究认为，由于关键核心技术研发具有极高的复杂性，涉及大量关键零部件、生产工艺、技术诀窍和缄默知识，其创新过程与行为更偏向探索式创新活动，即围绕基础技术、通用技术、前沿技术等领域，开展突破式创新以实现新市场的开拓。

---

① 阳镇：《关键核心技术：多层次理解及其突破》，《创新科技》2023年第1期。

三是技术构成视角下的关键核心技术。从关键核心技术的构成来看，部分研究认为技术具有可分离特征，关键核心技术可看作是在某一产品、模块或系统中发挥关键性作用的技术，比如关键零部件、关键性装备与产品的制造技术、关键系统技术等。将关键核心技术视为技术组件或技术部件，实质上等同于将技术彻底物理化。相反，部分研究则强调从系统观念出发认识关键核心技术，提出关键核心技术并非单纯的某一技术组件或部件，而是由关键零部件、关键制造工艺、前沿知识等多种技术组件或部件有机结合形成的技术体系。从现有研究来看，学者普遍认为关键核心技术是一种技术体系，[①] 包括技术、方法与知识等主要构成要素。[②]

四是知识创新视角下的关键核心技术。根据知识基础观，技术的实质是知识的集成与应用，知识是企业技术创新的重要资源，企业创新活动实质上是知识的发现、运用和创新过程。基于该理论，关键核心技术融入了不易被掌握的复杂知识，是复杂知识的技术实现。从知识创新视角出发，关键核心技术的形成与开发不是某一知识体系的简单应用，而是系列知识的创新。因此，知识创新视角下的关键核心技术是创新主体在产品研发和生产过程中形成的知识体系，这一知识体系具有关键性、复杂性以及创新性等突出特征。从知识类型来看，可分为显性知识和隐性知识。其

---

① 陈劲、阳镇、朱子钦：《"十四五"时期"卡脖子"技术的破解：识别框架、战略转向与突破路径》，《改革》2020 年第 12 期；张玉臣、谭礼：《关键核心技术的概念界定、特征辨析及突破路径》，《中国科技论坛》2023 年第 2 期。

② 胡旭博、原长弘：《关键核心技术：概念、特征与突破因素》，《科学学研究》2022 年第 1 期。

中，隐性知识的创新难度更高，且不易被传递和模仿，是企业核心能力的重要来源，关键核心技术所蕴含的知识具有突出的隐性知识属性。

（2）关键核心技术的特征

基于内涵剖析，关键核心技术具有以下四个显著特征。

一是研究产出的高价值性。关键核心技术的相关产品和服务通常具有不可或缺的重要作用，比如对于计算机产品来说，芯片和操作系统发挥着重要的中枢作用，直接决定着产品的质量和性能。这种重要作用意味着关键核心技术具有较高的价值性，一方面，这种价值性表现为较高的经济价值，能够通过高附加值的产品和服务实现企业效益改善和市场扩张；另一方面，这种价值性还表现为创新主体在竞争过程中的强大优势，其能够帮助企业、产业或国家在竞争中获取有利的技术地位和市场地位，提升在全球价值链中的位置。关键核心技术的高价值性使其在产业技术体系中居于核心地位。

二是研发活动的原创性。一般来说，关键核心技术大多立足于探索式创新活动，因而关键核心技术研发活动具有显著的原创性特征。基于此，一方面，与一般性技术不同，关键核心技术研发需要付出更高的投入成本和更长的时间周期，因而也存在更高的风险，包括技术风险、市场风险以及资金短缺风险等，要求相应的创新主体具有较高的风险承担能力，离不开以企业为主体的多层次创新主体的协同配合；① 另一方面，关键核心技术具有高竞争

---

① 胡旭博、原长弘：《关键核心技术：概念、特征与突破因素》，《科学学研究》2022 年第 1 期。

壁垒属性，在短期内难以被模仿或超越，当一个企业、产业或国家掌握了技术竞争中的关键核心技术体系，其必然可以在一个较长的周期内占据竞争优势。

三是技术构成的复杂性。作为一种技术体系，关键核心技术本身就具有复杂的构成，包括产品构架、技术环节、技术部件、技术工艺、技术方法、前沿知识等。随着信息技术的发展和应用，在关键核心技术构建上出现了两种相反的趋势，使其技术体系结构的复杂性更加突出。一方面，随着分工的逐步细化和深入，各单项技术或技术单元所包含的技术知识量越来越高；另一方面，在统一的"根"技术及技术标准的作用下，不同单项技术或技术单元的链接组合越来越复杂，一些重要技术环节链接而成的技术体系作为一个技术整体发挥作用，这在一定程度上扩大了优势主体的市场空间。[①]

四是技术知识的高密集性与交叉集成性。从本质上看，产业技术体系可视为多元技术知识的集成，而关键核心技术是技术体系中知识最为密集的组成，其所涉及的知识主要表现为隐性知识，具有多学科交叉的综合性、集成性特征。因此，在关键核心技术的研发过程中，创新主体的知识积累与深化通常需要耗费大量的时间，从而使关键技术的攻关周期也较普通技术更长，但其也具有较高的价值性和竞争壁垒。随着技术专业化分工逐渐深入，技术产品也在不断分化，具有更高技术知识密集度和交叉集成度的

---

① 张玉臣、谭礼：《关键核心技术的概念界定、特征辨析及突破路径》，《中国科技论坛》2023 年第 2 期。

细分技术逐渐成为新的关键核心技术单元。

基于现有研究，本章从战略性、探索性、体系性以及知识创新性四个维度对关键核心技术的内涵进行剖析，认为关键核心技术是在企业、产业或国家竞争过程中发挥关键作用且居于核心地位，其他主体在短期内难以模仿和掌握，具有突出战略安全性的技术体系，其以复杂知识为基础，依托长期高投入和以企业为主体的多主体协同实现超越原有知识范围的新技术与新产品的研究开发。

2. 自主可控的内涵

对"自主可控"概念的理解可以从"自主"和"可控"两个方面出发。所谓"自主"是知识产权专有名词，指产业链各个环节的技术研发和产品生产都由自己进行，无论软件还是硬件，从应用组件到最终产品。所谓"可控"是指遇到任何突发情况随时都可以进行干预和响应，不受制于其他主体。其中，"自主"既涉及经济问题，也涉及安全问题，如果缺乏具有自主知识产权的零部件，就必须采购别人的，不仅要付出高昂代价还要处处受制于人；而"可控"更多的是强调安全问题，尽管在正常情况下可以购入其他主体的零部件，但一旦遇到突发情况导致断供，且自身不能及时进行干预，就会被迫面临生产中断的困境。"自主"只是实现以安全为目标的"可控"的途径之一，并不是所有东西都必须自己造。

将二者相结合，"自主可控"可以理解为，通过自主进行产业链各个环节的技术研发和产品生产等方式，实现从硬件到软件的研发、生产、升级、维护的全程可控，能够对任何突发情况进行干预和响应，不受其他主体制约。自主可控是一个安全问题，本质就是"不受制于人"。中国工程院院士倪光南曾表示自主可控不等于安全，但不自主可控一定不安全。自主可控意味着在出现突发问题后，可以主动、及时地进行有效处理，不会因为任何第三方的问题，导致自己产生无法"控制"的风险，从而增强安全性；而不自主可控意味着丧失主动权，在突发情况下只能处于被动挨打地位。由于更强调安全性，与关键核心技术包含企业、产业和国家三个层次不同，自主可控更为突出国家这一宏观主体层次。

综上，关键核心技术自主可控指一国能够通过自主研发等方式，全面掌握关键核心技术，做到从硬件到软件的全程可控，不受其他国家制约。

二　中国关键核心技术攻关的进展与问题

党的十八大以来，以习近平同志为核心的党中央将科技创新摆在国家发展全局的核心位置，以前所未有的力度强化科技创新支撑，促进了中国科技实力的快速提升，使其逐渐实现从量的积累到质的飞跃、从点的突破到系统能力的增强，关键核心技术攻关实现重大进展，科技创新取得系列历史性成就。同时，中国基础研究较为薄弱，原始创新能力不强，创新体系整体效能还有待提升，部分领域关键核心技术仍受制于人，与建设科技强国的目标相比还存在较大差距。

（一）中国关键核心技术攻关的主要进展与经验分析

党的十八大以来，中国重大科技成果竞相涌现，关键核心技术攻关取得突出进展。"上天入地下海"技术实现重大突破。中国空间站全面建成，载人航天工程技术水平跻身国际先进行列，探月探火任务科学研究取得丰富成果；万米大陆钻探计划专用装备和相关技术实现国际领先；初步建立起全海深潜水器谱系，深海装备技术发展不断取得新突破。超级计算机、卫星导航、量子信息、核电技术、大飞机制造、生物医药等领域取得系列重大成果。"九章二号"和"祖冲之二号"双双问世，标志着中国量子计算机已进入 2.0 时代，量子计算技术实现历史性飞跃；建成全球第一座"固有安全"的核电站，并且形成完整的产业体系，标志着中国在以固有安全为主要特征的先进核能技术领域完成了从跟跑到领跑世界的飞跃；首台医用重离子加速器——碳离子治疗系统成功应用，标志着中国在大型医疗设备研制方面实现历史性突破。"卡脖子"技术攻关实现阶段性进展。在 2018 年《科技日报》报道的制约中国工业发展的 35 项"卡脖子"关键技术中，部分已被成功攻克，比如，湿法锂电隔膜技术、四代核电钠冷快堆示范工程用超纯细晶耐高温大口径不锈钢无缝钢管供货技术、触觉传感器技术、高精度铣刀技术、水电核心控制系统等；光刻机、芯片、操作系统、手机射频器件、真空蒸镀机等领域的研发也取得了突破性进展。这些成就的取得与顶层设计不断强化、科技投入大幅提升、科研环境持续优化等因素密不可分。

顶层设计不断强化。自 2003 年确定了自主创新的战略定位，中国就不断强化科技创新顶层设计，为关键核心技术攻关奠定了坚实基础。2006 年，全国科技大会正式提出自主创新、建设创新型国家战略，并发布《国家中长期科学和技术发展规划纲要

（2006—2020 年）》，提出包括载人航天、探月工程等 16 个重大科技专项。党的十八大提出创新发展战略，将创新摆在了党和国家发展全局的核心位置，强化了对科技创新的系统布局和全面支撑，并开始强调发挥新型举国体制优势。2016 年，中共中央、国务院印发《国家创新驱动发展战略纲要》，对这一战略进行了顶层设计和系统谋划。此后，中国陆续发布五年科技创新规划、《国家中长期科技发展规划》以及各类专项规划，并部署实施了国家科技重大专项及科技创新 2030—重大项目，组织实施了国际大科学计划和大科学工程。

科技投入大幅提升。近年来，中国科技投入连续保持高增长，为关键核心技术创新提供了强劲动力。研发经费持续增长。全社会研发经费投入从 2012 年的 1 万亿元增加到 2022 年的 3.09 万亿元，投入强度从 1.91% 提升到 2.55%；基础研究投入从 2012 年的 499 亿元提高到 2022 年约 1951 亿元，占比由 4.8% 提升至 6.3%。研发人员量质齐升。中国研发人员总量从 2012 年的 325 万人·年提高到 2022 年预计超过 600 万人·年，多年保持世界首位；人才结构质量大幅提高，科研人员发表的论文规模、数量和质量显著提升，成为全球知识创新的重要力量。重大科技基础设施投入不断增加。目前中国已经布局建设 77 个国家重大科技基础设施，其中 34 个已建成运行，"中国天眼"望远镜等设施已迈入全球第一方阵，研发设备日趋精良。

科研环境持续优化。党的十八大以来，中国科技体制改革向纵深推进，科研环境持续优化，为关键核心技术攻关提供了外部支撑。人才评价体系改革有序推进，"五唯"标准逐渐破除，以创新质量、能力、贡献为核心的评价导向开始确立。科技成果分类评价和市场化评价机制逐步完善，科技成果高质量供给和转化应用不断加快。科研经费管理方式持续优化，科研人员自主权逐步扩大，科研经费"包干制"试点稳步推进，覆盖面进一步扩大。科研项目立项和组织管理方式实现创新，"揭榜挂帅""赛马"等新制度让更多人才脱颖而出；更多科研项目向青年科研人才倾斜，为青年人才提供了更多成长机会。知识产权保护制度更加健全，以增加知识价值为导向的分配政策深入实施，科技成果转化积极性持续提升。

（二）中国关键核心技术攻关的现存问题

近年来，中国基础科学水平实现了快速提升，但关键核心技术领域的瓶颈问题依然存在。目前，中国关键核心领域80%—90%的技术仍处于跟跑阶段，在芯片、发动机、材料、数控机床、工业软件等领域存在突出的"卡脖子"问题，承载关键核心技术的零部件、元器件等中间品高度依赖国外进口，严重影响了产业链、供应链的安全稳定和经济社会的高质量发展。可能的原因包括基础研究短板依然突出、高端创新人才面临制约、企业主导的产学研协同创新有待深化、关键核心技术发展生态还不完善以及多元化、长周期的资金投入机制尚未形成等。

基础研究短板依然突出。基础研究是科技创新的源头，中国面临的许多"卡脖子"技术问题，根源都在于基础理论研究不足。党的十八大以来，中国基础研究投入快速增加，取得了系列重大成果，但总体来看，中国重大原创性成果依然缺乏，底层基础技术和工艺不足，工业母机、高端芯片、基础软硬件等领域的瓶颈依然突出，制约了关键核心技术突破。具体来看：一是投入结构、方式和效率有待优化。中国基础研究投入仍不足，且结构不合理，主要依靠中央财政，企业投入不足，投入方式较为单一，投入效率还不够高。二是人才队伍建设面临挑战。缺少具有世界影响力的科学家和科学家群体，青年科研人员收入偏低，人才流失严重；科研人员尤其是青年科研人员从重大难题、短板、困难中凝练科学问题的能力不足。三是相关体制机制还不完善。基础研究经费稳定支持机制还不健全，人才差异化评价及长周期支持机制有待完善，科研成果评价存在周期过短，且维度较为单一等问题，尊重个性、宽容失败的科研氛围尚未形成。

高端创新人才面临制约。关键核心技术攻关人才是实现技术自主创新和产业自主可控的关键。目前，中国人才结构性矛盾突出，高端创新人才不足已成为中国关键核心技术自主可控面临的重要制约因素。据统计，中国大数据人才、网络安全人才、人工智能人才以及芯片人才均存在大量的缺口。[①] 高端创新人才缺口不仅广泛分布在创新价值链上游的基础研究和应用研究环节，也大量分布在下游创新和成果转化等应用开发环节，在科技人才和产业人才方面均存在一定不足。其中，兼具较高理论素养和丰富工程经验的顶尖攻关人才和团队缺失、交叉学科人才不足等问题较为突出。一方面，这与中国人才培养体系有关。中国基础教育更偏重

---

① 《中国制造业怎么了？》，2022 年 4 月 1 日，搜狐网，https://www.sohu.com/a/5344827 39_121137233。

于应用科学，愿意从事基础科学研究的学生较少；高校专业设置未能与时俱进，与企业联系和对接不足，人才供需匹配度较低，断档问题突出，学校培养的人才需要二次融合才能进入企业；不同学科之间的交流和合作不足，交叉学科人才培养尚未实现建制化、规范化发展。另一方面，中国高端创新人才流失严重。据统计，名牌大学顶尖人才出国留学后约90%选择留在国外。

企业主导的产学研协同创新有待深化。一方面，企业主体作用尚未充分发挥。出题人作用有待强化。目前，中国企业聚焦产业需求不足，将实际的产业需求转化为科学问题的能力有限，同时，企业在国家重大专项选题设置中的参与度较低。答卷人作用尚未充分发挥。企业基础研究投入较少，对相关学科理论研究的深度不够，高端创新人才和资金供给不足，基础研究和关键核心技术研发能力十分有限。阅卷人作用不强。由于科技成果转化所需的研发资金投入较大且市场收益不明，企业顾虑较多，承担科技成果转化能力普遍较弱。另一方面，产学研协同创新水平有待深化。当前，中国产学研之间的良好合作机制尚未建立，完善的科技成果转化平台缺失，高校、科研院所和企业之间的信息无法实现共享，导致科技成果转化率较低。同时，高校和科研院所的研发创新活动面向经济主战场不足，具有转化价值的科技成果不多，而企业在生产过程中面临的技术难题，高校和科研院所又缺乏解决意愿，科技成果与产业应用脱节问题突出。尽管近年来，高校、科研院所和企业联合建立了新型研发机构、协同创新中心等多种形式的协同创新平台，但运行效果并不理想，新型科技成果转化平台的数量和质量均需提升。

关键核心技术发展生态还不完善。一方面，中国关键核心技术的应用生态尚不完善，内需潜力转化为创新动力不足。中国具有超大规模市场和巨大内需潜力，为关键核心技术创新提供了丰富的应用场景和广阔的发展空间，有利于推动新技术快速迭代和产业化规模化应用。但由于自主可控生态尚未建立，加之产业化应用复杂性高、难度大，而国外相关技术的竞争力更强，下游企业更偏好采购国外零部件和技术装备。目前，中国关键核心技术及产品的应用和推广政策还不完善，上游企业大量技术难以得到大规模应用，导致产品迭代升级的机会不足，遏制了产品开发更新和商业生态的良性循环，制约了关键核心技术发展水平的提升。另一方面，中国关键核心技术的产业生态还不健全，产业链不同环节和主体间的协同合作不足。目前，中国仍有大量的配套零部件和核心技术受制于国外企业，产业链条不够完整，加之技术研发、产品设计、生产制造、营销服务等不同环节各自为政现象突出，缺乏有效的协同合作，领军企业带动不足，产业链整合能力有待增强；从不同主体来看，部分领域技术研发力量分散，尚未形成合力。

多元化、长周期的资金投入机制尚未形成。关键核心技术攻关需要大规模且长期的资金投入，依靠单一主体难以满足需求，从发达国家的经验来看，必须采用"政府引导＋市场主导"的资源协同配置方式。从中国目前来看，尽管科技创新多元化投入机制逐步建立并完善，但在关键核心技术攻关投入方面，仍以政府财政投入、承担单位匹配为主，社会资本引入不足，多元化投入体系尚未建立，无法满足关键核心技术攻关的实际需要。甚至对部分企业来说，由于需要大量配套资金，政府项目不仅没能助力技术研发，反而成为负担。此外，当前中国财政对关键领域的核心技术攻关的支持周期仍然较短，且资金的分配大多数采用竞争性方式，无法对关键核心技术攻关提供全流程支持，部分重大科技项目在进入实验阶段后就被迫面临后续资金短缺的问题，导致其研究成果的商业化和产业化困难重重。加之关键核心技术成果大多具有国家战略导向，市场用户和社会资本的支持往往不足，难以形成有效的市场从而推动技术迭代升级，在一定程度上阻碍了部分研发成果的顺利落地。①

三　推动实现关键核心技术自主可控的国际经验与教训

（一）推动实现关键核心技术自主可控的国际经验

1. 成立执行重大任务的特殊机构

从世界范围看，众多国家都通过设立具有相对独立性的特殊机构来完成具有战略意义的重大任务，包括关键核心技术的突破。以美国为例，1942 年，为了加强军工生产能力，设立只对总统负责的战时生产局；同年，为了研制原子弹，设立曼哈顿工程区，直接对总统领导的"最高政策小组"负责，并由陆军工程兵团负责执行；1958 年，为了与苏联开展科技竞争，成立国防先进研究计划署（DARPA）以从事前沿技术开发，该机构在选择和执行项目方面具有较高的自主权，成为美国第二次世界大战后许多突破

---

① 张俊芳等：《构建新型投入机制，助力核心技术攻关》，《智慧中国》2022 年第 10 期。

性技术创新的策源地，互联网、全球卫星定位系统、隐形战机等重大前沿技术的成功突破都与 DARPA 的推动密不可分，该机构至今仍在发挥作用。[①] 类似的，俄罗斯于 2012 年成立先期研究基金会，负责高新技术的研发和管理；德国在 2018 年成立网络和关键科技颠覆性创新机构，从事网络和电子技术等新兴技术在军事领域的应用；中国于 1962 年设立的中共中央专门委员会也具有类似性质，在"两弹一艇一星"项目成功中发挥了决定性作用。

2. 实行项目经理负责制

对于前沿技术的组织和管理，美国、日本等国家都采取了"专业运作、授权充分"的项目经理负责制，由项目经理直接对项目负责，制定相关重大决策，确定项目研究方向，管理具体技术细节。美国的 DARPA 采取 3—5 年的项目经理聘期制，授权项目经理确定研究项目，并建立以任务结果为导向的"临时项目小组"，该小组由大学、各种企业、实验室科研人员组成，负责项目的具体执行。这些项目需要明确阐述相关产品和任务目标，考核方式以在项目期限内是否达到设定的任务目标为标准。DARPA 每年召开两次项目经理汇报会，审查项目进展和预定目标的完成进度。该制度设计使项目经理注重个人社会声誉与自我价值实现，专注前沿技术开发，同时又可以定期补充新鲜科研力量以维持组织创新活力，对各方主体都形成了一定的正向激励作用。[②] 类似

---

① 路风、何鹏宇：《举国体制与重大突破——以特殊机构执行和完成重大任务的历史经验及启示》，《管理世界》2021 年第 7 期。

② 路风、何鹏宇：《举国体制与重大突破——以特殊机构执行和完成重大任务的历史经验及启示》，《管理世界》2021 年第 7 期。

的，日本2013年启动的颠覆性技术创新计划（ImPACT）也实行项目经理负责制，选取优秀人才担任项目经理，再由其招募项目团队，确定研究目标与任务。ImPACT赋予项目经理高度自治的决策、人事以及经费管理等权力，有效激发了他们的创新热情。

3. 推动建立官产学研融合的创新联合体

美国、日本、韩国在推动关键核心技术攻关中都建立了由政府牵头的官产学研融合的创新联合体，比如，日美两国政府引导建立了VLSI和SEMATECH半导体产业研发联盟，韩国则组建了超大规模集成电路技术研发联合体。面临关键技术落后的局面，各国政府通过组建创新联合体汇聚产业研发力量，推动联合攻关，并采取了出台法案扫清企业合作障碍、选取代表性参与主体、选派代表参与联合体运行等系列支持举措。在激励机制方面，政府出台政策和法规，一方面实施财政补贴和税收优惠等举措，激励企业增大研发投入；另一方面加大对企业知识产权的保护，保证组织内成员对于收益获取的优先权。在主体间竞争与合作方面，各国政府通过制度设计和场景搭建等方式，推进各主体基础技术与知识的交流和共享，同时对企业间利益进行有效协调，日美两国政府聚焦产业基础、共性技术推动企业开展合作研发，并设计针对性机制化解成员间利益冲突；韩国则采用基础技术共同开发、关键技术多技术路线同时研究的竞争合作模式，支持企业独立开发基于基础技术的关键核心技术，并通过主体间的竞争提高攻关效率。

4. 高效发挥国立科研机构的关键牵引作用

国立科研机构是国家创新体系的重要组成部分，主要发达国家普遍成立了国立科研机构，比如美国国家实验室、法国国家科研中心等，成为牵引关键核心技术攻关的重要力量。其中，比利时微电子研究中心（IMEC）是突出代表，其用30年的时间成长为世界领先的产业共性技术研发组织，形成了系列成功经验。在战略定位层面，作为核心技术攻关体系的战略平台，IMEC聚焦全球微电子及相关领域的关键共性技术研发，致力于实现分散资源的整合与优化，以及松散参与者的合作与对接。在顶层设计方面，IMEC的最高决策机构包含政府、产业界和大学等各领域的代表，以保证其研发能更好满足真实产业前沿需求；政府赋予IMEC一定的经费分配权，通过公共资源投入方式的优化驱动了创新主体的协同合作。在攻关机制方面，IMEC通过产业联盟项目形成了多学科大团队的协作攻关模式，被高技术产业界广泛认可；重视研发项目集的选定，在战略研判产业发展前沿的基础上，广泛征求全球合作伙伴意见；充分考虑创新参与方的利益诉求，构建尊重知识产权归属和保护机制，以激发创新参与方持续的热情和潜能。

5. 建立以核心企业为主体的创新生态系统

世界各国的经验表明，在关键核心技术攻关中需要强化企业主体地位，逐步实现由政府主导创新向政产学研协同创新转变，并推动构建以核心企业为主体的创新生态系统。以韩国半导体核心技术发展为例，初期以政府为主导，政府支出占比达到70%以上，发挥了重要的支撑作用；在确立半导体技术自主创新道路后，韩国政府不断减少对企业的干预，企业创新主体地位得以不断强化。20世纪80年代，随着国家对产学研协同攻关的支持力度不断增大，国家层面的产学研协同创新机制逐步确立。在系列国家科技攻关计划的推动下，由政府牵头、寡头竞合、高校参与的半导体政产学研协同创新生态逐渐形成并完善，为核心技术攻关提供了重要保障。再以荷兰光刻巨头阿斯麦（ASML）公司为例，其通过关注非主流用户需求，与主流客户建立共同投资计划以获得资金支持和隐性知识，带动互补者共生成长，与大学、研究机构和其他企业合作研发，将部分非核心业务委托外包生产，构建了由市场主导，包含客户、互补者、研究机构、高校、供应商等主体的创新生态系统，有效推动了光刻行业关键核心技术的突破和发展。

（二）推动实现关键核心技术自主可控的教训

1. 韩国半导体材料受制于人

半导体是韩国的主要产业之一，20 世纪 80 年代，为了推动高技术产业发展，韩国政府推出了一系列计划，其中就包括重点发展半导体产业。到 20 世纪 90 年代，韩国的半导体产业已取得显著的发展成就，与美国、日本的技术差距不断缩小。目前，以三星、SK 海力士等为代表的韩国半导体企业已成为全球半导体产业中的巨头。一直以来，为了在国际竞争中保持优势，韩国企业在采购原材料、零部件及相关加工设备时通常遵循高标准、高质量的原则。由于海外工艺更为成熟，韩国半导体企业更倾向于从美国、中国、日本等海外国家购入材料、部件及设备，形成对国外进口的严重依赖，埋下了巨大的供应链安全隐患。据韩国相关数据，目前韩国半导体产业的国产化程度约为 30%，2022 年上半年韩国半导体原材料零部件的海外进口总额高达 1300 亿美元，进口依存度依然较高。2019 年，受日韩关系恶化影响，日本政府修改了对韩国的出口管理条例，解除了对韩国简化出口手续的优待，并限制向韩国出口"氟聚酰亚胺""EUV用光刻胶""高纯度氟化氢"3种半导体材料，而当时韩国对这三种材料均具有较高的依存度，分别为93.7%、91.9%、43.9%，限制令的颁布给韩国半导体产业链带来了沉重的打击，使得三星、SK海力士等半导体巨头企业面临前所未有的原材料危机。[①]

2. 俄罗斯高科技行业被全面制裁

尽管在能源和矿产领域具有明显优势，俄罗斯在全球科技发展中处于绝对弱势地位，高科技产品高度依赖进口，进口地主要为欧盟和美国，以航空航天产品和信息及通信产品为主。俄乌冲突以来，俄罗斯高科技产业被欧美全面制裁，陆续有300多家企业宣布断供俄罗斯，几乎波及了全球科技公司，其中不乏英特尔、AMD、苹果、谷歌、微软等行业巨头企业。其中，芯片是俄罗斯被制裁的重要领域。一方面，芯片是高科技产品的大脑，对俄罗斯的经济和军事能力至关重要，近年来，俄罗斯的经济增长和军事压力使其对芯片的需求日益增加，芯片进口量快速上升；另一方面，俄罗斯先进芯片的研发和生产能力较差，高度依赖海外进口。以美国为首的西方国家采用芯片出口限制的方式对俄进行制裁，企图通过切断精密半导体供应遏制俄罗斯先进武器、5G、人工智能等尖端技术的发展。欧美科技巨头的断供使俄罗斯高科技行业遭受了致命打击，直接造成其产业链、供应链断裂，关键核

---

① 磨惟伟：《韩国半导体产业发展情况分析及相关启示》，《中国信息安全》2022年第10期。

心技术投入大幅受限，不仅造成相关产业和应用严重萎缩，对关键行业和国计民生系统也产生了较大的负面连带影响。

四 中国推动实现关键核心技术自主可控的优势和挑战

（一）中国推动实现关键核心技术自主可控的优势

中国推动实现关键核心技术自主可控存在独特的优势和挑战。一方面，中国拥有新型举国体制、完整的工业体系和产业链，以及超大规模市场等系列显著优势；另一方面，中国也面临着如何处理好企业主体作用发挥与各主体协同攻关的关系、如何处理好新型举国体制应用中政府与市场的关系、如何处理好科技自立自强与融入全球创新网络的关系等艰巨挑战，需要统筹考虑，不仅要发挥优势，还要直面挑战，以提升关键核心技术攻关能力，赢得战略主动。

1. 新型举国体制优势

关键核心技术具有投入高、周期长、复杂性强、战略性突出等特点，需要发挥中国社会主义制度在集中力量办大事方面的突出优势。举国体制是一种特殊的资源配置与组织形式，由政府统筹调配全国资源力量，实现相应目标，在中国攻克难关、完成重大任务中发挥了关键作用。新型举国体制是在原有举国体制上的继承与创新，具有显著的市场特征，核心任务为关键核心技术攻关。以举国体制攻克关键核心技术，是世界科技强国的通行做法。在新型举国体制下，党和国家能够实现对重大科技创新活动的统一领导和对创新资源的高效配置，从人才、市场、技术、资金等各维度调动全国范围内的资源持续投入，[①] 有利于在明确国家利益的基础上，克服相关部门力量分散、利益冲突等问题，防范化解重大风险，[②] 加快突破"卡脖子"难题。党的十八大以来，依托这一制度优势，中国在航空航天、能源技术、深海探测等关键领域实现了重大技术突破。习近平总书记在中央全面深化改革委员会第二十七次会议上强调，健全关键核心技术攻关新型举国体制，形成关键核心技术攻关强大合力。[③] 党的二十大报告提出"健全新型举国体制"，进一步表明了这一制度的重要意义。未来，推动实现关键核心技术自主可控必须充分利用好新型举国体制优势。

2. 工业体系和产业链完整优势

在推进经济发展的历史实践中，中国始终将实体经济尤其是工业制造作为重要着力点。经过 70 多年的发展，中国已成为世界第一制造大国，并不断向高端化、绿色化、智能化迈进。在工业体系方面，中国已建成门类齐全、独立完整的现代工业体系，工业经济规模跃居全球首位，具有超大规模的制造能力。作为全球唯一拥有联合国产业分类中全部工业门类的国家，中国拥有 41 个工业大类、207 个工业中类和 666 个工业小类，在全球 500 种主要工业品中四成以上的产品产量居世界第一。[④] 2022 年，中国规模以上

---

① 高洪玮：《中国式现代化与产业链韧性：历史逻辑、理论基础与对策建议》，《当代经济管理》2023 年第 4 期。

② 张于喆等：《中国关键核心技术攻坚面临的主要问题和对策建议（笔谈）》，《宏观经济研究》2021 年第 10 期。

③ 习近平：《健全关键核心技术攻关新型举国体制　全面加强资源节约工作》，《人民日报》2022 年 9 月 7 日。

④ 资料来源：工信部（http://m.gmw.cn/baijia/2023 - 03/02/36401257.html）。

工业增加值增长 3.6%，工业对经济增长的贡献率达到 36%。其中，制造业增加值增长 3%，占 GDP 的比重达 27.7%，制造业规模连续 13 年位居世界首位。特别是，当年高技术制造业增加值同比增长 7.4%，有力地推进了产业结构转型升级。[①] 在产业链方面，由于历史上的国际制裁等原因，中国产业链链条长、结构完整、庞大而复杂。完整的工业体系和产业链条保障了中国较强的产业配套优势，为关键核心技术突破提供了重要基础。此外，由于产业之间不是孤立的存在，创新将会通过产业链上下游企业间扩散的形式蔓延开来，完整且较长的产业链条有利于促进产业链不同环节的企业间的竞争和合作，推动技术创新成果的共享和拓展，加快关键核心技术协同攻关。因此，加快实现关键核心技术自主可控必须发挥中国工业体系和产业链完整优势。

3. 超大规模市场优势

中国式现代化的首要特征就是人口规模巨大，巨大的人口总量带来的庞大市场规模为关键核心技术创新提供了强大的内生动力。一方面，中国超大规模市场优势在推动新技术的产业化和规模化应用方面具有突出作用。推动内需潜力有效转化为科技创新动力是解决关键核心技术"卡脖子"问题的重点。超大规模市场所具有的强大需求能够为技术产品提供良好销路，稳定研发主体的销售收入，有效保障关键核心技术创新的持续开展，激发新技术应用创新，加速重大技术迭代。尤其是在国际形势不确定性较强的背景下，超大规模市场能够有效应对国际需求的萎缩。一旦国际

---

① 资料来源：工信部（http://www.gov.cn/xinwen/2023-01/19/content-5737890.htm）。

形势变化对产业链形成冲击，外循环受阻，国内大市场可以及时释放内需，快速培育出内部市场，通过内循环支撑关键核心技术创新发展。① 另一方面，中国超大规模市场优势还有利于聚集全球优质资源，推动形成需求牵引供给、供给创造需求的更高水平的动态平衡。其一，在复杂的国际大环境之下，超大规模市场可以依托共建"一带一路"和《区域全面经济伙伴关系协定》（RCEP）等区域经济合作战略，调动和拓展可靠的国外市场需求，推动关键核心技术迭代升级；其二，超大规模市场有利于吸引全球创新资源和要素，助推国内创新主体加强国际科技交流合作，加强关键核心技术协同攻关。因此，集中力量打好关键核心技术攻坚战要用好用足中国超大规模市场优势。

（二）中国推动实现关键核心技术自主可控的挑战

1. 如何处理好企业主体作用发挥与各主体协同攻关的关系

由于关键核心技术具有知识复杂、高投入与高风险等特征，其突破不能依赖单一创新主体，② 往往需要各方创新主体共同参与、合作攻关。自"十一五"以来，党中央和国务院多次强调加快构建以企业为主体的技术创新体系。党的二十大报告提出，"强化企业科技创新主体地位"。当前，更好发挥企业科技创新主体地位，构建由企业牵头的产学研创新联合体是中国的重大现实课题，也是关键核心技术攻关的重点任务。因此，如何处理好企业主体作

---

① 高洪玮：《中国式现代化与产业链韧性：历史逻辑、理论基础与对策建议》，《当代经济管理》2023 年第 4 期。

② 阳镇：《关键核心技术：多层次理解及其突破》，《创新科技》2023 年第 1 期。

用发挥与各主体协同攻关的关系成为关键核心技术自主可控的重要挑战。其一，如何加强对企业作为科技创新主体的支持力度。当前，中国有利于企业成为科技创新主体的生态尚未形成，权利公平、机会公平、规则公平等相关制度尚不健全，需要在实践中逐步探索和完善。其二，协同攻关中不同主体的职责定位如何强化。目前，中国存在高校和科研院所科研创新面向经济主战场不够、企业聚焦现实需求凝练科学问题能力不足等问题，协同攻关的合力尚未形成，不同主体的职责定位亟须强化。此外，协同攻关中的主体和主导者如何区分。尽管企业是关键核心技术创新的主体，其他主体也可以作为特定类型和特定阶段关键核心技术创新的主导者，而现有协同攻关机制对此考虑不足，需进一步探索健全，以提升攻关效率。

2. 如何处理好新型举国体制应用中政府与市场的关系

新型举国体制是社会主义市场经济条件下的举国体制，必须坚持社会主义基本制度与市场经济的有机结合。与传统举国体制相比，新型举国体制的一个重要特征就是实现有效市场和有为政府的有机结合。[①] 因此，如何理顺政府与市场的关系，协同发挥政府与市场在关键核心技术攻关中的作用，是健全新型举国体制的重中之重，也是关键核心技术自主可控的重要挑战。首先，新型举国体制的应用边界如何界定。随着中国市场化程度的提升，并非所有问题都要采取举国体制。目前，中国对于新型举国体制的应用范围和边界还未进行明晰界定，需在国家层面进一步完善。其

---

① 眭纪刚：《新型举国体制中的政府与市场》，《人民论坛·学术前沿》2023 年第 1 期。

次，国家战略科技力量如何高效协同发力。当前，中国战略科技力量协同推进关键技术攻关的能力不足，不同主体间的协同机制急需建立。此外，如何进一步激发市场活力。目前，中国市场在决定资源配置、检验创新价值、淘汰问题产品与商业模式等方面的作用发挥尚不充分，有待进一步强化。最后，关键核心技术攻关治理效能如何提升。中央级科技宏观决策机构和协调机制、跨领域和跨部门的资源统筹配置机制有待建立，项目攻关中的高效研发组织机制、评价激励机制和监管机制仍需探索，与国际规则和市场机制接轨的产业政策和创新生态亟待建立。①

3. 如何处理好科技自立自强与融入全球创新网络的关系

科技自立自强的一个重要特征就在于它引入了竞争情境。关键核心技术自主可控是科技自立自强的坚实基础，其在国际科技竞争日益激烈的背景下提出，自产生就具有保护产业链、供应链安全稳定的重要使命，但这并不意味着推动实现关键核心技术自主可控要杜绝对外开放；相反，加快关键核心技术突破必须融入全球创新网络，充分链接国际科技创新资源，加强对外科技交流合作，推动高水平科技自立自强与高水平对外开放互为助力。与此同时，关键核心技术创新生态也不宜充分地嵌入国际化的产业链与创新链之中，而是需要以国内大循环为基础，形成国内国际双循环相互促进的新发展格局，为面向关键核心技术突破的创新生态系统开阔视野，将相关创新主体与要素充分纳入关键核心技术

① 眭纪刚：《新型举国体制中的政府与市场》，《人民论坛·学术前沿》2023 年第 1 期。

突破的相关阶段与过程之中。① 因此，推动实现关键核心技术自主可控面临如何处理好科技自立自强与融入全球创新网络关系的严峻挑战。目前，中国对于如何实现关键核心技术创新生态开放与自主的平衡问题还处于初步探索阶段，亟须深入研究解决，包括在关键核心技术攻关的哪些阶段开放、哪些环节开放、对哪些主体和要素开放等问题，以及主体开放与自主、要素开放与自主、组织开放与自主等多重治理问题，以更好地在确保自主与安全的前提下推动建立国内国际创新链充分交互，各类主体和要素有机融合的关键核心技术创新生态。

五 推动中国实现关键核心技术自主可控的对策建议

（一）不断健全新型举国体制

清晰界定新型举国体制应用边界。这需要进一步在国家层面明确新型举国体制的应用范围和边界，并不断根据实际情况优化和完善；成立专门机构，负责适用新型举国体制项目的甄别和分类，更好划定新型举国体制的适用范围。提高关键核心技术攻关治理效能。建立由国家最高决策层授权的特殊机构，负责跨领域和跨部门的决策协调和资源调配；探索项目攻关中高效研发组织机制、评价激励机制和监管机制，完善并推广项目经理负责制；强化数字经济在推进组织动员与资源调配方面的积极作用，提升新型举

---

① 阳镇：《关键核心技术：多层次理解及其突破》，《创新科技》2023 年第 1 期。

国体制运行效率。进一步强化国家战略科技力量。加快国家实验室体系重组，优化国立科研机构体制机制设计，推动高校以国家战略需求为牵引，开展有组织科研；加强国家战略科技力量协同，梳理不同创新主体的功能定位，建立主体间协同机制。充分发挥有效市场作用。加快构建全国统一大市场，深化要素市场化改革，持续完善产权保护、公平竞争等制度保障，加快建设高标准市场体系，不断优化营商环境；发挥市场在资源配置中的决定性作用，通过供求、价格以及竞争等机制引导创新资源有效配置，提高创新资源配置效率。健全关键核心技术攻关投入机制。完善经费投入机制，加大中央财政投入力度，设置财政预算专项，部分重点领域可单独列支预算，严格落实地方财政资金及企业自筹资金；坚持资金全流程统筹管理，推动财政资金与社会资本梯次接续；推进重大科技管理项目投入机制改革，基于不同项目类别，延长资助周期或实行分期考评，加快实施阶段性滚动资助模式，提升资金可持续性；推动知名投融资机构与攻关主体开展对接，引导金融资本流入关键核心技术领域。

（二） 加大基础研究投入和保障力度

加大基础研究经费投入。持续加大中央财政对基础研究的经费投入与保障力度；创新基础研究多元化投入机制，倡导企业、社会团体、个人等以定向捐赠、设立基金等形式资助基础研究；探索稳定性和竞争性相适宜的基础研究投入体系，选择数学、物理等部分学科或者部分研究机构，开展长周期资助机制试点。强化基础研究人才支撑。发挥高校在基础研究人才培养中的重要作用，加强基础学科和交叉学科培养基地建设，创新专业课程设置，提高人才培养质量；鼓励和支持企业、高校和科研院所间积极开展人才交流，提升基础研究与经济社会发展需求契合度；依托签证便利、柔性聘用等多样化形式，加大海外基础研究人才引进力度，优化配套政策和公共服务，免除基础研究人才后顾之忧。加大基础研究体制机制保障。完善经费使用机制，扩大基础研究经费使用自主权，广泛推广项目经费"包干制"，赋予研究团队根据实际研究需要调整预算的权利；优化基础研究评价机制，深入推进科研项目差异化、长周期评价，对于探索性强、风险性高的前沿基础研究项目，可以阶段性成果、人才培养成效等作为结项标准；探索建立适合基础研究特点的人才评价体系，完善分类评价和长周期评价机制，建立健全鼓励创新、宽容失败的容错免责机制，鼓励科研人员大胆探索未知领域。

（三）　加强高端创新人才培育和引进

完善创新人才培养模式。充分发挥"双一流"高校在创新人才培育中的重要作用，强化科学精神和创造性思维培养，探索以卓越创新为核心的一流大学建设和科教产协同的人才培养新模式；加大交叉学科人才培养力度，根据前沿科技发展趋势增加大学交叉学科设置，加强跨学科学生交流，推动人才培养机制从个体向群体联动、人才评价机制从结果向过程转化；支持高校、科研院所和企业加强交流对接，依托各自优势打造人才共育体系，创新以项目为纽带的更加灵活的协同育人模式，推动构建协同育人平台，并完善财政、科技、金融等领域的政策设计，创造有利政策环境。加大创新人才引进力度。依托重点工程，聚焦关键核心技术领域，充分发挥"双一流"高校人才"虹吸效应"和首席科学家的引领作用，着力引进科技领军人才及团队、"高精尖缺"人才和优秀青年人才；完善相关体制机制，建立健全人才分类评价体系和激励机制，赋予用人主体更大自主权，给予创新人才科研选题、研究方案决定权及高度的资源调配权，坚持尊重劳动、尊重知识、尊重人才、尊重创造，营造优良的人才环境；优化配套政策举措，加大创新人才引育工作的经费投入，确保相关政策和资金落实到位，建立高端人才"一对一"联系服务机制，完善医疗保健、子女就学、住房保障等配套服务支撑。

（四）推动以企业为主体的产学研协同攻关

强化企业科技创新主体地位。推动更多任务由企业提出，增大企业在国家科技计划选题设置中的参与度；强化科技领军企业引领，鼓励并支持其强化基础研究，承担国家级重大科研项目，牵头建设高水平研发机构和平台，推动创新资源向产业链其他企业开放；推动科技型中小微企业提升创新能力，加强政策、项目和人才支持，引导其聚焦所属细分领域开展技术攻关；推动不同环节和不同类型企业融通创新，大力推进服务型共性技术平台、融通创新平台建设，健全科技成果转移转化机制，推动各类科技成果转化项目库对企业开放，完善知识产权保护制度。加大对企业创新的资金支持。加大政府资金投入，构建多层次支持体系，探索分环节分阶段补贴机制，加大初创环节补贴力度，引导税收优惠政策适当前移，完善财政容错机制与评价体制；优化金融保障体系，鼓励金融机构创新金融产品及服务，探索设立专门政策性银行及专项信用贷款业务，优化金融体系风险监管追责及考评机制，提高科技金融风险承担水平；完善多层次资本市场，推动股权市场制度创新，建立重大任务承担企业上市优先通道，促进创业投资发展，鼓励更多社会资本参与。打造产学研深度融合的创新体系。完善高校、科研院所与企业协作机制，提高企业的参与度和话语权，定期从国家层面组织企业向高校发布研究课题，并联合出资对科研成果进行产业化，支持龙头企业牵头组建创新联合体，鼓励主体间通过战略合作、技术转移、联合研发等多种形式开展合作；支持不同主体建立协同创新平台，增大对工程测试、验证阶段的政策支持和投入力度，鼓励不同主体联合设立新型研发机构，推动建立科技成果转移转化平台，加快科技成果转化和产业化进程；建立产学研融合利益分配机制，基于创新贡献度明确各主体职责定位和成果分配；建立和健全风险控制机制，完善风险评估体系和风险共担机制，推动投资主体和风险资金来源多元化发展。

（五）完善关键核心技术发展生态

持续完善关键核心技术应用生态。一是加大对重点需求群体的培育和引领。积极培育中高端消费市场，建立合理的分配秩序和再分配制度，切实提高居民可支配收入水平，培育和壮大中等收入群体，完善社会保障体系，稳定居民就业水平，提升居民的边际消费倾向；注重发挥"高势能客户"引领作用，鼓励企业以市场需求为导向，持续关注高势能客户需求，为有产品应用意愿的行业领域提供试用机会，有效引导、释放、扩大关键核心技术产品的消费需求。二是加强对科研成果应用和推广的政策引导与支持。依托国家重大工程项目建设和创新应用场景发布，推进各类创新主体与需求单位对接，激发市场主体采用关键产品的积极性；加大政府部门的先行示范力度，通过政府采购、税费减免等举措加强需求侧拉动；完善国产首台（套）、首批次产品大规模市场应用风险补偿机制，实施分阶段成果验收和补贴发放，破解国产化技术和产品不愿用、不敢用的难题。加快优化关键核心技术产业生态。针对薄弱环节加大研发力度，加快解决产业链断点、堵点问题，逐步提升产业链完整度；加强产业链上下游主体协同合作，充分发挥行业龙头企业带动作用，构建创新联合体，提升产业链整合能力；强化行业内不同主体协同合作，依托协同创新平台形成研究合力，避免无效竞争和低水平重复。

（六）积极融入全球创新网络

筑牢国际科技合作基础。完善科技创新体制机制，稳步扩大技术创新领域规则、管理、标准等制度型开放，营造国际化科研环境，探索构建开放创新生态；统筹推进国际科技创新中心建设，积极推动重大科技基础设施建设，加快布局包容互惠的国际科技交流合作平台，加强海外科技创新园建设。强化政府间科技合作。大力发展"以我为主"的国际合作项目；积极参与国际合作项目开发，加强与共建"一带一路"国家等重点主体的合作研发，建立健全共同支持、共同研发、共同转化的有效合作模式；聚焦全球气候变化等国际焦点问题，深度参与全球治理，加强与世界各国特别是周边国家的通力合作；在国际合作实践中探索关键核心技术攻关适宜的开放阶段、开放环节、开放主体等，持续完善相关治理。提高企业创新国际化水平。鼓励企业主动融入全球创新网络，链接优质创新资源，积极开展国际科技交流合作；支持有条件的企业发起成立国际性科技组织，主动参与国际标准制定；鼓励国际知名企业依托国际和区域创新中心在华设立分支机构或研发中心，支持其参与国家科技计划项目，推进开放型创新发展。[①] 加强国内外科学家的交流与合作。推动海外科学家来华进行科技交流，参与国家科技计划研究、咨询、验收等工作，逐步放开科研机构负责人任职限制，探索国外顶尖科学家担任国立科研机构负责人的制度设计；鼓励国内科学家走向世界科技舞台，参与前沿学术交流、在国际组织中任职，扩大中国科技国际影响力。

案例分析一

麒麟操作系统——操作系统国产化的重要领航者

操作系统是计算机的灵魂，承担着高效管理计算机系统的软件和硬件资源，为上层软件提供共性基础服务的重要任务，支撑着千行百业发展，在世界各国信息化进程中受到高度关注。长期以来，操作系统以美国等发达国家为主导，特别是在个人电脑桌面操作系统中，微软的 Windows 系统和苹果的 Mac OS 系统占据绝对优势。然而，操作系统不只是涉及民生的关键环节，更是事关国

---

① 李晓红：《强化企业科技创新主体地位》，《人民日报》2022 年 12 月 26 日。

家基础安全的战略要地，如果操作系统不能做到自主可控，整个国家的信息安全都无从谈起。近年来，微软系统黑屏、停更事件屡有发生，严重威胁着中国的网络信息安全，尤其是随着美国对中国的遏制打压愈加泛化，中国面临的操作系统断供、信息泄露等风险更加突出，打造自主可控的国产化操作系统的重要性日益凸显。

值得欣慰的是，近些年，国产操作系统坚持自主创新，在技术、产品、生态、市场等方面高位突破，收获了业界和市场的双重认可。其中，麒麟操作系统作为国产操作系统的重要领航者，是中国依托新型举国体制实现关键核心技术突破的重大成果。从立项之初的"四不像"系统，经过多年的耕耘，麒麟操作系统形成了以中标麒麟和银河麒麟为代表的操作系统体系，覆盖服务器、个人电脑、万物智联、嵌入式等多个领域。如今，麒麟软件已连续多年盈利，近两年的年收入已超过 10 亿元，年利润超 3 亿元，位居中国操作系统市场前三名，在整个供应链里已不存在"卡脖子"环节。2018 年，银河麒麟系统获得国家科技进步一等奖。2020 年，银河麒麟操作系统 V10 入选年度央企十大国之重器。回顾 30 年的发展历程，麒麟操作系统的成就取得与坚持将政府支持和企业自主研发相结合，致力于开源创新、生态建设、人才培育，不断加强技术研发和市场拓展的正确路径密不可分，为中国更多的关键核心技术突破积累了宝贵经验。

一　坚持集中力量办大事，发挥新型举国体制优势

国产操作系统的开发是一项庞大且复杂的工程，长期以来，微软、苹果等国外公司依托坚实的产业基础和广泛的市场认可度，建立起难以跨越的技术壁垒和市场壁垒。然而，作为引领信息产

业发展、保障国家安全的基石，操作系统国产化是中国必须也必定要攻克的难点。20世纪90年代末，出于对信息安全的考虑，中国开始加快推进操作系统国产化工作。随着开源软件的蓬勃发展，麒麟操作系统采取基于Linux的二次开发的方式，成为操作系统国产化的重要方向。在此过程中，中国充分发挥集中力量办大事的优秀传统，既不断强化优势资源集中调配，先后启动了一批研发和产业化项目，又强调发挥科技创新主体优势，依托政府牵头与企业自主研发相结合的创新机制，实现了诸多创新突破。

一方面，麒麟操作系统的发展离不开国家战略的宏观支持。2000年，"国产服务器操作系统内核"被列入国家"863计划"攻关项目。2002年，中华人民共和国成立以来最大的软件项目——麒麟服务器操作系统研发项目正式启动，该项目由国防科技大学承接，中国软件、浪潮、联想、中科院软件所等国内领先的机构和企业共同参与研发。2006年，基于Mach、Freebsd、Linux、Windows架构的新系统整合完成，被定名为"银河麒麟"，在国产操作系统开发中具有重要开创意义。但在缺乏应用生态的情况下，项目被迫搁置。2008年，科技部正式启动关于"核心电子器件、高端通用芯片及基础软件产品"科技重大专项申报工作。2009年，该重大专项启动，银河麒麟系统项目立即获得工信部支持，得以重新启动迭代。随着将技术路线变革为以Linux为内核，银河麒麟的研发活力不断增强。2009年，基于Linux的银河麒麟3.0发布，各党政军等重要机关开始了操作系统国产替代的大潮，银河麒麟也得以在市场竞争中站稳脚跟。2010年，为避免过度竞争，强化自主企业整体竞争力，"中标Linux"操作系统和"银河麒麟"操作系统正式合并，并基于"中标麒麟"这一新品牌，加强军民两用操作系统的协同开发。随后，中标麒麟获得约2.5亿元核高基专项经费，位列基础软件扶持资金第一。政府的专项经费极大地支持了麒麟操作系统的关键技术研发及产业化发展。

另一方面，麒麟操作系统的发展更得益于充分发挥科技创新主体优势，凝聚起国内自主创新合力。一是积极打造科技创新平台。积极筹建网信领域企业技术中心、省部级重点实验室，先后获批天津市企业技术中心、天津市企业重点实验室、国家企业技术中心分中心，获评国家技术创新示范企业；牵头联合产业领先企业、科研院所和社会资本，建设先进操作系统创新中心。二是策划承担重大科研项目。面向国家重大需求和行业发展需要，策划承担工信部、科技部等国家部委重大科研项目。截至2023年年初，成功申请科技项目近30项，不断拓展操作系统在重点行业、智能制造、人工智能领域的应用场景。三是注重核心技术研发，持续加大科技研发投入。建立稳定增长的科技研发投入机制，大力攻关"卡脖子"技术。2022年全年研发投入较2020年增长113%。截至2022年年底，先后申请专利622项，其中授权专利239项，登记软件著作权590项，主持和参与起草国家、行业、联盟技术标准60余项，是国内拥有专利数量最多的操作系统厂商。[1]

二 坚持开放共享，充分利用开源创新资源

操作系统在连接软硬件系统中发挥着关键的承上启下的作用，

---

[1] 《中国电子麒麟软件：深化创新体系改革 提升自主创新能力》，2023年2月27日，麒麟软件，https://kylinos.cn/about/news/1451.html。

既要保障不同硬件设施和软件的适配性，又要实现资源调用效率的提升，其任务的复杂性和艰巨性远非单一的初创企业能够承担。麒麟软件是国内最早一批从事开源 Linux 操作系统研发的企业之一，但其对于开源创新和自主可控之间关系的认知不足也使系统开发走过一些弯路。最初，研发团队认为全面创新才能实现自主可控，选定的技术路线是在系统分析现有技术架构的优劣的基础上进行整合，而实践证明，闭门造车的麒麟系统无法完成复杂的软硬件适配。2006 年，初代麒麟操作系统在推出后不久就因为缺乏应用生态而使开发陷入停滞。随着开源成为全球信息产业的创新之源，其在全球技术创新体系的形成和发展中发挥着重要的引领性作用，麒麟软件逐步探索出开放合作这一中国自主创新的必要路径。

　　一方面，充分依托开源资源，实现优质资源为我所用。在 2009 年项目再次启动时，麒麟操作系统开发团队确定了以 Linux 为参考，采用"白盒混源"模式，在关键功能上逐步实现自主发展的技术路线。Linux 开源的本意是开放共享，世界各国很多软件均使用了 Linux 内核，Linux 开源社区成为一个全球性的合作平台，在各国开发者持续贡献下积淀下丰厚财富。研发团队在操作系统开发过程中进一步加深了对国产操作系统自主可控的认知，确定了核心系统代码自主编写的主导级以及所有代码完全理解的解释级两种开发方式。通过学习借鉴开源社区的先进技术，不断缩小与国际主流操作系统的差距。

　　另一方面，通过加入各种独立开发的组件，深度优化核心功能，在实现核心功能自主可控的同时，还持续为开放社区创造优质资源，以更广泛的认可度和接受度为系统发展提供支撑。多年来，麒麟软件密切关注国际开源技术发展，积极参与开源建设，在开源贡献、开源文化传播、开源人才培养、开源治理等领域持续发力。一是在 OpenStack、GNOME、Hadoop 等国际社区反向输出代码上百万行，努力影响国际技术潮流走向。二是在国内主导或联合发起 OpenEuler、OpenKylin 等主流根社区，依托国内国际开源力量，推动中国开源软件发展。作为 OpenEuler 社区的主要发起者之一，麒麟软件一直是社区仅次于华为的第二大贡献者。2023 年 7 月，麒麟软件以 1410 个 PR 的社区贡献值跃居 OpenEuler 社区七月企业贡献第一。此外，还主导发起中国首个桌面操作系统开发者平台 OpenKylin 社区，为中国开源产业发展持续贡献力量。三是联合高校、开源组织传播开源文化，培养开源人才，助力中国开源走向世界。四是参与编制的"木兰宽松许可证"已通过 OSI 认证，成为第一个中文国际开源许可。[①]

三　完善产业生态，发挥市场在资源配置中的决定性作用

中国工程院院士倪光南曾说，操作系统的成功与否，关键在于生态系统，需要搭建起完整的软件开发者、芯片企业、终端企业、运营商等产业链上各个主体共生的生态体系。当前，从世界范围来看，仅苹果、微软、谷歌三家公司能研发操作系统并拥有完整软件生态，国内外多款操作系统遭遇失败的原因就在于难以匹配市场各类应用，导致用户使用困难重重，市场认可度过低。2009

---

① 《百万行代码、18 年见证，麒麟软件为开源贡献中国力量!》，2023 年 6 月 20 日，麒麟软件，https://www.kylinos.cn/about/news/1604.html。

年，银河麒麟3.0发布后，国产操作系统与国际主流操作系统在技术层面的差距显著缩小，但依然面临严峻的市场和生态问题。因此，麒麟软件高度重视推动产业生态发展，从技术和市场两方面发力，逐渐构筑起愈加完善的创新生态。

一方面，不断拓展操作系统在重点行业、关键领域的应用场景。2014年，国产CPU研发主力军的飞腾CPU团队发布了第一款ARMv8架构的处理器，解决了银河麒麟的适配处理器问题。在此基础上，麒麟软件不断强化生态体系建设，与众多软硬件厂商、集成商建立长期合作伙伴关系，建设完整的自主创新生态链。越来越多的国产办公软件、财务软件、工业软件开始支持银河麒麟，党政军以及大型国企等众多部门也逐步替换为银河麒麟系统。另一方面，为应对麒麟操作系统在商用市场依然影响力较弱，产业化推广不足的问题，麒麟操作系统运营开发团队进行了多次市场化重组，以求形成合力效应。2016年，国防科大成立天津麒麟，授权其成为麒麟品牌唯一使用者，将重心放在操作系统的产业化推广。2019年年底，为满足国家网络空间安全战略需要以及顺应产业发展趋势，中国电子牵头整合旗下中标软件和天津麒麟，设立了全新的麒麟软件公司。通过更加有效地市场化推广，麒麟软件不断在产业层面攻坚克难，呈现出良好的发展势头。

目前，麒麟操作系统已在党政、金融、能源、交通、通信等重点行业实现全面应用，服务用户超5万家，实现软硬件适配数超150万，成为国内首个突破百万生态的国产操作系统厂商，品牌影响力、用户体验显著提升。① 根据中国权威专业调研机构赛迪顾问统计，截至 2023 年，麒麟操作系统已连续 11 年位列中国 Linux 市场占有率第一名。②

四　坚守人才为本，积聚长远发展蓬勃动力

创新是科技公司发展的原动力，而人才是创新之本。从初创开始，麒麟操作系统开发团队一直高度注重人才培养，秉承人才第一资源理念，致力于提升成员技能水平。近年来，麒麟软件更是通过系统课程开发、优秀讲师引进以及培训系统更新等方式，在企业内部营造学习型气氛，不断拓宽员工思路视野、完善员工知识体系、增强员工创新能力和核心竞争力，努力打造一支能力过硬的国产自主操作系统生力军，为关键技术攻关与科技创新提供坚实支撑。

目前，基于麒麟软件教育发展中心这一组织平台，麒麟软件积极联合政产学研各方力量，已探索出中国特色的网信人才培养模式。一是积极投身网信科普教育。建设科普展厅、培训中心，设立专兼职科普团队，研发科普教育资源，开展各类常态化、全覆盖的科普活动。2022 年，中国科学技术协会公布了 2021—2025 年第一批全国科普教育基地补充认定名单，麒麟软件——天津师范大学人工智能信创科普教育馆光荣上榜，成功入选科普教育基地"国家队"。③ 二是不断深化产教融合。持续投入"特色化示范性软

---

① 《三载春秋，扬帆起航！"邀天"计划发布三周年　媒体聚焦麒麟软件》，2023 年 3 月 21 日，麒麟软件，https://www.kylinos.cn/index.php/about/news/1481.html。

② 《领跑下一个十年！麒麟操作系统连续 11 年蝉联国内 LINUX 市场占有率第一》，2022 年 5 月 20 日，麒麟软件，https://kylinos.cn/about/news/963.html。

③ 《榜上有名！麒麟软件获全国科普教育基地称号》，2022 年 11 月 15 日，麒麟软件，https://www.kylinos.cn/about/news/1304.html。

件学院"建设、教育部产学合作协同育人项目、供需对接就业育人项目以及各种操作系统赛事项目等领域，构建网信人才培养体系。三是积极开展麒麟操作系统培训。打造麒麟操作系统产品"5序"培训体系，推出"百城百万""百校千师""麒麟工坊"等专项行动，已覆盖城市超 280 个、触达人次超 200 万，为网信产业可持续发展提供人才支撑。[1]

通过在技术创新、开源建设、生态构建、商业推广、人才发展等方面持续投入，目前，麒麟操作系统已成功填补了国内的多项空白，成为中国基础软件领域的"国之重器"。虽然，相较于国际主流的操作系统，当前麒麟操作系统在用户体验、市场份额等方面还存在着一定差距，但相信在各方合力的支持下，麒麟软件将进一步发力，为支撑国家发展战略贡献更大力量。也更加期待，在麒麟操作系统先行示范下，更多重点领域的关键核心技术攻关取得突破性进展，助力中国自主创新取得跨越式发展，加快实现高水平科技自立自强。

> **案例分析二**

华为鸿蒙系统——国产自主研发操作系统的崛起

随着数字技术发展的加快，操作系统作为数字基础设施的根技术，已成为推动全球数字变革的关键一环，日益受到各国高度关

---

[1] 《三载春秋，扬帆起航！"遨天"计划发布三周年　媒体聚焦麒麟软件》，2023 年 3 月 21 日，麒麟软件，https://www.kylinos.cn/index.php/about/news/1481.html。

注。2012 年，中国科技巨头华为启动了自有操作系统研发工作，并于 2019 年 8 月正式发布鸿蒙系统（HarmonyOS）。此后，又经过了几个版本的迭代，鸿蒙系统被成功拓展到华为手机、电视、手表、智能座舱等众多产品中。2023 年 8 月，HarmonyOS 4 系统正式发布，与此同时，华为还发布了鸿蒙 OSNext 的开发者预览版，宣布该系统将不再兼容安卓软件，标志着华为将全面启动鸿蒙原生应用，彻底摆脱对安卓的依赖。据统计，2023 年第一季度，华为鸿蒙操作系统在中国的市场份额已接近 8%，成为安卓、iOS 之后的第三大手机操作系统。开发自主操作系统是华为在美国芯片制裁和谷歌技术钳制背景下的被动之举，尽管经历了种种曲折，但其始终坚持独立自主、攻坚克难。鸿蒙系统的成功推出充分彰显了华为在自主创新上的决心与实力，不仅意味着华为在关键核心技术实现了突破，更代表着中国科技产业在全球竞争中的崛起。基于鸿蒙操作系统，华为将进一步打造全新的、自主可控的科技生态，对中国在未来科技竞争中占据主动地位具有重要意义。回顾华为的奋斗史，笔者认为鸿蒙系统的成功研发离不开海量的研发投入、独特的人才战略、开放的创新姿态、自主的生态布局以及优秀的企业文化。

一　海量的研发投入

华为一贯重视技术创新与产品研发，一直保持着较高的研发投入规模。2018 年以来，随着中美经贸摩擦的不断加剧，美国对华为的技术限制持续升级，部分供应链断裂对华为带来了一定的冲击。但华为公司未雨绸缪，多年来持续高强度研发投入，为鸿蒙系统和麒麟芯片等产品的成功推出打下坚实基础，为重塑企业供应链、维护企业平稳运行提供了有力保障。

无论面临多么艰难的外部环境，华为在科技研发上从来不吝投入。从资金投入来看，华为 2022 年财报显示，近十年来，华为的研发投入超过了 9773 亿元，研发投入占销售收入的比重超 10%，2022 年该比重更是达到了 1/4，远高于同行业的其他企业，在国际也处于领先水平。据统计，在鸿蒙系统的研发过程中，华为共连续投入了 500 亿元资金。此外，华为十分重视基础研究，每年大约投入 30 亿—50 亿美元与大学合作开展基础理论研究。2023 年上半年，即使在受国外制裁导致营收大幅下滑的情况下，华为研发投入同比增长 4.4%，达到 826 亿元，位居全球第五名，仅次于谷歌母公司 Alphabet、Meta、微软和苹果 4 家美国公司，超越了三星和大众等传统科技型公司。除了研发资金，华为也注重加大研发人员投入。2017 年，在华为操作系统内核雏形初步形成后，华为又成立了一个 4000 多名系统研发工程师团队，继续完善操作系统的研发。2019 年，为应对美国对华为限制的升级，华为进一步加大了操作系统的研发强度，将研发团队人员扩充至 5000 名，为鸿蒙系统的成功研发提供了充足后备力量。2022 年，华为员工总数约20.7 万人，其中，研发员工占比超过一半，达到 55.4%。

二 独特的人才战略

华为创始人任正非多次强调，"没有人才的华为就没有未来"。华为始终将人才视为企业发展的重要资源和核心竞争力，注重吸引和培养优秀技术和管理人才，并通过提供良好的工作环境和激励机制来激发他们的创新潜力。

在人才引进方面，华为始终坚持开放多元战略，多渠道吸引和选拔来自世界各地的优秀人才。与牛津大学等十余所全球顶尖大学和研究机构建立了长期合作关系，通过项目合作、实习就业等方式吸引并选拔优秀的毕业生和研究人员。2019 年 5 月，为应对美国制裁，华为启动"天才少年"计划，以顶级薪酬从全世界招录云计算、人工智能、通信等领域的天才少年，受到全球高度关注。

在人才培养方面，华为建立了全方位的培训和发展体系。倡导学习型组织和创新型团队的建设，鼓励员工参加内外培训、技术交流和项目合作，通过项目挑战、创新大赛等方式，激发员工创新潜能和积极性；与海外高校和科研机构建立广泛合作机制，通过人员流动和项目合作加强创新型人才培育；鼓励员工关注创新技术和市场动态，通过创新实践和项目实施提升员工创新能力。

在人才激励方面，华为重视员工发展，多举措留住并发展优秀人才。建立了完善的晋升机制和职业发展规划体系，通过内部晋升、轮岗制度、海外交流等方式，为员工提供广阔发展空间；实行员工股权激励计划，通过分红和股权回购等方式，大大激发员工积极性；创造宽松的发展环境，给予人才充分的自由度，让其在能力范围内发挥才干，不让高级专家担负过多管理责任。

三 开放的创新姿态

任正非曾经说过，一定要开放，不开放就是死路一条。从创业之初到成为行业领导者，华为始终坚持开放合作，通过与知名大学、研究所、供应链上下游厂商等合作伙伴进行资源和能力互补，共同促进行业发展。"十四五"时期，随着数字技术的发展，开源社区和开源技术在国家层面受到更大的重视，创新模式更趋开放化。作为重要的创新策源地，华为既是主流开源产业组织的积极参与者，也是重要支持者，为企业经营和行业发展提供了重要支持。

秉持"共享"的核心理念，华为以开放合作的态度与全球资源广泛连接，持续加强基础软件研究与创新，与生态合作伙伴、开发者共同构建起基础软件生态体系。近年来，面向云原生、自动化和智能化，华为先后开源了多个平台级基础软件开源项目，受到全球厂商、开发者、研究机构和高校广泛认可。例如，华为在 2019 年开源了服务器操作系统欧拉（openEuler），在 2020 年开源了全栈全场景的 AI 计算框架昇思（MindSpore），以及面向万物智联的终端设备操作系统鸿蒙（OpenHarmony），以更加开放的模式将全球参与者的创新力量快速汇聚起来，进一步推动行业的数字化发展。其中，OpenHarmony 的开放开源创新是中国最成功的开源创新模式，截至 2023 年 10 月，OpenHarmony 已迭代至第四代，拥有 6200 + 开发者、51 家共建单位，贡献代码行数超过 1 亿行，拥有超过 210 家伙伴，构建了 42 款发行版，落地商用设备超过 210 款。在此基础上，2021 年，华为启动"开源雨林"计划，吸纳更多全球的开发者加入，帮助更多合作伙伴更好地使用开源、贡献开源，共建生机勃勃的开源生态体系，牢牢把握住了开源生态这一全球数字科技创新的关键所在。

四　自主的生态布局

操作系统的崛起离不开完整的生态，无论是微软、安卓还是 iOS 系统，都有百万级别的应用数量，庞大的用户群体形成了巨大的使用惯性，使操作系统拥有蓬勃的生命力。鸿蒙系统作为新生的操作系统，要想在激烈竞争中立足，必须形成一个强大的生态，通过与全球各大厂商合作引入丰富的应用和服务，才能更好地满足用户的需求。为此，华为采取了渐进策略，先让鸿蒙系统兼容安卓应用，然后逐步让开发者和用户转向鸿蒙原生应用，最后形成自己的生态。

为实现上述目标，首先，华为不断拓展开发者基础，依托高校加快系统开发人才培养，与清华大学、上海交通大学等21所国内顶尖高校合作，开设了关于鸿蒙系统的课程，培养开发鸿蒙应用的人才，为鸿蒙系统应用和拓展提供更多的创新和优化。同时，华为持续拓展系统在多领域的应用，不断加大企业合作，已与网易、美团、腾讯、阿里等多家互联网公司建立了合作关系，加快原生应用开发，更广泛地覆盖了国内用户的基本需求，进一步拓展市场前景。2023年10月，腾讯宣布成功将微信等热门应用适配到鸿蒙系统，丰富了鸿蒙系统的应用场景，带来了更广阔的用户群体，大幅提升了用户黏性。当前，华为已与合作伙伴和开发者在社交、影音、游戏、资讯、金融、旅行等18个领域全面展开合作，为鸿蒙系统提供更多应用和服务，让鸿蒙系统在更多设备上运行，形成一个分布式的网络，实现设备之间的智能化、互联和协同。目前，鸿蒙生态设备搭载量已突破7亿，越来越多用户选择使用鸿蒙系统，这使得华为的生态布局更加完善，相信很快鸿蒙系统就可以彻底摆脱兼容安卓应用的窘境。

五　优秀的企业文化

"华为精神"是华为公司独特的企业文化精髓，包含了公司的价值观、理念、信念和追求，引领公司保持前沿、提高竞争力。

这种精神体现在公司的日常运营和员工的行为准则中，为华为打造了强大的创新能力和团队精神。

华为一直以来都将创新视为其核心竞争力之一。任正非曾提到，"华为自始至终以实现客户的价值观为经营管理理念，围绕这个中心，为提升企业核心竞争力，进行不懈的技术创新与管理创新。在实践中我们体会到，不冒风险才是企业最大的风险。只有不断地创新，才能持续提高企业的核心竞争力，只有提高企业的核心竞争力，才能在技术日新月异、竞争日趋激烈的社会中生存下去"。公司内部鼓励员工提出新的想法，并为其提供创新的平台，每年投入巨额资金用于研发，并积极寻找新的技术突破点。一是强调创新一定要围绕商业需要，不是为了创新而创新，而是为客户价值而创新，与商业模式进行有效结合；二是主张坚持"冷板凳精神"，坚持只做一件事，坚定不移地对准通信这个关键领域发起冲锋，并一直保持如此，是华为成功的基因和关键秘诀；三是敢于投入和冒险，并以宽容的态度对待失败，华为在不确定领域上的评价不简单以成败论英雄，而是主张对失败的项目和人进行正确评价，认为科研项目不成功，说明此路不通，要善于总结失败中的成功基因，避免未来在这个方向上大规模商业投入而造成不必要的损失，为激发员工创新积极性提供了有力保障。

团队协作是华为的另一关键核心竞争力。华为十分强调协作和团队合作的重要性。一方面，在公司内部极为注重团队合作，项目组是进行日常管理和决策的重要方式，每个项目组由多个部门抽调人员组成，每个成员在项目中担任不同的角色；同时，华为还创设了一个独特的班长制度，让经验丰富的一线主管担任项目组的班长，负责整个项目的协调和决策；此外，华为还非常重视部门会议的作用，每个部门每周都会召开会议，分析当前存在的问题和困难，制定相应的解决方案。另一方面，在公司外部，华为还积极与供应商、客户以及研究机构开展合作，构建合作伙伴生态系统，推动业务增长和技术创新，积极参与全球科技行业的交流和合作，与众多合作伙伴共同推动5G、云计算、人工智能等技术的发展和应用，着力提升行业的标准化和规范化水平。

第四章

加强基础研究投入，
提高研究能力

基础研究是整个科学体系的源头，是所有技术问题的总机关。2020年9月11日，习近平总书记在科学家座谈会上深刻指出，中国面临的很多"卡脖子"问题，根子是基础理论研究跟不上，源头和底层的东西没有搞清楚，强调只有持之以恒加强基础研究，不断强基固本，才能为科技创新提供源源不竭的动力。① 2023年2月21日，习近平总书记在二十届中央政治局第三次集体学习时强调，"加强基础研究，是实现高水平科技自立自强的迫切要求，是建设世界科技强国的必由之路"。② 当前国家发展和安全各领域对原始创新不断提出新需求，加强基础研究投入，提高研究能力既是应对内外部风险挑战，实现高水平科技自立自强的迫切要求，也是面向长远发展构建先发优势，建设世界科技强国的重要战略支撑。

---

① 习近平：《论科技自立自强》，中央文献出版社2023年版。
② 习近平：《加强基础研究　实现高水平科技自立自强》，《求是》2023年第15期。

一 基础研究概念内涵及分类特征

（一）基础研究的概念内涵

基础研究概念从诞生之日起至今，其内涵发生了诸多变化。但归根结底，基础研究本质上是一个科技政策概念，其最核心的基因源头是科学，因此其基本属性被认为是纯科学，其最初使用却具有强烈的应用倾向。从"纯科学""应用科学"二分法对应转变为"基础研究""应用研究"二分法是科技政策意义上的语义转化，也是基础研究概念向纯科学的回归。[①]

国际组织和主要国家对基础研究的定义略有差异。经济合作与发展组织（OECD）将基础研究定义为，"为获取以现象和观察事实为基础的新知识而进行的试验或理论工作"。联合国教科文组织（UNESCO）在 1984 年发布的《科学技术活动统计手册》中认为，"基础研究主要是为获得关于客观现象和可观察事实的基本原理的新知识所进行的实验性或理论性工作，不以任何专门的或具体的应用或使用为目的"。美国科学基金会（NSF）将基础研究定义为，"一种实验性或理论性的工作，主要是为了获得关于现象和可观察事实的基本原理的新知识，它不以任何特定的应用或使用为目的"。

1989 年，中国召开的全国第一次基础研究工作会议明确指出，

---

① 陈志：《回归纯科学还是走向综合？——基础研究概念的演变与启示》，《人民论坛·学术前沿》2023 年第 9 期。

按照研究对象的性质划分，基础研究包括自然科学一般原理与规律的研究；工程技术、农学、医学等应用科学一般原理的研究；重要的（产品、工艺）技术与方法的建立及原理的研究；重要的基础资料的系统收集与整理分析四类。2000 年，全国第二次基础研究工作会议指出，国家发展基础研究的目标有四个：在国际科学前沿取得应有地位，跻身世界科学强国行列；为国家的经济、社会和安全目标提供强大的科学支撑；培养和造就适应 21 世纪发展需要的优秀科学家和工程师；提高全民族科学文化素质，促进精神文明建设。根据 2019 年国家统计局印发的《研究与试验发展（R&D）投入统计规范（试行）》，研究与试验发展包括基础研究、应用研究和试验发展三种类型，其中基础研究是一种不预设任何特定应用或使用目的的实验性或理论性工作，其主要目的是获得（已发生）现象和可观察事实的基本原理、规律和新知识，其成果通常表现为提出一般原理、理论或规律，并以论文、著作、研究报告等形式为主。

尽管各机构对基础研究的定义不尽一致，内涵也发生了显著变化，但其根本特点都是增进对某一科学领域的基本认识，[①] 基础研究确切的本质，是拓宽人们对某一科学领域现象的认识，强调获得新知识、探索自然规律的属性。

（二）基础研究的分类特征

《"十三五"国家科技创新规划》将基础研究划分为"自由探

---

① ［美］D. E. 司托克斯：《基础科学与技术创新：巴斯德象限》，周春彦、谷春立译，科学出版社 1999 年版。

索类基础研究"和"目标导向类基础研究",前者指代的是 OECD 的"纯基础研究",后者实际上包含了 OECD 的"定向基础研究"和中国政策语境下的"应用基础研究"。2021 年,该中国式"二分法"被正式列入修订通过的《中华人民共和国科学技术进步法》,这标志着中国在法律上正式将应用基础研究纳入了基础研究范畴。[①] 习近平总书记强调,坚持目标导向和自由探索"两条腿走路",把世界科技前沿同国家重大战略需求和经济社会发展目标结合起来,统筹遵循科学发展规律提出的前沿问题和重大应用研究中抽象出的理论问题,凝练基础研究关键科学问题。

"自由探索类基础研究"和"目标导向类基础研究",除了具备基础研究一般规律特征,还具有各自属性的规律特征。就基础研究一般规律特征而言,一方面,基础研究具有公共物品属性。作为一种公共物品,基础研究具有非排他性和非竞争性,其成果往往面向全社会公开,这降低了企业等主体的投资积极性,因此国家在支持基础研究方面发挥主导作用。另一方面,基础研究投入水平要与国家经济发展水平相适应。也即一个国家的基础研究经费投入并非越高越好,需要与其经济和科技实力相匹配,[②] 只有当经济实力达到一定水平后,才会对通过加大基础研究投入推动经济增长有所需求,只有当科技实力达到一定水平之后,才会更加重视基础研究旨在通过积累原始创新实现高质量发展。

---

① 陈志:《回归纯科学还是走向综合?——基础研究概念的演变与启示》,《人民论坛·学术前沿》2023 年第 9 期。

② 吴宪宇、程如烟、姜桂兴:《国家基础研究经费投入规律研究》,《中国科技论坛》2020 年第 7 期。

"自由探索类基础研究"具有灵感瞬间性、方式随意性、路径不确定性等特点。该类基础研究以科学家探索世界奥秘的好奇心驱动，往往无法事先计划，结果也无法提前预知，很多重大科学发现需要较长时间积累才能取得突破，更多时候需要更长时间才能看到应用价值。[①] 比如，牛顿在探索天体运行规律时发现了万有引力定律，法拉第和麦克斯韦从对电流和磁场规律的兴趣出发创立了电磁学理论，普朗克在研究黑体辐射过程中奠基了量子力学，等等。

"目标导向类基础研究"通过国家需求中重大科技问题带动，以支撑经济社会发展和国家安全为最终目标。比如，费米等在探寻大规模利用原子能的有效方式时发现了核裂变和链式反应；拉比等在研制雷达过程中对量子理论的发展，催生了核磁共振、微波激射器和原子钟；等等。此类基础研究又可以细化为战略导向的体系化基础研究、前沿导向的探索性基础研究、市场导向的应用性基础研究三类。其中，战略导向的体系化基础研究主要聚焦人类可持续发展与国家高质量发展重大需求背后的基础科学问题，以科学规划、明确可行的战略目标为牵引，依托国家战略科技力量，以"大兵团"体系化协同作战方式联合攻关。前沿导向的探索性基础研究面向世界科技发展的最前沿，充分发挥高校和科研院所的平台集成、学科交叉与基础设施等优势，以开放协同、灵活多样的科研组织方式，力求实现"从 0 到 1"的原创性、引领性

---

① 叶玉江：《持之以恒加强基础研究 夯实科技自立自强根基》，《中国科学院院刊》2022年第 5 期。

突破，为人类认识自然不断开拓新领域、拓展新视野。市场导向的应用性基础研究旨在瞄准重大产业技术背后的基础性、关键性原理问题，发挥科技领军企业准确把握市场需求、组织方式灵活的优势，协同高校和科研院所力量开展集成创新，快速迭代推广创新成果，推动科学技术与经济社会发展加速渗透融合。①

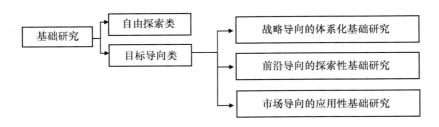

图 4 - 1　"中国式"基础研究分类

二　基础研究发展趋势及中国面临的形势

（一）基础研究发展趋势

当前，新一轮科技革命和产业变革深入发展，基础研究中科学问题的复杂性、系统性越来越高，科学目标的导向性、计划性越来越强，科研活动的规模化、组织化程度越来越高，科研产出对经济社会的推动力、影响力越来越大。准确研判全球基础研究发展趋势，对加强中国基础研究、实现高水平科技自立自强、建设科技强国具有重要意义。

基本科学问题孕育重大突破。物质科学向宏观拓展、微观深入

---

① 中共中国科学院党组：《筑牢高水平科技自立自强的根基》，《求是》2023 年第 15 期。

和极端条件发展，对暗物质和暗能量奥秘的揭示，可能颠覆人们对大尺度宇宙和微观物质的认知。生命科学快速发展，对生物大分子和基因的研究进入精准调控阶段，从认识生命、改造生命走向合成生命、设计生命。重大科技创新成果特别是颠覆性技术加速涌现，宇宙演化、量子科学、生命起源、脑科学等的原创突破正在开辟前沿新方向并取得颠覆性发展，深海、深空、深地以及网络空间安全等重大创新领域，成为人类拓展生存空间、维护核心利益和国家安全的竞争焦点。

学科交叉融合不断深化。基础研究、应用研究、试验发展三类研发活动的非线性互动、融通创新的趋势特征越发显著，交叉科学和跨学科研究已成为推动基础研究发展的重要内因，基础研究成果转化周期明显缩短。学科界限更加模糊，跨学科研究和多学科交叉不断开拓出新的研究领域，形成新的学科生长点和革命性创新。产研融合、科教融合、军民融合加速推进，自然科学与人文和社会科学交叉渗透，科技创新与金融资本、商业模式融合更加紧密。

科研范式迎来深刻变革。大数据和智能化成为继实验科学、理论分析和计算机模拟后的新范式。科学研究的内容、方法和范畴正在发生实质性变化，传统科学研究获得发展的机会越来越少。网络信息技术、大型科研设施开放共享、智能制造技术将会提供功能强大的研发工具和前所未有的创新平台，使创新门槛迅速降低，协同创新不断深化，新型研发组织和创新模式层出不穷，科技创新活动日益表现出大众化、集群化、社会化、网络化特征。企业日益成为基础研究和前沿技术探索的主导型力量。

基础研究进入大科学时代。大科学时代是多学科交叉且极具综合性的时代，创新进入了多维度、立体型的发展阶段，科学日趋呈现高度的分化和融合，其市场化、社会化、国家化、国际化的发展趋势也逐渐明显。重大科学研究的复杂性、艰巨性程度越来越高，需要整合全球创新资源，建造重大科学基础设施，汇聚全球科学家共同参与并开展网络式、分布式研究。[①] 大科学时代的基础研究组织化程度越来越高，基础研究活动需要顶层谋划、统筹部署、分工明确、协同推进，全方位、多层次、宽领域协同，最终演化形成大科学计划、大科学工程等组织模式。

（二）中国基础研究面临的新形势、新需求

从人类发展历史来看，在世界格局的演变过程中，扎实推进基础研究的国家，往往能够及时抓住科技革命和产业变革的历史机遇，率先迈入现代化发展阶段，成为人类社会前进的推动者和引领者。近代科学革命以来，部分西方国家始终高度重视科学研究，保持对基础研究的稳定支持，无论是在基础研究、应用研究方面，还是在技术创新方面，均占据绝对优势地位，不断完善国家创新体系，有效支撑和引领产业技术变革。[②] 当前人类面临着全球气候变暖、环境恶化、粮食安全、生物安全、科技伦理等一系列重要全球性挑战，基础研究开辟新方向、探索新路径的任务更加艰巨。

---

① 叶玉江：《持之以恒加强基础研究 夯实科技自立自强根基》，《中国科学院院刊》2022年第5期。

② 窦贤康：《加强基础研究是世界科技强国建设的必由之路》，《学习时报》2023年8月14日。

作为负责任大国，中国必须通过加强基础研究解决全球性问题，推动人类科技进步，更好增进人类福祉。

从科技发展趋势来看，新一轮科技革命和产业变革深入发展，科技创新广度显著加大、深度显著加深、速度显著加快、精度显著加强，科学研究范式正在发生深刻变革，学科交叉融合不断发展，科学技术和经济社会发展加速渗透融合。① 数据成为关键生产要素和战略性资源，科技创新和生产对数据的依赖程度将越来越高，创新生态重要性日益凸显。国际创新格局正在重塑，世界创新重心逐步向东转移，亚洲成为全球高端生产要素和创新要素转移的重要目的地。国际标准对新兴技术创新方向的影响日趋重要，全球科技治理体系影响凸显，新兴经济体将面临更高的国际规则要求。② 中国必须紧抓新一轮科技革命和产业变革机遇，加强基础研究，为实现高水平科技自立自强、推进中国式现代化注入强劲动力。

从全球科技格局来看，当今世界百年未有之大变局加速演进，全球科技竞争不断向基础研究前移，基础研究在抢占国家竞争制高点中地位更加凸显。面对激烈的国际科技竞争，世界主要发达国家普遍高度重视基础研究，其科研资助机构纷纷推出新的发展战略，调整资助政策，加大改革力度，增强基础研究投入，以维护在科技创新领域的领先地位。③ 美国相继发布了《美国创新与竞

---

① 习近平：《加快建设科技强国，实现高水平科技自立自强》，《求是》2022 年第 9 期。
② 马名杰等：《全球科技创新趋势的研判与应对》，《经济日报》2021 年 1 月 22 日。
③ 窦贤康：《加强基础研究是世界科技强国建设的必由之路》，《学习时报》2023 年 8 月 14 日。

争法案》《2022 年芯片与科学法案》等，旨在确保其科技在全球的领导地位。日本的《第六期科学技术创新基本计划（2021—2025 年)》、英国的《英国研发路线图》、韩国的《第 4 期基础研究振兴综合计划（2018—2022 年)》、俄罗斯的面向 2030 年《国家科技发展计划》等，均体现出对基础研究领域的经费倾斜和政策支持。面对日益激烈的国际科技竞争，中国必须更加重视推动基础研究领域取得新突破，充分发挥基础研究领域的战略支撑作用。

从国内发展形势来看，当前中国经济发展环境的复杂性、严峻性、不确定性仍然存在，经济内生增长动能仍然不足，实际经济增速仍显著低于潜在增速水平，[1] 创新能力不适应高质量发展要求。进入新时代，人民对美好生活的向往更加强烈、需要日益广泛，必须通过强化基础研究以增加优质供给，提高供给质量，满足人民日益增长的美好生活需要，不断实现人民对美好生活的向往。中国要应对世界经济放缓而通胀高企等诸多外部因素的挑战和可能对我们造成的冲击，尤其是以美国为首的一些西方国家在科技、经贸等方面设置障碍，极力实施打压中国的战略和政策，使中国面临着比以往更为严峻的国际环境。[2] 中国对加强基础研究作出了一系列战略部署，当前应进一步强化，为高质量发展和人民美好生活需要提供不竭动力。

---

① 中国社会科学院宏观经济研究智库课题组等：《有效应对外部变化　继续促进经济恢复——2022 年秋季中国宏观经济形势分析》，《改革》2022 年第 10 期。

② 朱承亮：《新时代我国科技创新发展的伟大成就与展望》，《科技智囊》2023 年第 7 期。

三　基础研究投入现状及问题分析

（一）中国基础研究投入现状分析

1. 基础研究经费投入规模不断扩大，投入强度延续上升势头

长期以来，中国基础研究投入偏低，但随着对基础研究的认识不断深化，中国对基础研究的重视程度越来越高，中国对基础研究经费投入也逐渐增加。从基础研究投入规模来看，进入 21 世纪以来，其规模不断扩大。2000—2021 年，中国基础研究经费投入从 46.73 亿元增长到 1817.03 亿元，按现价计算的年均增长速度为 19.77%。国家统计局、科学技术部和财政部联合发布的《2022 年全国科技经费投入统计公报》显示，2022 年，中国基础研究经费总量首次突破 2000 亿元，达到 2023.5 亿元，投入规模居世界第二位，仅次于美国。从基础研究投入强度来看，近年来基础研究经费投入占研发经费投入的比重延续上升势头。2000—2021 年，基础研究经费投入占研发经费投入的比重从 5.22% 波动上升至 6.50%。根据《2022 年全国科技经费投入统计公报》，2022 年中国基础研究经费投入占研发经费投入的比重达到 6.57%，延续上升势头。

从基础研究经费执行情况来看，高校和研发机构是中国基础研究经费执行的主力军。按照执行部门分类，可以将中国基础研究经费执行主体划分为企业、研发机构、高校和其他四类，其中高校和研发机构是中国基础研究的主阵地，贡献了八成以上的基础研究经费。2021 年，高校基础研究经费投入达 904.52 亿元，占全国基础研究经费投入的 49.78%；研发机构基础研究经费投入达

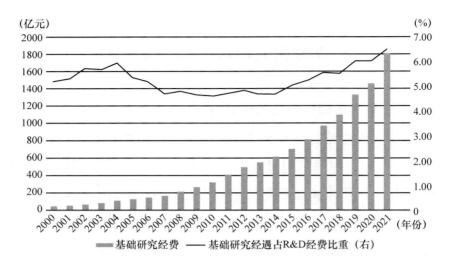

图 4 - 2　2000—2021 年中国基础研究投入情况

资料来源：《中国科技统计年鉴（2022）》。

646.11 亿元，占全国基础研究经费投入的35.56%；企业基础研究经费投入仅166.79 亿元，占全国基础研究经费投入的9.18%，其中规模以上工业企业基础研究经费投入112.47 亿元，占全国基础研究经费投入的6.19%；其他类主体基础研究经费投入99.61 亿元，占全国基础研究经费投入的5.48%。

表 4 - 1　　　　2021 年按执行部门分组的基础研究

经费投入情况　　　　　　　　（单位：亿元，%）

	基础研究	基础研究占全国比重
全国	1817.03	—
企业	166.79	9.18
规模以上工业企业	112.47	6.19

续表

	基础研究	基础研究占全国比重
研究与开发机构	646.11	35.56
高等学校	904.52	49.78
其他	99.61	5.48

资料来源：《中国科技统计年鉴（2022）》。

从基础研究经费投入地区分布来看，东部地区是基础研究投入最多的区域，东北地区基础研究投入规模最小，中西地区基础研究投入水平相当。2021年，东部地区基础研究经费投入12637736万元，占全国基础研究经费投入的69.55%；中部地区基础研究经费投入2360270万元，占全国基础研究经费投入的12.99%；西部地区基础研究经费投入2266823万元，占全国基础研究经费投入的12.48%；西部地区基础研究经费投入905444万元，占全国基础研究经费投入的4.98%。但是，从各地区基础研究占R&D内部支出比重来看，东北地区最高（9.25%），其次为东部地区（6.90%），中部地区最低（4.75%），这与高校和科研机构的地区分布紧密相关。

表4－2　　　2021年各地区基础研究经费投入情况　（单位：万元,%）

	R&D经费内部支出	基础研究	基础研究占R&D内部支出比重	基础研究占全国比重
全国	279563073	18170273	6.50	——
东部地区	183277121	12637736	6.90	69.55

续表

	R&D 经费内部支出	基础研究	基础研究占 R&D 内部支出比重	基础研究占全国比重
中部地区	49681526	2360270	4.75	12.99
西部地区	36817845	2266823	6.16	12.48
东北地区	9786580	905444	9.25	4.98

资料来源：《中国科技统计年鉴（2022）》。

从科学研究经费投入企业规模和登记类型来看，大型企业和内资企业是科学研究主体。科学研究包括基础研究和应用研究两类，由于中国统计数据仅给出了按企业规模及登记类型分规模以上工业企业的试验发展支出数据，故此处无法将基础研究经费剥离开来。2021 年，中国规模以上工业企业科学研究经费投入 6070040 万元，按照企业规模来看，大型企业科学研究经费投入 4117636 万元，占全国规模以上工业企业科学研究经费投入的 67.84%；中型企业科学研究经费投入 798940 万元，占全国规模以上工业企业科学研究经费投入的 13.16%。按照等级类型来看，内资企业科学研究经费投入 5633487 万元，占全国规模以上工业企业科学研究经费投入的 92.81%；港澳台商投资企业和外商投资企业科学研究经费投入水平相当，均约占全国规模以上工业企业科学研究经费投入的 3.5%。从科学研究支出占 R&D 内部支出的比重来看，大型企业和内资企业也充分体现了科学研究主体地位。2021 年，大型企业科学研究支出占 R&D 内部支出的比重为 4.99%，高出规模以上工业企业平均水平 1.52 个百分点，比中型企业高 3 个百分点；内资企业科学研究支出占 R&D 内部支出的比重为 3.98%，高出规模以上工业企业平均水平 0.51 个百分点，比港澳台商投资企业和外商投资企业分别高 2.51 个百分点和 2.82 个百分点。

表 4-3　2021 年按企业规模及登记类型分规模以上工业
企业科学研究投入情况　　（单位：万元，%）

	R&D 内部支出	科学研究	科学研究总体占比	科学研究占 R&D 内部支出比重
总计	175142461	6070040	—	3.47
大型企业	82584747	4117636	67.84	4.99
中型企业	40233579	798940	13.16	1.99
内资企业	141368113	5633487	92.81	3.98
港澳台商投资企业	14480915	212370	3.50	1.47
外商投资企业	19293434	224184	3.69	1.16

资料来源：《中国科技统计年鉴（2022）》。

从企业科学研究经费投入行业分布来看，计算机、通信和其他电子设备制造业科学研究经费投入水平最高，电气机械和器材制造业、煤炭开采和洗选业、石油和天然气开采业、化学原料和化学制品制造业、医药制造业、黑色金属冶炼和压延加工业、有色金属冶炼和压延加工业、专用设备制造业、汽车制造业等行业科学研究经费投入水平也较高。2021 年，计算机、通信和其他电子设备制造业科学研究经费投入 2072015 万元，占全国规模以上工业企业科学研究经费投入的 34.14%，电气机械和器材、医药、汽车、化学原料和化学制品等制造业的科学研究经费投入占全国规模以上工业企业科学研究经费投入的比重均超过了 3%。

表 4-4　　　　2021 年按行业分规模以上工业企业

科学研究投入情况　　（单位：万元,%）

	R&D 内部支出	科学研究 支出	科学研究总体 占比
总计	175142461	6070040	—
煤炭开采和洗选业	1432707	280349	4.62
石油和天然气开采业	928971	237739	3.92
黑色金属矿采选业	340915	9694	0.16
有色金属矿采选业	296065	13259	0.22
非金属矿采选业	298396	17557	0.29
农副食品加工业	3487656	138498	2.28
食品制造业	1566227	56139	0.92
酒、饮料和精制茶制造业	652116	32471	0.53
烟草制品业	253316	27796	0.46
纺织业	2316639	51000	0.84
纺织服装、服饰业	1144132	13157	0.22
皮革毛皮羽毛及其制品和制鞋业	1039997	10289	0.17
木材加工和木竹藤棕草制品业	901351	27214	0.45
家具制造业	1020229	23449	0.39
造纸和纸制品业	1360732	9042	0.15
印刷和记录媒介复制业	955613	21632	0.36
文教、工美、体育和娱乐用品制造业	1075814	18512	0.30
石油、煤炭及其他燃料加工业	1882810	103201	1.70
化学原料和化学制品制造业	8571439	209251	3.45

续表

	R&D 内部支出	科学研究 支出	科学研究总体 占比
医药制造业	9424368	218744	3.60
化学纤维制造业	1693471	35883	0.59
橡胶和塑料制品业	5181497	74354	1.22
非金属矿物制品业	5525801	132144	2.18
黑色金属冶炼和压延加工业	9066768	301944	4.97
有色金属冶炼和压延加工业	4753455	191726	3.16
金属制品业	6830432	179477	2.96
通用设备制造业	11190808	168133	2.77
专用设备制造业	10354332	188769	3.11
汽车制造业	14146421	295796	4.87
铁路、船舶、航空航天和其他运输设备制造业	6202086	155252	2.56
电气机械和器材制造业	18181397	467221	7.70
计算机、通信和其他电子设备制造业	35777882	2072015	34.14
仪器仪表制造业	3132725	45383	0.75
其他制造业	662692	11907	0.20
金属制品、机械和设备修理业	205708	2926	0.05
电力、热力生产和供应业	1842448	111608	1.84
燃气生产和供应业	267792	28959	0.48
水的生产和供应业	184183	10836	0.18

资料来源：《中国科技统计年鉴（2022）》。

从企业科学研究经费投入地区分布来看，呈现东部、中部、西部、东北地区依次降低的分布格局，东部地区企业科学研究经费投入规模最大，东北地区最小。2021 年，东部地区规模以上工业企业科学研究支出规模达 3259723 万元，占全国规上工业企业科学研究经费总投入的 53.70%；中部地区规模以上工业企业科学研究支出规模达 1553784 万元，占全国规模以上工业企业科学研究经费总投入的 25.60%；西部地区规模以上工业企业科学研究支出规模达 907827 万元，占全国规模以上工业企业科学研究经费总投入的 14.96%；东北地区规模以上工业企业科学研究支出规模仅为 348706 万元，占全国规模以上工业企业科学研究经费总投入的 5.74%。但是，从各地区科学研究支出占 R&D 经费内部支出比重来看，又呈现完全相反的分布格局，东北地区最高（6.43%），东部地区最低（2.86%）且低于全国 3.47% 的平均水平，这与各地区规模以上工业企业的行业分布和企业性质息息相关。

表 4 – 5　　　　　2021 年各地区规模以上工业
企业科学研究投入情况　　（单位：万元，%）

	R&D 经费内部支出	科学研究支出	科学研究总体占比	科学研究支出占 R&D 经费内部支出比重
全国	175142461	6070040	—	3.47
东部地区	113951248	3259723	53.70	2.86
中部地区	35769336	1553784	25.60	4.34
西部地区	20002963	907827	14.96	4.54
东北地区	5418915	348706	5.74	6.43

资料来源：《中国科技统计年鉴（2022）》。

2. 基础研究人才队伍不断壮大，科研人才创新活力得到有效激发

近年来，中国深入实施人才强国战略，深化人才体制机制改革，取得显著成效，基础研究人才队伍不断壮大。2000—2021 年，中国基础研究人员全时当量从 7.96 万人·年增长至 47.19 万人·年。2021 年，中国基础研究人员全时当量为 47.19 万人·年，占全社会研发人员全时当量的 8.3%，主要分布在高校、研发机构和科技型企业，占比分别为 67.66%、23.12% 和 5.93%。

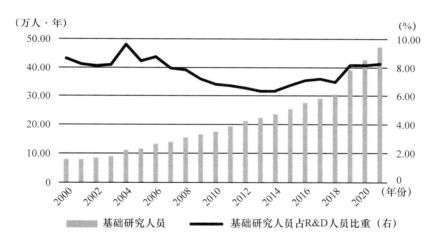

图 4 - 3　2000—2021 年中国基础研究人员情况

表 4 - 6　　　　　2021 年按执行部门分基础研究

人员全时当量　　　　　　　　　　　　　（单位：万人·年,%）

	基础研究人员	基础研究人员占全国比重
全国	47.19	—
企业	2.80	5.93
规模以上工业企业	2.17	4.60

续表

	基础研究人员	基础研究人员占全国比重
研究与开发机构	10.91	23.12
高等学校	31.93	67.66
其他	1.55	3.28

资料来源:《中国科技统计年鉴 (2022)》。

从地区分布来看,中国基础研究人员主要分布在东部地区,其次为西部和中部地区,东北地区最少。2021 年,东部地区基础研究人员全时当量为269176 人·年,占全国基础研究人员半壁江山,占比为 57.04%;西部地区基础研究人员全时当量为 91644 人·年,占全国基础研究人员的 19.42%;中部地区基础研究人员全时当量为 68901 人·年,占全国基础研究人员的 14.60%,比西部地区低近 5 个百分点;东北地区基础研究人员全时当量仅为 42199 人·年,占全国基础研究人员的 8.94%。

表 4-7　　　　2021 年各地区基础研究人员全时当量　(单位:人·年,%)

	基础研究人员	基础研究人员占全国比重
全国	471920	—
东部地区	269176	57.04
中部地区	68901	14.60
西部地区	91644	19.42
东北地区	42199	8.94

资料来源:《中国科技统计年鉴 (2022)》。

在系列政策的激励和引导下，中国科研人员创新活力得到有效激发。近年来，中国科研论文的被引用率显著提升，并在一定领域形成了影响力。《2021年中国科技论文统计报告》显示，中国国际顶尖期刊论文数量排名世界第二，上升了两位，高被引论文、热点论文数量继续保持世界排名第二位，其中，国际合著论文占中国发表论文总数的26.2%。根据科睿唯安发布的全球"高被引科学家"名单，2018—2022年，中国内地科学家在"高被引科学家"名单中的占比从7.9%增长到16.2%，2022年为1169人，连续多年位居世界第二，与美国的差距不断缩小。国家自然科学基金委在基础研究人才培养中发挥了"主渠道"和"压舱石"作用，2018—2022年，科学基金共部署各类人才项目117919项，总经费达483亿元，激发了科研人员的创新活力。[1]

3. 研发机构基础研究投入规模不断扩大，央属研发机构是绝对投入主体，自然科学和工程与技术科学是投入最多的学科

研发机构是中国基础研究重要的投入和执行主体。截至2021年，中国拥有2962个研发机构，其中央属研发机构746个、地属研发机构2216个。党的十八大以来，中国研发机构基础研究投入规模不断扩大。2023—2021年，研发机构基础研究人员全时当量从6.1万人·年增长至10.9万人·年，占R&D人员的比重从16.73%提升至23.67%，基础研究经费投入从221.6亿元增长至646.1亿元，占R&D经费内部支出的比重从12.44%扩大至17.38%。

---

① 张韶阳等：《持续升级科学基金人才资助体系　为基础研究高质量发展提供有力支撑》，《中国科学基金》2022年第5期。

表 4－8　　2013—2021 年研发机构基础研究情况

	2013 年	2014 年	2015 年	2016 年	2017 年	2018 年	2019 年	2020 年	2021 年
机构数（个）	3651	3677	3650	3611	3547	3306	3217	3109	2962
中央属	711	720	715	734	728	717	726	731	746
地方属	2940	2957	2935	2877	2819	2589	2491	2378	2216
R&D 人员全时当量（万人·年）	36.4	37.4	38.4	39.0	40.6	41.3	42.5	45.4	46.1
#基础研究	6.1	6.6	7.1	8.4	8.4	8.5	9.2	10.3	10.9
应用研究	13.0	12.8	13.1	12.7	14.3	14.8	14.8	15.5	16.1
试验发展	17.3	18.0	18.1	17.9	17.8	18.0	18.4	19.6	19.1
R&D 经费内部支出（亿元）	1781.4	1926.2	2136.5	2260.2	2435.7	2698.4	3080.8	3408.8	3717.9
#基础研究	221.6	258.9	295.3	337.4	384.4	423.8	510.3	573.9	646.1
应用研究	525.8	552.9	618.4	642.1	699.4	797.6	933.6	1084.5	1196.3
试验发展	1034.0	1114.4	1222.8	1280.7	1351.9	1476.9	1636.9	1750.4	1877.4
基础研究人员占比（%）	16.73	17.65	18.55	21.48	20.81	20.59	21.65	22.73	23.67
基础研究经费占比（%）	12.44	13.44	13.82	14.93	15.78	15.71	16.56	16.84	17.38

资料来源：《中国科技统计年鉴（2022）》。

从隶属关系来看，央属研发机构是研发机构基础研究投入的绝对主体。在基础研究人员投入方面，2021 年央属研发机构拥有基础研究人员全时当量 84468 人·年，占全部研发机构基础研究人员的 77.41%；地属研发机构拥有基础研究人员全时当量 24652 人·年，占全部研发机构基础研究人员的 22.59%。在基础研究经费投入方面，2021 年央属研发机构基础研究经费投入 5390844 万元，占全部研发机构基础研究经费的 83.44%，其中中国科学院占到央属研发机构基础研究经费的一半以上，中国科学院基础研究经费占全国研发机构的比例达 47.19%；地属研发机构基础研究经费投入 1070246 万元，占全部研发机构基础研究经费的 16.56%，其中绝大多数为省级部门所属研发机构贡献，省级部门所属研发机构基础研究经费占全国研发机构的比例达 14.25%。

表 4－9　　　　　2021 年按隶属关系和学科分研发机构
基础研究人员投入情况

	机构数（个）	R&D 人员全时当量（人·年）	基础研究	应用研究	试验发展	基础研究占比（%）
总计	2962	461030	109120	161008	190902	—
按隶属关系分组						
中央部门属	746	349602	84468	125830	139304	77.41
地方部门属	2216	111428	24652	35178	51598	22.59
按门类学科分组						
自然科学	258	82805	42875	27091	12839	39.29
农业科学	993	58785	11197	13913	33675	10.26
医药科学	223	27634	10526	11636	5472	9.65
工程与技术科学	962	275669	37779	100816	137074	34.62
人文与社会科学	526	16137	6743	7552	1842	6.18

资料来源：《中国科技统计年鉴（2022）》。

　　从学科属性来看，自然科学、工程与技术科学是中国研发机构基础研究投入最多的学科。在基础研究人员投入方面，2021年自然科学类研发机构基础研究人员全时当量42875人·年，占全部研发机构基础研究人员的39.29%；工程与技术科学类研发机构基础研究人员全时当量37779人·年，占全部研发机构基础研究人员的34.62%。在基础研究经费投入方面，2021年自然科学类研发机构基础研究经费投入2685744万元，占全部研发机构基础研究经费的41.57%；工程与技术科学类研发机构基础研究经费投入2518396万元，占全部研发机构基础研究经费的38.98%。

表4-10　　2021年按隶属关系和学科分研发机构基础
研究经费投入情况　　　　（单位：万元，%）

	R&D经费内部支出	基础研究	应用研究	试验发展	基础研究占比
总计	37179336	6461090	11963472	18774446	—
按隶属关系分组					
中央部门属	31904783	5390844	10205184	16328427	83.44
#中国科学院	7643796	3049130	3287212	1307455	47.19
地方部门属	5274554	1070246	1758289	2446019	16.56
省级部门属	4144860	920482	1496388	1727990	14.25
副省级城市部门属	491061	100364	139435	251263	1.55
地市级部门属	638633	49401	122466	466766	0.76
按门类学科分组					
自然科学	5742582	2685744	2084676	972161	41.57

续表

	R&D 经费内部支出	基础研究	应用研究	试验发展	基础研究占比
农业科学	2507425	402196	607898	1497332	6.22
医药科学	1409912	521536	567413	320963	8.07
工程与技术科学	26737117	2518396	8360023	15878370	38.98
人文与社会科学	782301	333218	343462	105620	5.16

资料来源：《中国科技统计年鉴（2022）》。

4. 高校基础研究投入力度不断加大，东部地区高校基础研究投入具有绝对优势

高校是中国基础研究投入和执行的绝对主体。截至 2021 年，中国拥有各类高校达 2756 个，其中东部地区 1034 个、中部地区 723 个、西部地区 739 个、东北地区 260 个。党的十八大以来，中国高校基础研究投入力度也在不断加大。2012—2021 年，高校基础研究人员全时当量从 14.0 万人·年增长至 31.9 万人·年，占 R&D 人员的比重从 44.73% 提升至 47.52%，基础研究经费投入从 275.7 亿元增长至 904.5 亿元，占 R&D 经费内部支出的比重从 35.32% 扩大至 41.48%。从地区分布来看，东部地区是高校基础研究投入的最高区域。2021 年，东部地区高校基础研究人员全时当量 161941 人·年，占全国高校基础研究人员的 50.71%；东部地区高校基础研究经费投入 5649007 万元，占全国高校基础研究经费的 62.45%。

表 4 - 11

2012—2021 年高校基础研究情况

	2012 年	2013 年	2014 年	2015 年	2016 年	2017 年	2018 年	2019 年	2020 年	2021 年
学校数（个）	2442	2491	2529	2560	2596	2631	2663	2688	2738	2756
R&D 人员全时当量（万人·年）	31.4	32.5	33.5	35.5	36.0	38.2	41.1	56.5	61.5	67.2
基础研究	14.0	14.7	15.5	16.4	16.7	18.1	19.1	26.7	28.5	31.9
应用研究	15.4	15.9	16.1	17.2	17.3	18.3	19.7	25.8	28.9	30.7
试验发展	1.9	1.9	1.9	1.9	2.0	1.9	2.3	4.1	4.1	4.6
R&D 经费内部支出（亿元）	780.6	856.7	898.1	998.6	1072.2	1266.0	1457.9	1796.6	1882.5	2180.5
基础研究	275.7	307.6	328.6	391.0	432.5	531.1	589.9	722.2	724.8	904.5
应用研究	402.7	441.3	476.4	516.3	528.4	623.1	711.5	879.3	964.2	1054.1
试验发展	102.2	107.8	93.1	91.3	111.4	111.8	156.5	195.1	193.5	221.9
基础研究人员占比（%）	44.73	45.23	46.27	46.26	46.40	47.26	46.56	47.18	46.31	47.52
基础研究经费占比（%）	35.32	35.91	36.59	39.16	40.33	41.95	40.46	40.20	38.50	41.48

资料来源：《中国科技统计年鉴（2022）》。

表 4 – 12　　　2021 年各区域高校基础研究人员和

经费投入情况

	学校数（个）	基础研究人员全时当量（人·年）	基础研究人员总体占比（％）	基础研究经费投入（万元）	基础研究经费总体占比（％）
全国	2756	319323	—	9045181	—
东部地区	1034	161941	50.71	5649007	62.45
中部地区	723	57389	17.97	1587517	17.55
西部地区	739	64543	20.21	1235022	13.65
东北地区	260	35450	11.10	573635	6.34

资料来源：《中国科技统计年鉴（2022）》。

（二）中国基础研究投入存在的突出问题

当前，中国基础研究整体水平和国际影响力大幅提升，进入从量的积累向质的飞跃、从点的突破向系统能力提升的重要时期。虽然中国基础研究投入规模和强度等指标表现出良好增长态势，但是与美国、日本等世界主要科技强国相比，仍存在总量不足、强度偏低、结构失衡等突出问题。

1. 基础研究经费投入总量不足，基础研究占 R&D 经费比例偏低

与世界主要科技强国对基础研究进行长期稳定支持相比，中国基础研究起步较晚、基础薄弱。从投入规模来看，虽然中国基础研究投入力度不断加大，处于世界第二位，但总量依然不足，与美国的差距较大。2021 年，中国基础研究经费投入 1817.03 亿元，2022 年首次突破 2000 亿元，投入水平总体处于世界前列，仅低于

美国。根据国际可比数据，2021 年，中国基础研究经费投入规模
为 276. 19 亿美元，高于日本、法国、韩国和英国等科技强国，但
是与美国差距依然较大。2021 年，美国基础研究经费投入 1047. 66
亿美元，规模接近中国的 4 倍。

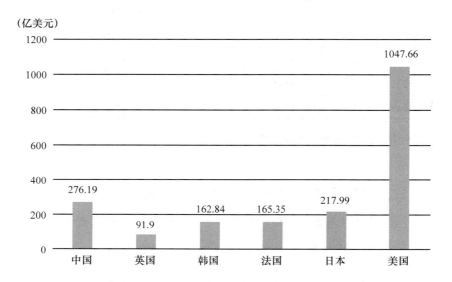

（亿美元）

图 4 - 4　中国基础研究投入规模及国际比较

注：英国为 2018 年数据，法国为 2019 年数据，其他为 2021 年数据。单位为
亿美元（2015 Dollars-Constant prices and PPPs）。

资料来源：经济合作与发展组织、中国国家统计局。

从投入强度来看，中国基础研究经费投入占 R&D 经费投入的
比例偏低，显著低于世界主要科技强国。长期以来，中国 R&D 经
费投入结构不尽合理，基础研究占比长期低位徘徊，试验发展占
比明显偏高。2000—2021 年，基础研究占比为 4. 59%—6. 50%，
平均占比仅为 5. 28%，试验发展占比为 73. 67%—84. 60%，平均

占比为81.06%。近年来，中国高度重视基础研究。2022年，中国基础研究投入强度达到6.57%，但是与美国等世界主要科技强国相比，中国基础研究投入强度依然明显偏低。

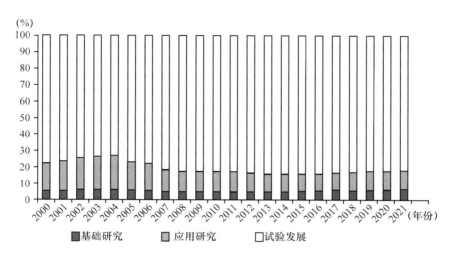

图4-5 2000—2021年中国R&D经费投入结构

资料来源：中国国家统计局（https://data. stats. gov. cn/easyquery. htm？cn = C01）。

从世界主要科技强国数据来看，基础研究投入强度一般处于10%—25%，至少高于10%。根据《中国科技统计年鉴（2022年）》数据，2019年法国基础研究投入强度高达22.7%，英国为18.3%，2020年美国、韩国、日本、俄罗斯等国家的基础研究投入强度分别为15.1%、14.4%、12.8%、18.8%，均显著高于中国当前6.5%的投入水平。从投入强度增长趋势来看，2012—2019年，法国基础研究投入强度始终处于20%以上的高位态势。2012—2021年，日本保持在13%左右波动，美国和韩国有一定下滑倾向，但仍处于13%以上高位态势，中国处于低位追赶态势。

表4－13 基础研究占比国际比较 （单位:%）

	中国 （2021年）	法国 （2019年）	日本 （2020年）	韩国 （2020年）	英国 （2019年）	美国 （2020年）	俄罗斯 （2020年）
基础研究	6.5	22.7	12.8	14.4	18.3	15.1	18.8
应用研究	11.3	41.4	19.4	21.6	43.2	19.6	20.0
试验发展	82.3	36.0	67.8	64.0	38.5	65.3	61.2

资料来源:《中国科技统计年鉴（2022年）》。

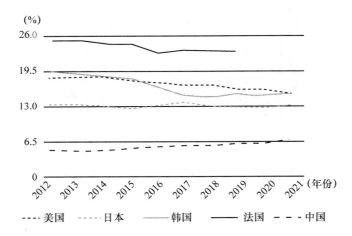

图4－6 2012—2021年基础研究投入强度增长趋势的国际比较

注：法国数据为2012—2019年。

资料来源：经济合作与发展组织、中国国家统计局。

2. 基础研究投入结构失衡，地方政府和企业对基础研究投入不足

当前中国基础研究投入主要靠政府，且主要靠中央政府，中央政府是基础研究投入的主力军，地方政府对基础研究的投资动力相对不足，主要投资在试验发展方面。根据财政部数据，2017—

2022 年，中央政府基础研究投入从 532.5 亿元增长至 812.6 亿元，占中央 R&D 经费的比重从 27.4% 提升至 35.8%。但地方政府基础研究投入明显不足，2017—2019 年地方政府基础研究投入占地方 R&D 经费的比重不超过 6%。随着国家战略政策的价值驱动和日益激烈的区域竞争，地方政府逐步加大了对基础研究的投入力度，到 2021 年地方政府基础研究投入增长至 519.1 亿元，地方政府基础研究投入占地方 R&D 经费的比重迅猛拉升至 18.5%，但仍比中央政府基础研究投入强度低 17.3 个百分点。

在从事基础研究的各类主体中，企业具有独特优势。一方面，企业能够融合科研信号和市场信号，找到科技创新和产业发展的方向，将市场资源和科研资源整合，进而以最快的速度和最大的动力将科学发现转化为生产力；另一方面，企业能从实际应用层面发现"卡脖子"问题，协同高校和科研机构解决该问题。[1] 但中国企业基础研究投资严重不足，成为制约企业提升自主创新能力的重要原因。从企业基础研究投入规模来看，尽管 2012—2021 年中国企业基础研究经费从 7.09 亿元迅速增长到 166.79 亿元，但与美国等世界主要科技强国相比，中国企业基础研究投入规模严重不足。2021 年，中国企业基础研究经费投入 166.79 亿元人民币，约为 25.86 亿美元；日本投入 97.47 亿美元，约是中国的 3.76 倍；韩国投入 76.73 亿美元，约是中国的 2.97 倍；美国投入高达 417.1 亿美元，约是中国的 16.12 倍；2019 年，法国企业基础研究投入是中国的 2.72 倍。

---

① 《推动企业成为基础研究重要主体》，2023 年 4 月 11 日，百度网，https://baijiahao. baidu. com/s? id = 1762830446695268599&wfr = spider&for = pc。

表 4 – 14　2017—2022 年政府财政支出中基础研究科目支出

（单位：亿元，%）

	2017 年	2018 年	2019 年	2020 年	2021 年	2022 年
中央本级财政科学技术支出	2827.0	3120.3	3516.2	3216.5	3205.5	3215.5
其中：基础研究	532.5	552.6	671.2	625.4	720.9	812.6
应用研究	1372.3	1502.9	1689.9	1528.6	1535.4	1442.8
技术研究与开发	40.4	27.6	25.3	-0.2	-12.4	17.3
中央基础研究科目占 "R&D" 比重	27.4	26.5	28.1	29.0	32.1	35.8
地方财政科学技术支出	4440.0	5206.4	5954.6	5801.9	6464.2	6816.5
其中：基础研究	72.6	96.7	151.3	255.2	416.9	519.1
应用研究	203.4	254.7	244.6	330.8	340.5	361.6
技术研究与开发	1739.3	1932.5	2135.3	1798.1	1906.2	1931.7
地方基础研究科目占 "R&D" 比重	3.6	4.2	6.0	10.7	15.7	18.5

注：个别科目为负数，主要是当年执行中收回收行以前年度结余资金，抵减了当年支出。

资料来源：财政部网站。

（百万美元）

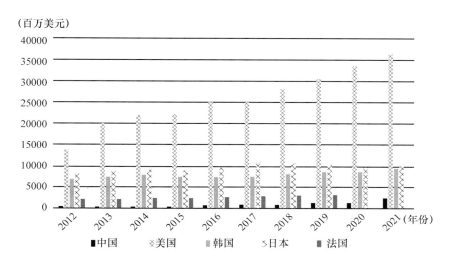

图4-7　中国企业基础研究规模及国际比较

注：法国数据为2012—2019年，单位为百万美元（2015 Dollars-Constant prices and PPPs）。

资料来源：《中国科技统计年鉴》与OECD。

从企业基础研究投入强度来看，中国企业基础研究投入严重偏低，显著低于世界主要科技强国。2021年，中国企业基础研究经费投入占全国基础研究经费投入的比重为9.18%，远低于美国的35.06%、韩国的58.13%、日本的46.63%和法国（2019年）的22.23%。2021年，中国企业基础研究经费投入占企业R&D经费内部支出的比重仅为0.78%，而美国这一比例保持在6%左右，日本保持在7%左右，韩国保持在10%左右波动；法国占比也在逐年增加，近几年已达到7%上下。此外，中国企业基础研究人员也偏低，2021年企业基础研究人员全时当量为2.80万人·年，仅占企业R&D人员全时当量的0.63%。

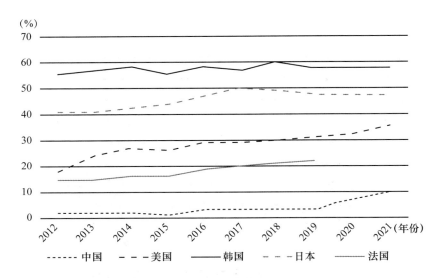

图 4 - 8 中国企业基础研究经费占全国基础研究经费比重及国际比较

注：法国数据为 2012—2019 年。

资料来源：《中国科技统计年鉴》与 OECD。

表 4 - 15　　2021 年企业基础研究经费和人员投入情况

	基础研究经费 （亿元）	基础研究经费 强度（%）	基础研究 人员（万人·年）	基础研究人员 强度（%）
全国	1817.03	6.50	47.19	8.26
企业	166.79	0.78	2.80	0.63
规模以上工业企业	112.47	0.64	2.17	0.57
研究与开发机构	646.11	17.38	10.91	23.67
高等学校	904.52	41.48	31.93	47.53
其他	99.61	17.99	1.55	12.93

资料来源：《中国科技统计年鉴（2022）》。

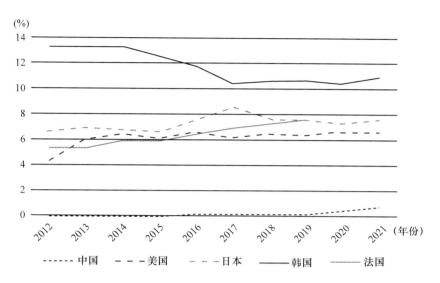

图 4-9　2012—2021 年中国企业基础研究经费占企业 R&D 经费比重及国际比较

注：法国数据为 2012—2019 年。

资料来源：经济合作与发展组织、中国国家统计局。

3. 基础研究经费长期依赖竞争性支持，稳定性支持和竞争性支持失衡

从世界主要科技强国经验来看，各国政府对基础研究一般都采取稳定性支持和竞争性支持相结合的方式。对于以基础研究为主的科研机构，主要通过年度预算拨款稳定支持60%—95%的科研经费；而对于大学和以应用研究为主的科研机构，则主要以竞争性科研项目方式进行支持。① 世界主要科技强国在基础研究领域的

① 朱迎春：《创新型国家基础研究经费配置模式及其启示》，《中国科技论坛》2018 年第 2 期。

稳定性经费和竞争性经费配置比例一般为 7：3 甚至 8：2。① 比如，美国洛斯阿拉莫斯国家实验室 73% 的研究经费来自美国国会的财政拨款；② 德国最大的基础研究机构马普学会的年度预算经费的 80% 以上来自政府预算拨款；法国的国家科学研究中心是主要开展医学以外领域基础研究的国家科研机构，其 80% 以上的研究经费也是来自政府财政预算。③

但是，长期以来中国科技经费采取以竞争性为主的分配方式，科研工作者需要将大量时间和精力花在争取项目和经费上。中国科学院从事基础研究的研究所，中央财政年度预算拨款与竞争性科研项目收入比例约为 1：1，年度预算拨款仅够支付退休人员工资、在岗人员基本工资和研究所日常开支等，只有小部分用于前瞻性项目部署和人才引进等。④ 目前，中国基础研究的科研经费绝大部分来自中央财政，但主要途径是科研人员向国家自然科学基金委、财政部、科技部、中宣部等部门和机构申请项目。依据"十四五"国家科技计划体系，国家主要科技计划项目主要包括国家自然科学基金项目和国家重点研发计划，其中国家重点研发计划包括中央引导地方科技发展资金、国家（重点）实验室引导专项和国家重点实验室。获取项目的方式是撰写项目申报书，通过准备材料、签字盖章、提交材料、项目函评等一套繁琐程序与全

---

① 吴月辉：《基础研究的钱怎么花》，《人民日报》2014 年 5 月 12 日。
② 薛澜：《关于中国基础研究体制机制问题的几点思考》，《科学学研究》2011 年第 12 期。
③ 王静、张延东：《关于加大基础研究稳定支持力度的思考和建议》，《中国科技论坛》2008 年第 5 期。
④ 朱迎春：《创新型国家基础研究经费配置模式及其启示》，《中国科技论坛》2018 年第 2 期。

国同行竞争。随着中国教育和科技事业的蓬勃发展，中国科研人员数量大幅增加，竞争日趋激烈，课题组时常出现"吃了上顿没下顿"的情况，年年挖空心思申请项目，导致科研领域非常"内卷"，项目准备时间越来越长，项目申报书越写越厚，项目内容设计越来越复杂。

4. 基础研究资金来源长期主要依赖政府，基础研究多元投入体系尚未建立

一般而言，基础研究资金来源渠道主要包括政府、企业和社会资金等。中国基础研究资金长期主要依赖政府投入，企业和社会资金投入不足，基础研究多元投入体系尚未建立。发达国家基础研究资金来源更加多元，基本形成了以政府为主体，企业、高校和非营利性部门共同支持基础研究的多元化投入格局。2021年，中国基础研究投入1817.03亿元，根据全国财政科技支出数据，中国中央政府和地方政府基础研究累计投入1137.80亿元，占全国基础研究的62.62%；企业基础研究经费投入166.79亿元，占全国基础研究的9.18%，高校、社会资金等累计占比约28.20%。

美国联邦政府在基础研究体系中积极拓展政府保障责任，发挥了政府投资基础研究的引领、撬动和催化作用，但其在基础研究体系中的资金投入和执行占比都在逐渐减少，而企业和非营利机构在基础研究中承担着越来越重要的责任，资金投入和执行占比都在增加。[1] 2012—2021年，美国联邦政府基础研究投入经费在逐渐减

---

① 马双、陈凯华：《美国基础研究体系：主要特征与经验启示》，《科学学研究》2023年第3期。

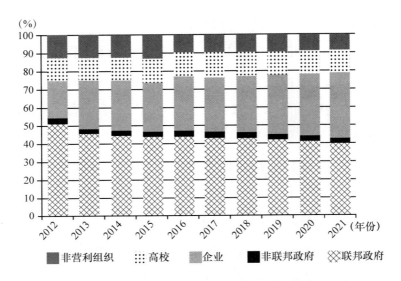

图 4 – 10   2012—2021 年美国基础研究经费来源占比

资料来源：美国国家科学基金会。

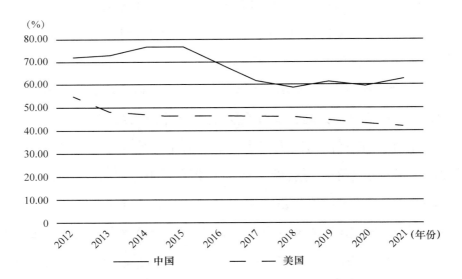

图 4 – 11   2012—2021 年中美两国政府投入基础研究经费占比

资料来源：美国国家科学基金会、中华人民共和国财政部。

少，从 50% 左右逐步下降到了 40% 左右，比中国低 20 多个百分点；企业是美国基础研究经费的第二来源，近年来企业投入占比逐年增长，从 20.72% 增长到 36.17%，比中国高 27 个百分点；美国非营利组织基础研究投入占比维持在 10% 左右。

5. 中国基础研究统计口径与国外不完全一致，科技统计指标的科学性与规范性有待进一步加强

长期以来，与国外发达国家相比，中国基础研究投入规模和强度偏低。这可能与中国科技统计方法和口径与国外不一致有关，加之在科技数据收集和统计过程中缺乏专业培训，导致中国基础研究经费投入数据一定程度上被低估。当前中国科技统计工作虽以 OECD 国家普遍适用的《弗拉斯卡迪手册》为参照，但是中国科技统计方法和口径与国外存在着一定差异，比如没有投入法的结果进行检验，对执行主体的划分、具体指标的解释与国际不完全接轨等。① 此外，中国高校从事科研的师生的经费列入教育经费而不是科研经费，重大科技基础设施的费用单列，等等。② 这些均未纳入基础研究经费进行统计。因此，亟待进一步加强科技统计指标的科学性与规范性，进一步强化科技统计培训工作，不断规范科技统计方法和口径。

---

① 王海燕、梁洪力、周元：《关于中国基础研究经费强度的几点思考》，《中国科技论坛》2017 年第 3 期；王海燕、徐君言、李玲娟：《基础研究经费投入现状与统计口径研究》，《科学学研究》2022 年第 11 期。

② 方新：《关于我国发展基础研究的几点思考》，《中国科学基金》2019 年第 5 期；王海燕、徐君言、李玲娟：《基础研究经费投入现状与统计口径研究》，《科学学研究》2022 年第 11 期。

四　提高研究能力的其他重点关键问题分析

提高研究能力是一项系统工程，不仅仅涉及基础研究投入问题，基础研究体制机制、人才队伍、创新生态、科研设施、国际合作等也是影响基础研究能力的重要因素。经费投入是提高研究能力的物质保障，体制机制是提高研究能力的战略牵引，人才队伍是提高研究能力的人才支撑，创新生态是提高研究能力的精神激励，科研设施是提高研究能力的支撑平台，国际合作是提高研究能力的重要渠道。

（一）体制机制

习近平总书记指出，世界已经进入了大科学时代，基础研究组织化程度越来越高，制度保障和政策引导对基础研究产出的影响越来越大。[①] 当前，中国支持基础研究和原始创新的体制机制已基本建立，但尚不完善，需要进一步深化基础研究体制机制改革，进一步优化细化改革方案和政策举措，发挥好制度、政策的价值驱动和战略牵引作用。

中国基础研究体制机制尚不完善主要体现在以下几个方面：（1）多元导向的基础研究经费投入制度尚不完善，当前基础研究经费投入主要依靠中央政府，地方政府、企业尤其是社会力量参与基础研究的力度和深度不够，竞争性支持和稳定性支持相结合

---

① 习近平：《加强基础研究　实现高水平科技自立自强》，《求是》2023 年第 15 期。

的基础研究投入机制有待完善。（2）以人才质量为导向的基础研究人才培养制度尚不完善，基础学科教育体系不完善，基础研究人才培养制度改革相对滞后，中国还缺乏高层次人才移民法律制度保障，国际人才吸引力不足，从事基础研究的人才国际化程度偏低。①（3）国家科技计划基础研究支持体系有待优化，基础研究项目组织、申报、评审和决策机制有待进一步完善，重大科学问题和关键技术科学问题常态化凝练机制不完善。（4）当前科技评价激励、成果应用转化、科技人员薪酬等制度与基础研究长周期规律和人才成长规律不匹配，不利于激发基础研究人才创新活力。（5）在当前宏观科技管理体制方面，现行科技计划体系中的战略导向基础研究被削弱。虽然国家科技计划体系实现了专业机构管理科技项目，但是尚未真正完全实现科技资源的统筹协调，资源分散和多头管理的问题依然存在。②

（二）人才队伍

习近平总书记指出，加强基础研究，归根结底要靠高水平人才。③ 美国基础研究体系的各主体都非常重视研究与人才培养的完全结合，并将国际人才作为重要的资源。④ 基础研究人才是科技人才的重要组成部分，但与一般科技人才成长规律相比，基础研究

---

① 张媛媛：《践行与弘扬科学家精神　着力加强基础研究——学习习近平总书记关于加强基础研究的重要论述》，《毛泽东邓小平理论研究》2020 年第 8 期。
② 曾明彬、李玲娟：《我国基础研究管理制度面临的挑战及对策建议》，《中国科学院院刊》2019 年第 12 期。
③ 习近平：《加强基础研究　实现高水平科技自立自强》，《求是》2023 年第 15 期。
④ 马双、陈凯华：《美国基础研究体系：主要特征与经验启示》，《科学学研究》2022 年第 6 期。

人才成长更需要良好的研究能力和科学精神，更需要持续稳定的资源支持和早期关键托举，更需要宽松包容的科研评价和创新环境。当前中国基础研究人才队伍建设仍有明显短板，尤其是能够改变领域国际格局、引领学科发展方向的大师级别人物和战略科学家非常稀缺，青年拔尖人才成长还不能适应基础研究加快发展的需要。国家自然科学基金委仍存在评审机制不够完善、人才项目异化使用等问题，人才"帽子化"倾向依然严重，受具有强大创新精神和能力的顶尖科技人才数量不足、发现和培养高水平人才的遴选机制不完善等多种因素影响，中国资助培养世界级科技大师的能力有待提升。

基础研究人才在科研工作和生活等方面面临一系列不利于成长和发挥才能的障碍。一是稳定性研究经费支持不足。当前中国基础研究人才主要靠申请竞争性经费开展研究工作，缺乏从市场上获取经费的条件，但是竞争性经费的稳定性和持续性不足。中国科学技术发展战略研究院2020年开展的科研人员激励与获得感专项调查数据显示，近2/3的基础研究人才"因为没有科研项目或项目太少而感到焦虑"，该比例在所有类型的科技人员中是最高的，比其他类型的科技人才高出10个百分点左右。二是考核评价压力较大。基础研究具有周期长、成果不确定等特点，研究成果主要以论文、著作、研究报告等形式展现。当前不少部门存在不尊重基础研究规律和人才成长规律现象，追求短平快成果，依据论文数量和期刊等级等指标对基础研究人才实行年度考核，造成基础研究人才无法潜心开展研究甚至出现焦虑状态。三是经济收入相对不高，生活压力相对较大。基础研究人才收入主要依靠工资收入，在科技人才中相对偏低，尤其是在科技、经济相对发达地区的青年基础研究人才，还面临住房、子女抚养教育、老人赡养等多重压力，在生活方面面临相对突出的困难。[①]

（三）创新生态

习近平总书记强调，开展基础研究既需要物质保障，更需要精神激励。中国几代科技工作者通过接续奋斗铸就的"两弹一星"精神、西迁精神、载人航天精神、科学家精神、探月精神、新时代北斗精神等，共同塑造了中国特色创新生态，成为支撑基础研究发展的不竭动力。[②] 创新生态建设有助于激发基础研究人员创新活力，有利于改善创新环境，构建基础研究新格局。当前中国创新生态建设已经取得了一些进展，但依然存在一些局限性和突出问题。

当前中国学风、作风仍有待优化，严重束缚基础研究的质量和动能。学风浮躁、急功近利，科技评价指标单一化、评价标准定量化、评价方法简单化、评价结果功利化等问题导致科学研究正在背离科学精神，严重影响了正常的学术生态。学术"一言堂""圈子文化""论资排辈"现象盛行，百家争鸣的学术氛围尚未形成。当前，科学共同体内部过多地充斥着学术名人或领导的声音，并形成了以学术名人为核心的一个个"圈子"。不论著作和项目成果质量如何，对于同行好友总会赞美一番，对于利益相冲突者只

---

① 薛姝、石长慧、张文霞：《尊重基础研究人才成长规律》，《中国人才》2023 年第 6 期。
② 习近平：《加强基础研究　实现高水平科技自立自强》，《求是》2023 年第 15 期。

"批"不"评",以挑毛病、挑缺点、挑错误为主。

科研诚信是开展基础研究的基石。近年来,中国科研诚信建设在工作机制、制度规范、教育引导、监督惩戒等方面取得了显著成效,但整体上仍存在短板和薄弱环节,抄袭、剽窃他人研究成果,编造研究过程,伪造、篡改研究数据、图表、结论等违背科研诚信要求的行为时有发生。浮躁的学风催生了一系列不良学术问题,2020 年中国的 SCI 撤稿量占世界的 44% 左右。①

中国科普能力建设还存在短板,科普重视程度有待提升。"重科研、轻科普"造成科普与科研脱节现象在中国长期存在,这与各级政府部门对科普工作不够重视有关。2020 年,全社会科普经费筹集额为 171.72 亿元,仅占全社会研发投入(2.44 万亿元)的0.7%。2022 年,中国公民具备科学素质的人口比例为 12.93%,与美国等科技强国还存在不小差距。长期以来,中国基础教育具有功利、短视的应试教育倾向,缺乏创新基因,严重束缚青少年的好奇心、想象力和探求欲。

此外,有利于科研人员专心科研的社会环境有待完善,不少博士毕业生流向了金融和政府部门。据统计,近十年来清华大学的毕业生的就业行业主要聚焦于信息技术、教育、公共管理、金融等领域。根据《清华大学 2022 年毕业生就业质量报告》,清华大学 2022 届毕业生共 8003 人,其中博士生 2149 人,占比为26.9%。从就业单位的行业分布来看,毕业生就业人数较多的

---

① 荣俊美、陈强:《基础研究"两头在外"如何破局?》,《中国科技论坛》2021 年第11 期。

行业主要包括信息技术、教育、公共管理、科学研究和金融业等，其中博士生从事信息技术行业的占比高达 36.0%，科学研究占比仅为 8.0%。

（四）科研设施

习近平总书记指出，过去很长一段时间，中国基础研究存在题目从国外学术期刊上找、仪器设备从国外进口、取得成果后再花钱到国外期刊和平台上发表的"两头在外"问题。[①] 具体体现在缺乏研究方向决策与议题设置能力、基础研究的软硬件工具材料依赖进口、缺乏人才吸引力与国际学术组织影响力、基础研究成果外流四个方面。[②] 科技基础能力是国家综合科技实力的重要体现，也是实现高水平科技自立自强的战略支撑。当前，科研范式深刻变革，科研设施与仪器、科学数据、生物种质与实验材料、科技文献等科技基础条件资源日益成为创新发展的重要驱动力，重大科学发现和技术突破以及新知识疆域的开辟等越来越离不开这些资源的强力支撑。

近年来，中国着力打造世界一流科技期刊、建成一批大国重器，基础研究支撑平台建设取得长足进步。目前中国由政府支持的重大科研基础设施、大型科研仪器、科学数据、生物种质与实验材料、国家野外站五类科技基础条件资源发展及其开放共享取得了显著进展。当前中国特色的国家实验室体系正在加快构建，

---

① 习近平：《加强基础研究 实现高水平科技自立自强》，《求是》2023 年第 15 期。
② 荣俊美、陈强：《基础研究"两头在外"如何破局?》，《中国科技论坛》2021 年第 11 期。

一支成体系、担使命的战略科技力量正在孕育。据统计，目前中国在建和运行的重大科技基础设施项目总量达 57 个，部分设施综合水平迈入了全球"第一方阵"，但是世界领先甚至独创、独有的设施不多，关键技术主要来源于国外，性能指标存在差距，且在公共实验平台类的设施上，科研用户自发申请使用设施，围绕国家紧迫的战略需求、开展定向性科学问题牵引的建制化研究不多。[①] 解决重大基础研究问题的科技仪器设备、操作系统和基础软件等主要依靠进口，中国自主的研究平台和仪器设备缺失。尽管国家自然科学基金委员会已启动国家重大科研仪器研制项目，但是规模较小，尚不足以改变重要科研仪器设备受制于人的局面。[②] 科技资源共享平台存在资源内容和服务同质化严重、现代信息技术研发应用不足、引领性战略性科技资源共享平台缺位、国际合作和竞争力不足等问题。[③] 总体来讲，在当前技术加速迭代、颠覆性创新不断涌现的背景下，中国现有的科技基础条件和能力建设尚无法满足持续高水平基础研究的现实需要，现有科技基础条件资源平台的开放共享水平以及平台之间的协同创新水平均有待进一步提升。

（五）国际合作

习近平总书记指出，人类要破解共同发展难题，比以往任何时

---

① 《我国重大科技基础设施的现状和未来发展建议》，2022 年 7 月 14 日，中国仪器仪表行业协会，https://mp.weixin.qq.com/s?__biz=MzA3ODUzMjYwNw==&mid=2660632650&idx=1&sn=f6817560206707cc411513c20542ecfa&chksm=8423f2dab3547bcc3f8867a5021b6b131771654d822973eb41fd64fc32853abbcb9a93387eed&scene=27。

② 荣俊美、陈强：《基础研究"两头在外"如何破局?》，《中国科技论坛》2021 年第 11 期。

③ 中国科协创新战略研究院：《我国科技资源共享平台建设存在的问题与对策建议》，《创新研究报告》2022 年第 32 期。

候都更需要国际合作和开放共享，没有一个国家可以成为独立的创新中心或独享创新成果。①

中国坚持科技领域开放合作原则，积极主动融入全球创新网络，逐步形成了全方位、多层次、广领域的国际科技合作新格局。中国强化政府之间科技交流合作，积极提出并牵头组织国际大科学计划和大科学工程，深度参与了地球观测组织（GEO）、平方公里阵列射电望远镜（SKA）、国际热核聚变实验堆（ITER）等大科学计划和大科学工程。2021年3月，"中国天眼"正式向全球开放，征集观测申请，共收到15个国家的31份申请，14个国家的27份申请获得批准，并于2021年8月启动科学观测。江门中微子实验获得国际实物贡献约3000万欧元，占比15%左右，共有境外16个国家和地区300多位科学家参加。② 聚焦空间、气候变化、能源、人类生命健康等领域，与世界各国开展联合研究且取得了丰硕成果，为世界科技进步和可持续发展贡献了中国智慧。

但是，总体而言中国基础研究国际合作整体质量有待提升，由于中国科技实力相对薄弱，中国难以在国际科技合作中掌握主动权，合作深度、合作范围、合作方式和合作渠道等有待进一步拓展。比如重大科技基础设施是国际合作的重要平台，但中国依托重大科技基础设施的国际合作程度不够。一方面，中国主持的本土项目国际合作比重较低，且大部分停留在一般性的交流合作上，缺少实质性

---

① 习近平：《加强基础研究　实现高水平科技自立自强》，《求是》2023年第15期。

② 《我国重大科技基础设施的现状和未来发展建议》，2022年7月14日，中国仪器仪表行业协会，https://mp.weixin.qq.com/s? __biz = MzA3ODUzMjYwNw = = &mid = 2660632650&idx = 1&sn = f6817560206707cc411513c20542ecfa&chksm = 8423f2dab3547bcc3f8867a5021b6b131771654 d822973eb41fd64fc32853abbcb9a93387eed&scene = 27。

的外方经费投入和人员、技术贡献，导致中国专用研究设施国际领先性、国际影响和重大成果产出不足。另一方面，中国也较少实质性地、有显示度地参加别国的项目，国际影响力不足，不易达到国际领先水平，也影响我们吸引国外投入参与本土项目。[①]

五　提高研究能力的建议

提高基础研究能力，实现基础研究高质量发展是一场"持久战"、一项系统工程，需要有"长期主义"导向的基础制度保障。习近平总书记指出，要深化基础研究体制机制改革，发挥好制度、政策的价值驱动和战略牵引作用，为中国基础研究改革发展明确了方向。近年来，中国持续强化基础研究制度建设，发布了《关于全面加强基础科学研究的若干意见》《基础研究十年规划》等政策文件，科技部牵头或联合其他部门也出台了系列配套支撑措施。一国基础研究的深度和广度，决定着国家原始创新的动力和活力。要想持续提高基础研究能力，在基础研究投入、体制机制改革、人才队伍建设、创新生态营造、基础能力建设、国际合作交流等方面需要不断优化和完善。

（一）稳步提高基础研究投入力度

《中华人民共和国国民经济和社会发展第十四个五年规划和

---

① 《我国重大科技基础设施的现状和未来发展建议》，2022 年 7 月 14 日，中国仪器仪表行业协会，https://mp. weixin. qq. com/s?　__biz = MzA3ODUzMjYwNw = = &mid = 2660632650&idx = 1&sn = f6817560206707cc411513c20542ecfa&chksm = 8423f2dab3547bcc3f8867a5021b6b131771654d822973eb41fd64fc32853abbcb9a93387eed&scene = 27。

2035 年远景目标纲要》提出，到 2025 年基础研究经费投入占研发经费投入比重要提高到 8% 以上。2022 年，中国基础研究经费总量首次突破 2000 亿元，达到 2023.5 亿元，投入规模居世界第二位，仅次于美国，基础研究经费投入占研发经费投入的比重达到 6.57%，延续上升势头，其中高校和国家研发机构对基础研究经费增长的贡献分别达到了 44.8% 和 38.3%。要实现国家基础研究战略目标，不仅要稳步提高基础研究投入力度，形成基础研究多元化投入机制，还要优化支出结构，提高投入效能。一是稳步增加基础研究财政投入，发挥好财政对基础研究资金需求的保障作用，建立健全竞争性支持和稳定性支持相协调的基础研究投入机制，加大对基础研究创新基地、优势团队和重点方向的长期稳定支持。二是建立央地共同出资、共同组织基础研究项目的协同机制，带动地方政府支持基础研究。三是充分调动市场力量，通过税收优惠、更有效率的专利制度、将企业基础研究投入纳入市场估值等多种方式激励企业加大基础研究投入。四是鼓励社会力量设立科学基金、科学捐赠等多元投入，扩大基础研究资金来源。五是加强基础研究经费实施过程绩效评估，提升国家自然科学基金及其联合基金资助效能，确保"好钢用在刀刃上"。

（二）深化基础研究体制机制改革

加快构建国家战略科技力量体系，充分发挥国家实验室、国家科研机构、高水平研究型大学和科技领军企业在基础研究方面的作用。坚持基础研究和教育联动发展，优化基础学科建设布局，加大对数学、物理、化学等基础学科的支持力度，推进学科交叉融合和跨学科研究，构筑全面均衡发展的高质量学科体系。优化国家科技计划基础研究支持体系，完善基础研究项目组织、申报、评审和决策机制，实施差异化分类管理和国际国内同行评议，组织开展面向重大科学问题的协同攻关，鼓励自由探索式研究和非共识创新研究。处理好新型举国体制与市场机制的关系，健全同基础研究长周期相匹配的科技评价激励、成果应用转化、科技人员薪酬等制度。落实《关于深化项目评审、人才评价、机构评估改革的意见》和《关于完善科技成果评价机制的指导意见》要求，开展基础研究评价改革试点，强化质量、绩效、贡献为核心的评价导向，坚持"破四唯"和"立新标"并举，开展长周期评价。建议在科技部等八部门2022年发布《关于开展科技人才评价改革试点的工作方案》的基础上，充分落实对基础研究类人才的评价要求，实行以原创成果和高质量论文为标志的代表作评价，将符合学科特点和任务性质的低频次、长周期的考核机制落到实处，给基础研究人才"坐住坐稳冷板凳"的底气，留足"十年磨一剑"的时间。

（三）加强基础研究人才队伍建设

深化人才发展体制机制改革，向用人主体充分授权，发挥用人主体在基础研究人才培养、引进、使用中的主观能动性，遵循基础研究人才成长规律和科研规律，完善基础研究人才管理制度，进一步破除"官本位"、行政化的传统思维，赋予科技领军人才更大的人财物支配权和技术路线选择权。深化科研项目和经费管理改革，加快建立以创新价值、能力、贡献为导向，有利于基础研究人才潜心研究和创新的人才评价体系。在北京、上海、粤港澳大湾区建设高水平基础研究人才高地，在南京、武汉、西安建设吸引和集聚基础研究人才的平台，开展人才发展体制机制综合改革试点，为人才提供一流创新平台。加大基础研究人才对外开放力度，实施更加积极、更加开放、更加有效的人才引进政策，用好全球创新资源，精准引进急需紧缺人才，聚天下英才而用之。从基础研究人才的源头开始，引导青少年提升科学兴趣，加强青少年 STEM（科学、技术、工程和数学）教育，提升基础学科教育水平，同时注重科学精神的培养，加强学生创新素养的培育，为基础研究培养足够的后备力量。[①] 建立大学和中学联合发现与培养青少年创新人才模式，发挥高校特别是"双一流"高校基础研究人才培养主力军作用。坚持营造识才、爱才、敬才、用才的环境，在全社会营造尊重劳动、尊重知识、尊重人才、尊重创造的良好氛围。[②]

（四）营造有利于基础研究的创新生态

加强科学家精神宣传，弘扬历代科技工作者身上凝结的宝贵科学精神和爱国主义情怀，学校科技教育要尽快完成由应试教育向素质教育的转变，将科学精神、创新文化等课程列为理工农医类高校本科生和研究生的必修通识课程，增强全民创新意识和提升创新能力。加强科技伦理研究方向建设和通识教育，提高学生和

---

① 薛姝、石长慧、张文霞：《尊重基础研究人才成长规律》，《中国人才》2023 年第 6 期。
② 朱承亮：《新时代我国科技创新发展的伟大成就与展望》，《科技智囊》2023 年第 7 期。

科技工作者的伦理判断力和意志力。加强科研诚信建设，加强高校、科研单位、出版机构之间协调，建立健全学术不端联防制度，加大学术不端监督惩戒力度，引导基础研究人员摒弃浮夸、祛除浮躁，甘坐"冷板凳"，研究"真问题"，拿出"硬成果"。培育科学共同体，发挥科学共同体在科研诚信建设中的内生力量。加强科普能力建设，采用公众喜闻乐见的传播方式，注重对科技热点问题的追踪与关注，要同时宣传科技界正面案例和反面典型，滋养全社会以创新为己任的文化氛围和民族自信，营造健康的创新文化氛围。着重营造尊重人才、尊重创新的社会氛围，促进公众参与科技创新，让公众对待科技创新和科技工作具有浓厚的兴趣、正确的认识和端正的态度，重视宣传科学家事迹，使公众对科学精神形成直观认识，为青少年的梦想插上科学的翅膀，使科技工作成为极具吸引力的职业。

（五）加强科技基础能力建设

新时代新形势对科技基础条件资源开放共享、融合发展提出新的更高要求，亟待加强科技基础条件资源建设，提升科技基础条件平台运行效率，强化开放共享管理，提升科技基础条件平台开放共享水平，构建新型信息化基础平台，促进科技基础条件平台互联互通，从而为支撑中国实现高水平科技自立自强提供坚实基础。协同构建中国特色国家实验室体系，布局建设基础学科研究中心，加快建设基础研究特区，超前部署新型科研信息化基础平台，形成强大的基础研究骨干网络。发挥"集中力量办大事"的制度优势，强化国家重大科技基础设施顶层设计，优化管理，系统提升现有重大科技基础设施对基础研究的服务支撑能力，强化依托设施的定向性、建制化的科学研究工作。重视科技基础条件平台的运行投入和开放共享，提高运行使用效率和效益，加快科研管理信息化建设，提高数字化服务水平。大力支持科研手段的自主研发与创新，破解中国在实验材料、数据资源与数据中心、技术方法、工具软件等科研基础方法和技术手段方面的瓶颈制约。[①] 针对国产科技仪器设备、操作系统、基础软件尚不成熟的现状，鼓励市场力量给予支持，开拓试点市场，基于市场反馈促进科技迭代更新。加快建设具有国际影响力的高水平学术平台，鼓励和支持中国学术机构与学者发起并组织基础研究领域的高水平国际学术会议，探索新的研究议题，努力提升中国学者在基础研究领域的影响力和话语权。在尊重知识产权的前提下，将中国学者在国际学术期刊上发表的优秀基础研究成果，以更为快捷、准确、友好的方式呈现，加快知识传播和转化的有效性和效率。[②]

（六）广泛开展基础研究国际合作

当前各国对科技外交的地位和作用进行了重新思考和认识，一方面以美国为首的西方发达国家有意识地利用科技外交试图遏制中国发展进程，对中国全球科技创新合作战略、全球创新资源配置以及中国已经形成的国际科技创新合作格局均造成了显著影响；

[①] 万劲波：《基础研究的内涵、模式与高质量发展路径》，《人民论坛·学术前沿》2023年第6期。

[②] 荣俊美、陈强：《基础研究"两头在外"如何破局?》，《中国科技论坛》2021年第11期。

另一方面西方发达国家仍与中国存在强烈的合作意愿，但又想设置门槛，在关键核心技术方面合作越发困难。^① 新时代要广泛开展基础研究国际合作，以更加开放的态度加强国际科技交流，积极参与全球创新网络。优化顶层设计，针对不同国家和地区情况制定差异化的基础研究国际合作政策，加快构建分工合理、协同有序的科技开放合作战略和政策体系。加大制度型开放水平，破除阻碍创新要素自由流动的制度藩篱，促进创新要素更大范围、更加便利地跨境流动。继续积极开展政府间科技创新高层对话，加强科技创新战略、规划、政策等方面的沟通交流，推进政府间科技创新合作提质升级。积极牵头实施国际大科学计划和大科学工程，支持在中国境内发起设立国际科技组织，设立面向全球的科学研究基金，聚焦重大问题加强国际联合研发和合作创新。聚集全球高端优质创新资源为我所用，打造高能级全球科技创新中心以及世界重要人才中心和创新高地，鼓励支持有条件的国内创新主体通过设立海外研发中心等方式"走出去"。加强民间科技合作，充分发挥国内企业、高校、科研机构、行业联盟、科技社团等在对接国际创新资源方面的作用，搭建多元化国际科技合作渠道，促进创新主体多方融入全球创新网络。加强国际化科研环境建设，形成具有全球竞争力的开放创新生态，塑造科技向善理念，前瞻谋划和深度参与全球科技治理。^②

---

① 王晓、张换兆：《我国国际科技创新合作成效、面临的挑战及建议》，《科技中国》2022年第9期。

② 朱承亮：《新时代我国科技创新发展的伟大成就与展望》，《科技智囊》2023年第7期。

第五章

深化科技体制改革，加快实现高水平科技自立自强

在实现高水平科技自立自强进程中，推动科技体制改革是具有全局性的关键性问题。科技创新和制度创新"双轮驱动"是创新发展的根本动力。习近平总书记指出，如果把科技创新比作我国发展的新引擎，那么改革就是点燃这个新引擎必不可少的点火系。通过深化科技体制改革，推动有效市场和有为政府更好结合，把政府、市场、社会等各方面力量拧成一股绳，形成推进科技强国建设的强大合力。

近年来，诸多学者对科技体制改革的历程和经验进行了系统回顾与评价，一致认为中国在推动创新驱动发展、优化科技资源配置和科技管理体制改革等方面取得了显著成效。[①] 同时，考察了科技体制改革制度变迁下的组织身份变革，[②] 提出改革的逻辑是企业

---

① 陈宝明、文丰安：《全面深化科技体制改革的路径找寻》，《改革》2018 年第 7 期；陈劲、张学文：《中国创新驱动发展与科技体制改革（2012—2017）》，《科学学研究》2018 年第 12 期；吕岩威、李平：《科技体制改革与创新驱动波及：1998—2013》，《改革》2016 年第 1 期；张景安：《中国科技体制改革 40 年》，《中国软科学》2018 年第 10 期。

② 马名杰、张鑫：《中国科技体制改革：历程、经验与展望》，《中国科技论坛》2019 年第 6 期；肖咪咪、卢芳妹、贾良定：《中国科技体制改革中的组织身份变革》，《管理世界》2022 年第 3 期。

主体与政府主导、融入全球与自主意识之间的适应和冲突。① 立足新时代，科技体制改革仍面临一些挑战。② 在战略层面，现有研究分析了新时代科技体制存在结构性矛盾的内在逻辑和外在表征，③并探讨了新形势下的科技体制改革攻坚的关键性问题。④ 在制度层面，学者从重大科技项目⑤、战略科技力量⑥、科技激励与评价⑦等角度指出科技体制改革的诸多新问题。虽然已有文献对中国科技体制改革从历史演进、改革内容、存在问题以及应对措施等多视角进行了探讨，但是目前缺乏对科技体制在理论层面系统性、全局性的思考，尤其是与创新经济学、公共政策和制度经济学等经典前沿理论的结合还不足。同时，在实践层面，从建设科技强国和完善国家创新体系的需求分析不足，尤其是结合实现高水平科技自立自强的新目标要求新形势，围绕新型举国体制建设、科技管理职能转变、战略科技力量建设等关键问题的研究仍不足。

中国深化科技体制改革正处于改革攻坚期，亟须找到新一轮科技体制改革的突破口。本书梳理了党的十八大以来的科技体制改

① 孙玉涛、刘凤朝、曹聪：《中国科技体制改革的逻辑：一个制度理论的框架》，《科学学研究》2022年第1期。
② Cong Cao, Richard P. Suttmeier, "Challenges of S&T System Reform in China", *Science*, No. 355, 2017, pp. 1019–1021.
③ 刘钒等：《新时代科技体制的结构性矛盾：逻辑、表征与改革路径》，《中国科技论坛》2019年第6期。
④ 霍竹、刘华仑、田德录：《新形势下科技体制改革攻坚的若干思考》，《中国科学院院刊》2023年第1期。
⑤ 贾宝余、杨明、应验：《高水平科技自立自强视野中重大科技项目选题机制研究》，《中国科学院院刊》2022年第9期。
⑥ 陈劲：《以新型举国体制优势强化国家战略科技力量》，《人民论坛》2022年第23期。
⑦ 刘云：《破"四唯"能解决中国科技评价的问题症结吗》，《科学学与科学技术管理》2020年第8期。

革进展，提出面向科技自立自强的科技体制改革的理论逻辑，并系统梳理科技体制改革和创新体系建设中的重大问题，深入挖掘其深层次原因，在此基础上，提出科技体制改革的突破口和重点举措。这有助于从理论上突破对新型举国体制、战略科技力量，以及科技强国中的国家创新体系等关键问题的研究，对于丰富中国特色的创新经济学理论和中国式现代化内涵具有学术价值。同时，也为中国进一步优化创新资源配置和提升国家创新体系效能，提供具有针对性的政策参考，支撑新的历史起点上成为世界科技强国的实践探索。

一 科技体制改革的进展与新要求

（一）党的十八大以来中国科技体制改革进展

改革开放以来，中国科技事业取得历史性成就，但随着中国经济发展进入新阶段，创新发展要求发生了新变化，对科技体制和创新体系建设提出了新要求。2012 年，党的十八大提出实施创新驱动发展战略，坚持走中国特色自主创新道路，对于科技创新问题的认识从科学和技术领域，拓展到更为广泛的国家创新体系，提出科技创新、制度创新、开放创新各个方面的改革。2015 年，党中央国务院发布《关于深化体制机制改革加快实施创新驱动发展战略的若干意见》，同年 9 月制定了《深化科技体制改革实施方案》，详细部署了到 2020 年要完成 10 方面 143 项改革任务，包括重组科研项目和资助管理体制、机构调整、成果转化、院所改革等。

十年来，以习近平同志为核心的党中央围绕创新驱动发展战略要求和《深化科技体制改革实施方案》部署，从点到面、从局部到系统，密集出台实施一系列重大举措。截至 2020 年年底，143 项改革任务全面完成，科技体制改革取得历史性突破。一是宏观管理体制不断优化。中共中央于 2013 年、2018 年和 2023 年三次对国务院机构进行改革，均以政府职能转变为核心，逐步加强党中央对科技工作的集中统一领导，逐步优化了科技部等部门设置。二是科研项目管理方式逐渐科学。国家科技支撑计划、国家高技术研究发展计划（简称 "863 计划"）、国家重点基础研究发展计划（简称 "973 计划"）等国家科技计划全面整合为五大类，一定程度上缓解了国家科技计划多头管理、条块分割、碎片化布局的痼疾，释放创新活力。为支持科学家大胆探索，重大科研任务 "揭榜挂帅" "赛马制" "PI 制" 等新型科研项目组织管理方式开始实施，[1] 赋予科学家更大的科研自主权。三是科技评价体制不断完善。2018 年 10 月，科技部等五部门联合启动清理 "唯论文、唯职称、唯学历、唯奖项" 专项行动。2021 年 12 月，科技部等十部门联合启动科技成果评价改革试点工作。深化项目评审、人才评价、机构评估 "三评" 改革，"破四唯" 工作全面展开，一定程度上破除了现行评价制度中不合理的数量、频次和标准设定问题，81% 的科研人员非常支持 "三评" 改革和 "破四唯" 行动，近半数科研人员认为该两项政策具有一定的针对性。[2] 同时，以质量、

---

[1] 王志刚：《加快科技自立自强和科技强国建设步伐》，《学习时报》2021 年 12 月 20 日。
[2] 徐芳、李晓轩：《科技评价改革十年评述》，《中国科学院院刊》2022 年第 5 期。

绩效和贡献为导向的评价和激励机制已形成普遍共识，人才分类评价试点于 2023 年初步启动。四是战略科技力量不断强化。高校"双一流"建设以五年为周期，依据总量控制、开放竞争、动态调整方针，一定程度解决了"985 工程"和"211 工程"建设固化问题。中科院"率先行动"计划第一阶段目标任务全面完成，科研院所分类改革扎实推进。企业创新主体地位显著提升，企业占国内发明专利授权量从 2012 年的 54.7% 上升至 2022 年的 69.7%。同时，初步形成以国家实验室为引领，以全国重点实验室为支撑，以省实验室为储备的国家实验室体系。五是科技成果转化规模显著提升。2012 年以来，中共中央、国务院各部门以促进科技与经济结合为导向，就科技成果转化不畅问题先后修订了相关法律法规，涉及成果转化的中央法规 80 余份，地方配套政策共计约 400 份，推动科技成果转化规模持续攀升。《中国科技成果转化年度报告（2022）》显示，2022 年约 3600 余家高校、科研机构完成了 1500 余亿元的科技成果转化合同额，同比增长约 25%。

随着创新驱动发展战略持续推动，科技体制改革政策持续释放创新活力，中国国家创新体系效能持续增强。世界知识产权组织发布的《全球创新指数报告》显示，2022 年中国创新能力综合排名全球第 11 位，仅用 10 年时间，较 2012 年跃升了 23 位。中国在世界科技竞争中并跑、领跑的比重进一步增加，开启了实现高水平科技自立自强、建设科技强国的新阶段。

（二）科技自立自强对科技体制改革的新要求

面对国内外深刻复杂的环境变化，建设世界科技强国的迫切需求，中国创新驱动发展的制度短板成为制约全面创新和自主创新能力的重要因素。亟须用改革之火点燃创新引擎，加快实现高水平科技自立自强，打通从科技强到产业强、经济强、国家强的通道。2021年5月，习近平总书记发表重要讲话《加快建设科技强国　实现高水平科技自立自强》，明确指出推进科技体制改革，形成支持全面创新的基础制度。围绕"健全社会主义市场经济条件下新型举国体制，完善评价制度等基础改革，推动科技管理职能转变，改革重大科技项目立项和组织管理方式"四个方面提出一系列新要求。

2022年10月，党的二十大报告提出，要深化科技体制改革，深化科技评价改革，加大多元化科技投入，加强知识产权法治保障，形成支持全面创新的基础制度。[①] 2023年是全面落实党的二十大精神的开局之年，建设世界科技强国和实现高水平科技自立自强的新目标，对科技体制改革提出了新要求。第一，健全社会主义市场经济条件下的新型举国体制。健全以国家实验室为引领的战略科技力量，提高国家创新体系整体效能。围绕完整、准确、全面贯彻新发展理念，厘清战略科技力量的形成逻辑、理论内涵和组成架构，找出当前战略科技力量布局过程中暴露出来的核心问题和突出障碍，并提出推进以原始性创新为代表的全面创新、塑造国际竞争"非对称"优势，以及提升国家创新体系整体效能的有效路径。第二，转变政府科技管理职能，发挥好组织优势。

---

① 习近平：《高举中国特色社会主义伟大旗帜　为全面建设社会主义现代化国家而团结奋斗——在中国共产党第二十次全国代表大会上的报告（2022年10月16日）》，人民出版社2022年版。

面向建设世界科技强国，"抓改革"成为新时代科技管理工作的重点。政府科技管理部门的工作定位由原来的"抓战略、抓规划、抓政策、抓服务"，调整为"抓战略、抓改革、抓规划、抓服务"，强化了"改革"的突出地位。习近平总书记指出，要拿出更大的勇气推动科技管理职能转变，转变作风，提升能力，减少分钱、分物、定项目等直接干预，给予科研单位更多自主权。①科技管理职能要去行政化，构建更符合科学发展规律的现代化科技管理模式，科学处理政府与市场主体的关系，实现有为政府和有效市场融合发展，激发全社会创新主体的积极性和创造性。第三，推进科技评价改革，坚守评价制度的学术性、公平性、独立性。面对世界新兴技术领域加速变革、人才国际流动明显下降的趋势，持续推进的人才、项目和机构分类评价制度改革，需要突出人才评价制度对青年人才的激励作用，突出项目评价制度支持颠覆性创新的识别作用，突出机构评价制度对国家创新体系效能的支撑作用。对科技评价过程中的人际、经济、文化等方面的非学术因素予以关注，强化利益回避制度。第四，改革重大科技计划组织管理方式。2022 年的《全球创新指数》表明，中国已经进入世界创新型国家行列，科技创新的主要任务和模式由"跟跑"转变为"并跑"和"领跑"并存。面对这一新形势，亟须突破传统的项目立项和组织管理方式，加强面向国家的战略需求凝练科学问题的选题机制，根据不同领域科研活动的特点建立更加灵活高效的管理机制。

---

① 习近平：《加快建设科技强国　实现高水平科技自立自强》，《求是》2022 年第 9 期。

二 面向科技自立自强的科技体制改革理论逻辑

(一) 科技体制改革的理论框架：宏观—中观—微观视角

学术界对于"科技体制"的定义形成了不同观点，其中比较有代表性的是，方新提出科技体制是国家如何组织和管理科技活动的制度框架，包括科技组织体系和运行机制两个方面。[①] 科技体制的制度框架包括发展战略、计划、预算制度、评价与激励机制，以及相应组织与规则体系。

根据曹聪等提出的宏观—中观—微观三层次科技体制分析框架，[②] 结合国家创新体系效能的系统性分析框架，构建提升国家创新体系效能的科技体制改革框架（见图 5-1）。宏观层面，科技体制体现了国家科技理念和目标愿景，包括中长期国家战略和发展规划、科技政策和法律法规，以及与之对应的组织机构设置和职能划分。其中，战略强调长期发展的目标与方向，规划则侧重于特定时期内的任务与构想。科学战略与规划被世界各个国家普遍采用，据统计 OECD 35 个国家，有 33 个制定了科技发展战略。[③] 通过制定国家战略与发展规划，明确未来一段时期内科技发展的优先领域、关键产业和创新发展的各类量化目标。中观层面，科技体制主要指围绕国家战略规划展开的资源配置活动，包括各类

---

① 方新：《中国科技体制的形成、演进与改革》，载方新主编《中国可持续发展总纲（第 16 卷）：中国科技创新与可持续发展》，科学出版社 2007 年版。

② 曹聪等：《中国科技体制改革新论》，《自然辩证法通讯》2015 年第 1 期。

③ "Technology and Innovation Outlook 2018：Adapting to Technological and Societal Disruption"，2018，Paris，OECD Publishing，https://doi.org/10.1787/sti_in_outlook-2018-en.

国家科技计划和财政科技经费分配制度。国家科技计划包括专项、研发计划、项目、基地人才专项等类型，可以分为竞争性与非竞争性等类型资助。在科技经费方面，横向体现在财政科技经费在科技部、发改委、工信部等部委之间的分配，纵向体现在中央、省级、市级、县级等不同层级上的科技资源分配。微观层面，科技体制指具体运行体制机制问题，包括高校、科研院所、企业等机构，以及科学家、企业家等主体在创新活动中的管理制度，具体包括科技评价制度和科技激励机制。科技评价制度包括项目评审、人才评价、机构评估（以下简称"三评"），是科技管理制度的重要组成部分。科学的评价体系能够发挥指挥棒和风向标作用，激发人才的创新活力和潜力。科技激励机制包括激励政策体系、制度建设和专项试点工作等。

进一步，结合国家创新体系效能的系统内涵，科技体制通过系统运行、系统结构和系统功能影响了创新体系运行过程与运行结果。国家创新体系的系统性特征是基于对于创新过程认识的演化过程，对于创新过程的理解经历从有序单向的线性活动到需求模式，再到耦合和集成创新的动态系统观点，强调参与主体间互动反馈的复杂系统特征。国家创新体系标出了复杂系统的涌现特征，在各个部分互动依赖交流过程中，涌现出了超越单独部分相加的新特性与功能。[1] 同时，国家创新体系的复杂系统特征还表现在分层混杂系统（HHS），即其结构具有多层次特征，且各层次均随时间而连续

---

[1]　郭雷：《不确定性动态系统的估计、控制与博弈》，《中国科学：信息科学》2020 年第 9 期。

变化。进一步，国家创新体系的复杂系统特征可以拆分为系统结构、系统运行和系统能力三个维度，共同决定了国家创新体系的效能。[①]

相应地，科技体制作用于国家创新体系的机制包括结构调整、运行改善和能力提升。在结构方面，科技体制从科技战略、目标规划和部门分工等方面，作用于政府、企业、大学科研院所及中介机构等主体构成复杂网络，推动协同创新和良性协作。在运行方面，科技体制主要通过影响资源分配、主体动力等，推动创新体系的自组织机制实现，实现要素流动、配置与协同的有序运行过程。在能力方面，科技体制通过结构调整、提升体系化能力，通过改善运行机制、提升关键问题突破能力，从而影响了整体创新系统的竞争能力，更多体现为一种结果绩效。

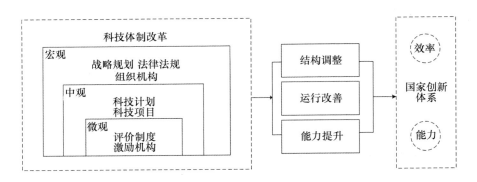

图 5 - 1   国家科技体制影响创新体系效能的理论机制

（二）科技自立自强背景下的科技体制改革逻辑

面对实现高水平科技自立自强的目标要求，深化科技体制改革

---

① 冯泽、陈凯华、冯卓：《国家创新体系效能的系统性分析：生成机制与影响因素》，《科研管理》2023 年第 3 期。

是提升国家创新效能的重要抓手。要通过科技体制改革扭转供给导向的科技创新治理模式，构建需求导向的科技创新治理体系，提升重构国家创新体系效能（见图 5 - 2）。2020 年 9 月，习近平总书记在科学家座谈会上明确提出，要坚持面向世界科技前沿、面向经济主战场、面向国家重大需求、面向人民生命健康的"四个面向"，为高水平科技自立自强提供了清晰的目标方向。① 具体地，面向世界科技前沿，要加强基础研究投入，夯实科技自立自强根基；面向经济主战场，要推动经济高质量发展，强化企业科技创新主体地位，推动创新链产业链资金链人才链深度融合；面向国家重大需求，要推动关键核心技术自主可控，强化国家战略科技力量，加快实施科技创新重大项目；面向人民生命健康，要注重科技成果落地转化，以科技创新推动共同富裕。在加快实现高水平科技自立自强背景下，要以"四个面向"为目标，通过"抓战略、抓改革、抓规划、抓服务"全面提升科技创新管理水平，推动科技体制改革。

在宏观层面，构建支持科技自立自强的战略支撑体系。战略上，党的二十大报告提出，要深入实施科教兴国战略、人才强国战略、创新驱动发展战略。坚持创新第一动力，根据 2016 年《国家创新驱动发展战略纲要》提出的"三步走"战略目标，目前已经完成第一步，即到 2020 年进入创新型国家行列，正朝着到 2030 年跻身创新型国家前列，以及到 2050 年建成世界科技创新强国战略目标迈进。同时，坚持科技第一生产力，强化科技自立自强的法治

---

① 习近平：《在科学家座谈会上的讲话》，《人民日报》2020 年 9 月 12 日。

保障，2021 年修订的《中华人民共和国科学技术进步法》于 2022 年 1 月正式实施，该次修改新增了"基础研究""区域科技创新""国际科学技术合作"三章内容，增加了加强基础研究、强化国家战略科技力量、推动关键核心技术攻关完善等内容。加大机构改革力度，2023 年，中共中央、国务院印发《党和国家机构改革方案》。一方面，为提升中央在科技决策中的统筹能力，设立了中央科技委员会；另一方面，为强化科技与经济结合程度，将科技部的部门具体业务和项目管理职能划转给直接管理部门。比如，将科技促进农业农村发展规划政策、指导农业科技进步职责划入农业农村部等。

在中观层面，优化科技资源配置，提升创新体系运行效率。深化中央财政科技计划，整合现有分散的科技计划，构建新五类科技计划，改变创新资源配置"碎片化"问题。根据《国务院印发关于深化中央财政科技计划（专项、基金等）管理改革方案的通知》，国家科技计划体系包括国家自然科学基金项目、国家科技重大专项（科技创新 2030—重大项目）、国家重点研发计划、技术创新引导专项（基金）、基地和人才专项五类。要强化国家科技计划与"四个面向"功能对接，在基础研究、关键核心技术、战略科技力量建设等重点领域布局。比如，国家自科基金推出了国家重大科研仪器研制项目，作为自然科学基金资助力度最大的单体项目，着力支持原创性重大科研仪器设备研制；基础科学中心项目则瞄准国际科学前沿，旨在形成若干具有重要国际影响力的学术高地。全面优化科研经费管理制度，2021 年印发《关于改革完善中央财政科研经费管理的若干意见》，从扩大科研项目经费管理自主权、完善科研项目经费拨付机制等方面，全面提高效率和精简手续。比如将预算科目精简为设备费、业务费和劳务费三项，将科研项目经费中用于"人"的费用提高至50%以上。要根据科技机构设置和实际科研任务，动态调整科技经费配置，优化在科技部、发改委和工信部等部门间分配，以及在中央、省级、市级、县级等层级分配。

在微观层面，强化服务科技创新的意识，注重发挥人才第一资源作用。科技自立自强归根结底要靠高水平科技创新人才，要通过"抓服务"扭转对人、钱、物和项目的过度干预，通过改革评价体系和重塑激励机制，全面完善人才培养机制、使用机制、竞争机制和激励机制。一方面，构建中国特色的科技评价体系，最大限度激发科技创新的活力与潜力。推动项目评审、人才评价、机构评估改革，是推进科技评价制度改革的重要举措。2018年印发的《关于深化项目评审、人才评价、机构评估改革的意见》，就优化科研项目评审管理机制、改进科技人才评价方式、完善科研机构评估制度等提出具体意见。同年，科技部等五部门联合启动清理"唯论文、唯职称、唯学历、唯奖项"专项行动。针对人才评价"破四唯"后"立新标"不到位等问题，2022年9月制定《关于开展科技人才评价改革试点的工作方案》，提出按照承担国家重大攻关任务的人才评价，以及基础研究类、应用研究和技术开发类、社会公益研究类的人才分类评价。另一方面，完善科技激励机制，激发人员与机构活力是科技体制改革的重要内容。2022年出台了《关于完善科技激励机制的意见》，针对当前科技激励仍然存在国家使命导向激励不足、基础性和公益性研究缺乏长期稳定支持、青年科技人才激励存在短板等突出问题，强化使命激励和贡献激励，提出有针对性的科技激励机制改革意见。完善科技激励和奖励的政策体系，制定了《国家科学技术奖励条例》《关于实行以增加知识价值为导向分配政策的若干意见》《关于深化科技奖励制度改革的方案》《关于扩大高校和科研院所科研相关自主权的若干意见》等系列政策。

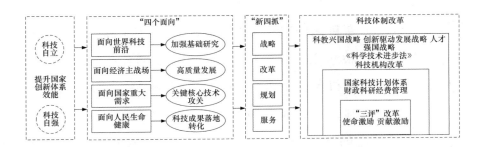

图 5 - 2   科技自立自强背景下的科技体制改革逻辑

三   当前科技体制存在的重大问题及深层次原因

（一）当前国家创新体系存在的体制机制问题

面对建设世界科技强国的需求，中国创新驱动发展的基础制度存在一些短板。这成为制约全面创新和自主创新能力的重要因素，主要涉及科技资源配置、重大科技项目管理体系、国家战略科技力量建设以及科技评价制度等方面。

1. 科技资源配置不合理导致投入效能有待提升

科技资源配置是科技创新的重要一环，也是提升国家创新体系科技投入效能的重要方式。当前中国财政科技资源配置比例不合理，项目重复、碎片化问题依旧存在，造成科技创新体系整体效能不高。

一是研发投入结构不合理。据《2022 年全国科技经费投入统计公报》统计，2022 年，中国 R&D 经费投入 30870 亿元，其中基础研究经费投入 2023.5 亿元，增长 11.4%，占 R&D 经费的比重为 6.57%；应用研究经费投入 3482.5 亿元，增长 10.7%，占 R&D 经费的比重为 11.3%。虽然基础研究和应用研究经费投入的绝对规模不断增加，但占 R&D 经费投入比重相较发达国家来说还有很大差距（见图 5-3），这一直是制约中国原始创新水平的重要因素。

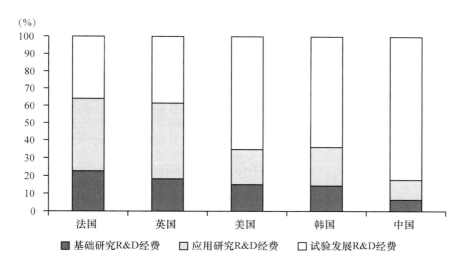

图 5-3　2021 年 R&D 经费构成国际比较

资料来源：国家统计局。

二是中央与地方财政科技拨款比例不合理。中央财政科技拨款比例逐年下降。1990 年以来，中国国家财政科技拨款的绝对规模逐年攀升，但中央财政科技拨款的比例逐年下降，从 7∶3 降至 2021 年的 4∶6（见图 5-4）。面对科技自立自强的全局性、基础性、长远性目标，财政投入结构已在一定程度上难以满足整体创新目标需求。

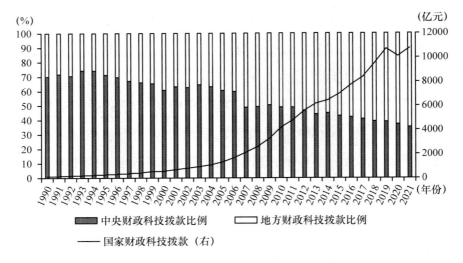

图 5 - 4　1900—2021 年中央与地方财政科技支出比较

资料来源：历年《全国科技经费投入统计公报》公示信息。

三是各部门科技经费分配不合理。一方面，中央政府财政科技经费集中于少数部门，与实际经济建设需求不匹配。据笔者整理计算中央政府《2022 年部门决算》，在 37 个已披露的科技经费管理部门中，科技部、中国科学院、国家自然科学基金委员会三部门管理经费规模超 1185 亿元，占中央科技经费总支出的 36% 左右，而工信部、农业农村部等其余 34 个已披露部门仅管理 12% 的中央政府财政科技经费（见表 5 - 1）。科技资源配置与经济建设的科技支撑需求严重不匹配，是导致科技与经济结合不紧密的重要原因。另一方面，研发经费管理类型在各部门间分散化。国家自然科学基金委研发经费全部用于基础研究；中科院主要用于基础研究，应用研究等其他方面均有涉及；科技部和工信部研发经费主要用于重大科技项目，基础研究等方面也有部分涉及。①

表 5 – 1　2022 年中央主要部门财政科技/研发经费支出（单位：%，亿元）

	S&T 支出		R&D 支出				
	占比	金额	基础研究	应用研究	技术研究与开发	科技重大项目	总计
科技部	13.97	449.08	55.16	5.10	15.84	354.92	431.01
中科院	12.24	393.50	286.33	71.52	0.04	8.28	366.17
NSFC	10.66	342.92	342.92				342.92
农业农村部	2.62	84.36	9.83	41.64		29.12	80.59
工信部	1.74	56.10	3.65			51.70	55.35
教育部	1.21	38.98	28.28	7.66		2.91	38.85
卫健委	1.02	32.68	7.87	15.09		8.35	31.31
中国科协	0.82	26.39					
披露单位	48.45	1557.83	748.82	200.74	15.91	458.02	1423.49
未披露单位	51.55	1657.69					
总计	100	3215.52					

资料来源：中央预决算公开平台公示信息。

四是青年人才与"帽子"学者间科技资源配置不合理。宏观上，中国科技资源投入的主要矛盾已经从原来的投入总量严重不足，转变为高质量发展科技支撑的需要与投入效能不高的矛盾。

---

① Yutao Sun, Cong Cao, "Demystifying Central Government R&D Spending in China", *Science*, No. 345, 2014, pp. 1006 – 1008.

微观上，部分科研院所、高校占有大量的科技资源，但实际科研成果并未在科学研究中发挥主导作用。大量的科技资源优先集中于各种"帽子"学者，部分想干、能干的优秀青年学者获取科技资源极其有限，而事实上部分"帽子"学者的实际贡献相比青年学者并不突出。

2. 重大科技项目组织管理体系同科研规律不符

科技项目是创新活动的重要载体，优化科技项目的组织管理是深化科技体制改革的重要任务。2015 年 1 月，国务院印发《关于深化中央财政科技计划（专项、基金等）管理改革的方案》，对国家科技项目组织管理体系进行了重构，一定程度上缓解了项目碎片化的问题。但是，目前仍存在组织管理方式单一、僵化、低效等问题，难以满足科技强国建设需求。

一是重大科技项目组织管理模式单一。不同领域的重大科技专项指南没有根据其创新发展规律，采用最恰当的组织管理模式。例如，以重大科技专项的组织模式难以使用生命健康领域的基础研究。这种前沿突破点多、发展迅速的领域，以项目的形式，组织人力、物力开展简单、重复且成熟的技术研究，可能会造成大量的资源浪费，拉大与科学前沿的差距。又如，以组织基础研究的模式组织科技重大项目。部分项目由一个或多个牵头人带队，分成课题、子课题。但科研项目的完成是一个由浅入深、前后衔接的过程，简单地将一个项目横向分割成不同的小课题，会加大项目的组织难度和实施风险，导致项目管理松散、资源分散，不利于重大科技问题的突破。[1]

二是重大科技项目选题主体错位。中国重大科技项目的选题主要是专家评审制，由高校、科研院所的专家评审投票确定主题。[2]企业作为创新主体、市场化的主体，在重大科技项目和形成与立项中参与度、话语权较低，主要体现在企业专家占比较少、建议采纳度较低等方面。而一个重要、前沿、可行、具有价值导向的选题，不应该仅由院士等具有"话语权"的专家一锤定音，否则可能会产生目标偏离国家战略需求、难以实施、社会应用价值不高、创新性不强等问题。

三是重大科技项目资助领域对国家战略需求聚焦程度不够。科技研发涉及众多领域和方向，包括基础研究和高新技术等。为了鼓励创新和突破，重大科技专项资助会给予一定的自由度，支持各类有前景的科技项目。然而，这种灵活性导致科技资源配置聚焦于国家战略需求和核心问题的项目不够，创新难度大的科技项目资源保障力度被减弱，部分不太紧要的科技项目占据了大量的科技资源。2016—2020 年国家重点研发计划社会发展领域立项数量占比最高，而高新技术领域、基础研究领域等涉及国家重大战略需求的领域整体占比低于社会发展领域[3]（见图 5 – 5）。

四是重大科技项目知识产权育成率低。重大科技项目往往参与

---

① 杨琨：《科研项目组织管理改革亟待深化》，《光明日报》2022 年 4 月 7 日。

② 贾宝余、杨明、应验：《高水平科技自立自强视野中重大科技项目选题机制研究》，《中国科学院院刊》2022 年第 9 期。

③ 结合科技部归口管理部门，将 2016—2020 年 65 个国家重点研发计划专项划分为基础研究、高新技术、社会发展、农林科技 4 个领域。其中，基础研究领域 10 个专项，高新技术领域 23 个专项，社会发展领域 21 个专项，农林科技领域 11 个专项。

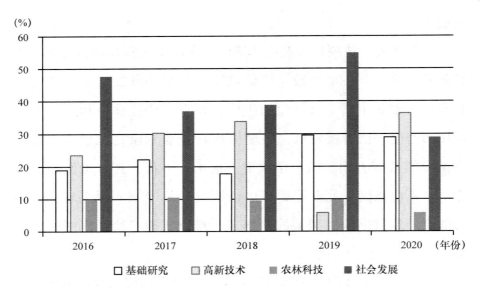

图 5 − 5　2016—2020 年国家重点研发计划立项数领域分布

资料来源：国家科技管理信息系统公共服务平台及相关专业机构公示信息。

主体多、研究周期长且易于受到外部环境和内部因素等影响，加之项目每个阶段的创新投入和产出均不相同，外部环境和内部要素叠加作用呈非线性，导致知识产权育成效率低。[①]

3. 战略科技力量协同机制尚有待健全

强化国家战略科技力量，加快推进国家实验室体系重组，打造一批高水平国家科研机构、研究型大学和创新型企业，是全面提升国家创新体系效能、加快实现高水平科技自立自强的核心抓手和重要政策工具。德国、法国、美国等发达国家都以高水平国家科研机构和研究型大学作为战略科技力量的核心骨干，为科技创

———————

① 方曦、尤宇、何华：《国家重大科技项目知识产权育成要素研究》，《创新科技》2021年第8期。

新和国家发展提供强大基石与关键支柱。中国战略科技力量管理体制与之还有较大差距。

一是功能定位与协同机制不明确。国家实验室、国家科研机构、研究型大学和科技领军企业等主体在创新链不同环节的功能和定位尚未明确，协同创新和互动机制存在空缺，缺乏纳入整体国家创新体系的系统性分析。① 各主体尚未形成网状联系，由不同部门管理的创新主体间合作创新项目较少，创新要素空间流动不畅，知识、技术、资金、政策联动不强，多主体协同攻关体系化能力不强。

二是高效的组织管理模式尚未建立。国家战略科技力量是体现国家意志、服务国家需求的中坚力量，在国家安全和发展全局面临重大挑战时，要在全国范围内自上而下地动员各主体参与到国家重大任务中去。但国家实验室、国家科研机构、研究型大学和科技领军企业分布范围甚广，缺乏对其分布信息、资源、能力的整体把握。虽然已有数据库就国家实验室等创新主体的科研人员、创新产出有一定统计，但数据质量不高、规模较小、微观层面信息不明确等问题严重。同时，现有的管理部门的职能较为细分，统筹协调能力极其有限，难以迅速响应国家重大战略需求。②

4. 科技评价改革落实不足

科技评价在科技创新活动中发挥着"指挥棒"的重要作用，影响着中国科研生态和在世界创新体系中的地位。随着科技体制

① 庄芹芹、高洪玮：《强化国家战略科技力量的政策演变、理论进展与展望》，《当代经济管理》2023 年第 12 期。

② 韩军徽、李哲：《强化国家战略科技力量：认识、问题与建议》，《中国科技论坛》2023 年第 3 期。

改革不断深化，科技评价制度改革取得了较大的成效，但仍显现出一些困难和问题。

一是统筹协调推进科技评价改革的力度不足。科技评价改革涉及多对象、多层级，横向来看有科技项目、成果、机构、人才、政策等各类评价对象，纵向来看有国家级、省市级、科研单位等各层级评价主体。"三评""破四唯"等科技评价改革工作涉及多层级、多部门，2021—2022 年科技部科技评估中心调研发现，"破四唯"工作统筹协调推进改革的力度不足，约30% 的受访者认为各级各类科技评价政策之间存在矛盾冲突、各自为政的情况。科技评价改革交叉重复、效率低下以及资源浪费等问题明显。

二是科技评价主体单一。目前科技评价活动多以政府部门主导，采用同行评议制度的形式。调研发现，有 60% 的受访者认为同行评议结果容易受到"圈子""人情社会"等因素影响。这意味着同行评议制度可能存在一定程度的主观偏见和非科学因素的干扰。评审人员之间可能存在利益关系、人际关系等因素，导致评价结果不够客观和准确，同时市场在公共资源配置中的基础性作用被忽视。

三是评价标准与质量、绩效和贡献导向不符。2022 年 11 月，科技部等八部门发布《关于开展科技人才评价改革试点的工作方案》，"破四唯"和"立新标"双向并举，评价标准进一步细致多元化。但在实际操作过程中，72.4% 的科研人员认为"唯论文"现象并未改善，[①] 不仅依旧存在论文"计件工资"、人才引进政策

---

① 徐芳、李晓轩：《科技评价改革十年评述》，《中国科学院院刊》2022 年第 5 期。

"以学历、帽子断人才"的情况，还同时将质量、贡献等"新标准"纳入评价标准。在科技评价改革的新旧交织过渡阶段，对科研人员的要求不减反增，背离科技评价体制改革为科研人员减负、解绑的初衷。

5. 科技、产业与金融循环机制不畅

推动科技、产业、金融良性循环，是实现高水平科技自立自强的必然选择。但随着全球经济增速放缓，逆全球化浪潮愈演愈烈，中国科技创新与经济社会发展需求衔接不够紧密等问题逐渐暴露，科技、产业、金融之间脱节阻滞等循环不畅问题日益严峻。

一是科技对产业底层技术、共性技术创新的引导规范机制有待完善。科技创新面临"重研发、轻转化，重数量、轻质量，重发表、轻应用"等现象，科研成果获奖累累却转化率不高，投入产出效果不佳。而"卡脖子"问题不仅仅在于某些具体的科学难题、技术瓶颈，更关键的是如何解决中国科技体制中的系统性薄弱环节，通过制度创新提升科技创新治理能力，才能在日新月异的科技革命和产业变革形势中持续应对一系列"卡脖子"困境。

二是部分科技成果市场化应用渠道偏少。科技创新政策体系存在"孤岛效应"，科技创新过程中普遍存在"重工程轻基础、重集成轻部件、重引进应用轻消化吸收"的现象，进而造成工业体系"基础不牢"，极大制约了产业升级的路径选择。科技成果评价标准与产业经济指标脱节、科技引进立项与研究开发脱节、科技成果转化和产业结构与市场需求脱节等，形成了"三脱节"状态下的技术结构、产业结构和市场结构之间的矛盾形态。

三是产业发展对科技创新的反哺机制不完善。中介服务机构在促进产业与科技创新之间的有效对接和合作中起到关键作用。然而从产业强到科技强的传导渠道中，科学有效的中介服务机构短缺、协调机制不完善，限制了科技创新的反哺效应。产学研之间合作不畅，缺乏有效的衔接和沟通机制。这导致产业发展无法对科技创新起到积极的反哺作用。

（二）科技体制改革滞后的深层次原因

近年来，中国科技体制改革取得较大成效，但随着改革的深入推进，中国各部门间信息壁垒、政策传导机制不畅、科学家群体自治动力不足、政府职能转变不到位等深层次原因，导致了科技体制改革面临着上述问题，需要破除体制机制的制约，从源头化解矛盾，激发科技创新各个主体的主观能动性。

1. 宏观层面统筹协调难度大

科技体制改革决策的制定常常需要中央与不同部门之间的统筹协调，涉及信息共享、资源整合和合作创新等方面。然而中国部门数量较多、部门间可能存在壁垒和利益冲突，统筹协调常常存在困难。2023 年 3 月，中共中央、国务院发布了《党和国家机构改革方案》，对科学技术、金融监管等重要问题进行了部门权责的划分，并设立了中央科技委员会，旨在提升中央在科技决策中的统筹能力。但是，目前在跨部门联合推进改革的机制方面依旧还不够完善，各部门之间存在信息壁垒问题。具体表现在以下几个方面：首先，跨部门协调机构的设立和运行规范化、制度建设尚不足；其次，过度依赖纵向层级的协调，而横向协调机制受到权责细分和利益相关问题的限制；最后，政策制定过程中，各种数据和政策落实情况等信息难以高效获取。这些问题可能导致政策规划的准确性和全面性下降，造成科技资源配置不合理，科研资源存在冗余、低质量和低效率等问题。

2. 宏观战略到微观主体传导机制不畅

中国科技政策在实施过程中存在微观主体传导机制不畅的问题。科技体制改革文件主要以宏观指导规划为主，需要科研单位自行明确具体的实施细则。然而，各层级单位对政策的理解或执行可能存在偏差，也有部分单位在执行中存在"一刀切"或"面子工程"的现象，实际政策落实不到位。这种情况可能导致科技资源的浪费和低效使用，使得科技资源集中投入表面的宏观指标，而忽视了实质性的科技创新需求。这进一步导致科技资源的分配不均衡，影响科研成果的质量和实际应用的效果。此外，社会上其他微观主体缺乏对宏观政策的联动配套机制。例如，虽然部分高校取消了博士生必须有论文发表的要求，但某些用人单位仍将论文发表情况视为毕业生招聘的准入门槛。[①] 这种情况可能导致国家战略科技力量协同创新生态受阻，各方合作协调不畅，包括国家实验室、科研机构、高校、企业等，阻碍了科技创新的良性发展和协同效应的形成。

3. 微观主体自治功能不完善

在科技创新治理中，科学家、企业家、非政府组织和公众等主

---

① 霍竹、刘华仑、田德录：《新形势下科技体制改革攻坚的若干思考》，《中国科学院院刊》2023 年第 1 期。

体的改革动力是关键。目前，中国尚未形成全社会自发组织管理的局面。其中，科学家作为创新的主体和科技体制改革的利益相关者，担负着转型社会背景下个体再组织的时代责任。然而，现行科技体制缺乏联系广泛、充满活力的科技共同体自治机制，学术与行政相互干预现象普遍存在，部分科技社团尚没有形成自主发展的意识和体制。一方面，科学家群体在科研工作中面临的压力与挑战可能会减弱他们在组织管理方面的动力。另一方面，企业理应是创新的重要主体，但企业家的主体地位尚不明显，话语权不高，缺乏参与科技体制改革的有效组织渠道和平台。因此，科技体制只能由"自上而下"的改革来解决问题，而"自下而上"的双向良性互动机制尚未建立。

4. 政府科技管理职能滞后于科技自立自强的目标要求

当前科技体制改革相对滞后于经济体制改革。一方面，现行的国家创新体系主要由政府主导科技资源配置，科技主管部门把科技规划的组织颁布、科技资源的分配验收作为工作重点，过分注重宏观计划，制定一系列科技规划和政策，忽略实际执行过程中的配套服务，可能导致资源利用效率低下，创新主体协同攻关机制缺失，科技—产业—金融良性循环机制建设不到位等问题。另一方面，面对快速发展的市场经济，企业尚未成为价值实现和需求引领的主体。政府和市场的作用边界尚不清晰，科技资源分散、重复竞争以及市场机会滞后等问题普遍存在。

四 深化科技体制改革的重要突破点

（一）以"需求导向"重塑国家科技治理体系

中国长期科技治理体系以供给导向的为主，强调科技资源投入、科技政策支持和创新主体培育，虽然在建立健全创新体系等方面发挥了积极作用，但是激励导向不足也造成了科研成果空转、产业发展缺乏核心技术支撑"两头难"问题，科技与经济"两张皮"长期存在。从国际经验来看，世界主要发达国家均构建了需求导向的科技治理体系。比如，美国 DARPA（美国国防高级研究计划局）模式即为典型的需求导向科研组织和项目治理体系，面向国家安全和未来挑战凝练潜在需求，形成了"军事需求开发→基础科学探索/技术原理攻关→武器装备研制→推销军事需求"的创新模式。欧盟以长期使命为导向部署科技创新项目，2017 年开始第九期研发框架计划（"地平线欧洲"），其项目遴选原则是能够产生广泛社会影响，具有明确和具体的目标，研究任务大胆科学，多主体合作创新，跨学科、跨部门多主体创新。加强国家科技治理体系需求导向建设，成为世界主要科技强国增强国际竞争力的重要抓手。

因此，要推动国家科技治理体系转向问题导向和需求导向。科技治理体系按照治理目标、治理主体、治理对象和治理工具，包括科技战略方向、优先领域选择、研究计划组织、项目开展和成果应用等主要环节。在科技战略上，党的二十大报告指出，要坚持面向世界科技前沿、面向经济主战场、面向国家重大需求、面向人民生命健康，加快实现高水平科技自立自强。这为需求导向的科技治理体系建设指明了战略目标。在领域选择上要坚持问题导向。要在事关发展全局和国家安全的基础核心领域，瞄准人工智能、量子信息、集成电路、先进制造、生命健康、脑科学、生物育种、空天科技、深地深海等前沿领域。在研究项目组织中，要面向国家重大战略需求导向，系统布局国家战略科技力量，明确国家实验室、高水平研究型大学、国家科院所和科技领军企业在需求导向科技治理体系中的功能定位。

（二）以"健全新型举国体制"和"强化企业科技创新主体"驱动国家创新体系效能提升

中国国家创新体系包括"社会主义市场经济条件下的新型举国体制"，以及"以企业为主体、市场为导向、产学研用深度融合的技术创新体系"两大有机组成部分。要通过深化科技体制改革，把握有为政府和有效市场的两个关键因素，高效组织科技力量，更为广泛地调动资源、组织资源和高效利用资源，把政府、市场和社会结合起来，才能实现关键核心技术的突破，真正激发市场主体活力，提升国家科技创新体系效率和能力。

一方面，要健全社会主义市场经济条件下新型举国体制，强化战略科技力量，提升国家创新体系能力。新型举国体制的核心任务是打赢关键核心技术攻坚战，在若干领域形成战略主动和竞争优势。2023年通过的《党和国家机构改革方案》，加强了科学技术等重点领域的机构职责优化与调整，重新组建了科技部，强化了推动健全新型举国体制职能。2023年的政府工作报告再次强调，

"完善新型举国体制，发挥好政府在关键核心技术攻关中的组织作用"。关键核心技术通常是复杂的技术系统，其创新活动包括科学研究、技术开发和工业生产，涉及多学科、多领域的知识和多部门、多主体的参与，需要超大规模资金投入和团队协作。当重大技术攻关任务超出了现有运行体制的能力范围，或现有运行体制分工导致联合攻关效率低下时，要改革现有组织体系，设立更高级别的专门机构，实现更大范围和跨系统调动资源。中央科技委员会的成立将有助于从最高层组织和调动"举国之力"，提升关键核心技术领域的决策效率与政策执行力。要依靠有为政府的战略定力，面向国家战略需求导向，明确关键领域和主攻方向，支持周期长、风险大、难度高、前景好的战略性科学计划和科学工程。

另一方面，要充分发挥市场在资源配置中的决定性作用，强化企业在科技创新中的主体地位，推动科技与经济融合，提升国家创新体系效率。注重确定好有为政府和有效市场在科技重大项目实施体系中的边界问题，推进市场导向的科技管理创新，积极探索新型技术创新组织模式，形成"研发中心—中试基地—产业园"全链条科技成果转化体系，支持科技领军企业通过知识整合实现技术突破。注重新型举国体制下，激发民营企业创新活力。截至2021年年底，中国民营企业已达4457.5万家，贡献了全国70%以上的技术创新成果，包括80%的国家"专精特新""小巨人"企业。注重发挥民营科技企业的主体作用，形成"顶天立地＋铺天盖地"的科技创新格局。

（三）以"新四抓"推动政府科技管理职能转变

要拿出更大的勇气推动科技管理职能转变，按照抓战略、抓改革、抓规划、抓服务的定位，面向高水平科技自立自强目标，做好科技管理职能的"加减法"。

一是强化战略引导和规划布局。面向 2035 年，中国科技发展的总体目标是"实现高水平科技自立自强，进入创新型国家前列"。要瞄准光刻机、芯片、操作系统等基础前沿技术，实施重大关键核心技术攻坚战略规划，制定具体实施方案，完善决策指挥体系的任务分工、督促检查、情况通报、监督问责等制度。

二是加大基础制度改革力度，注重新型举国体制的微观机制设计。在科技成果评价方面，坚持质量、绩效、贡献作为评价的核心导向，以全面和准确地反映成果的创新水平、应用效果以及对经济和社会发展的实际贡献为目标。在项目评价方面，需要建立科研活动规律所支持的评价制度，包括改进自由探索型和任务导向型科技项目的分类评价制度，并建立适应非共识科技项目的评价机制。在人才评价方面，需要同时突破传统的评价模式，建立以创新价值、能力和贡献为导向的科技人才评价体系。

三是强化科技服务功能，尤其要加大对政策落实的监督力度。减少对人、钱、物、项目等的直接干预，给予实际开展科研工作的科研机构、企业和科学家更多自主权，能够自主根据科研规律和实际需求决定技术路线和经费使用。

五　深化科技体制改革的具体举措建议

（一）完善中央科技委员会工作机制，理顺各部委职能分工，推动科技管理专业化转型

一要强化中央科技委员会统筹协调工作权威性和常态化。明确新型举国体制中的战略任务、专项规划和全局问题清单，建立常态化沟通和协同联合攻关机制，强化对各部门、关键领域和重要主体的科学统筹，谋划短期攻关任务和长期重点突破领域。注意明确新型举国体制的适用范围在"关键核心技术"攻关，在事关国家安全和竞争优势领域，重点突破应用范围广、外部性强和公共产品特征明显的技术领域。

二是在划转职能基础上，提升部委科技管理专业化程度。新一轮《党和国家机构改革方案》划转了科技部的部分管理职能，将具体业务和科研项目的管理工作划给直接部门，有利于强化科技与经济社会结合的紧密程度。比如，将科技促进农业农村发展规划政策、指导农业科技进步职责划入农业农村部；将科技促进经济社会发展规划和政策职责，根据具体内容分别划入国家发展和改革委员会、生态环境部、国家卫生健康委员会等部门。此举理顺了各部委的职能定位，减少了部门间的职能交叉。要在此基础上，强化科技管理工作专业化，在农业发展、卫生健康、生态环保等部门设立专门机构，承担科研攻关、项目研究和专家咨询工作，可以参考美国国立卫生研究院 NIH、美国能源部国家实验室等组织模式，增强科技管理工作的专业性和科学性。

三是运用数字化手段提升科技管理服务，推动科技治理主体多元化。运用大数据、云计算、人工智能等前沿技术，以数字化手段提升科技管理水平，探索构建创新要素对接、关键核心技术匹配等平台。同时，科技创新治理主体包括政府、企业、科学共同体、非政府组织和公众等。其中，科学共同体作为学术权威通过决策咨询等参与治理，非政府组织是政府与市场的桥梁，公众则是市场的需求主体。为此，需要研究政府如何鼓励和支持非政府部门及公众参与科技创新治理，充分发挥各类数字媒体的渠道作用，构建多元主体协同参与的治理格局。

（二）完善项目选题机制，强化全周期管理，提升重大科技项目管理水平

一要完善重大科技项目选题机制。坚持"非对称"赶超战略，重大科技项目选题要以原创性、引领性为主，充分发挥国家战略科技力量在重大科技项目策划中的作用，坚持"查新"与"查需"并举，开展长期性技术跟踪和前瞻性科技预测。按照"四个面向"要求，对重大科学项目、重大技术工程项目和重大科技基础设施项目开展分类实施和分类管理。建立战略科技任务的预判机制，强化技术预见的前瞻引领作用，形成面向解决"卡脖子"技术、未来产业发展以及颠覆性产业的关键科技问题凝练机制，构建相适应的科技资源配置导航系统。突出国家科技创新2030—重大项目的"使命导向"，构建分领域多层次的专家咨询系统，在规划制定、指南编制、课题评审和组织实施等环节发挥作用。

二要完善贯穿重大科技项目全过程的管理机制。强化中央科委最高决策机构对重大项目的组织领导，发挥长线作战和集团作战本领，在全国甚至全球组织具有引领性团队，注重多类型主体、多组织模式，注重央地财政协同、创新主体自有资金投入和金融资本与社会资本结合。做好中央和地方在重大科技项目实施中的分工协调，中央注重科学研究布局，投入规模大、持续时间长，地方侧重产业化和市场应用开发，投入规模小、持续时间短。同时要强化央地协同性，比如，广东省印发了《广东省配套支持国家科技重大项目和重大平台管理办法（试行）》的通知，对重大项目和平台进行分类支持和合理配套。通过央地财政协同，有利于形成"一呼百应"效果。要完善重大科技项目全过程支持和评价机制，提升知识产权育成率。设立重大科技项目成果试验验证和产业化专项资金，增加项目咨询委员会和专家库中的产业界代表，改善重大科技成果产业化程度不高问题。

三要加快企业牵头实施国家重大科技项目。在项目形成、项目实施和项目开展中充分发挥企业作用，鼓励科技领军企业尤其是民营企业积极参与项目，聚焦产业链、创新链关键技术问题凝练机制。完善与产业代表的对话机制，提高企业专家在科技咨询主体中的占比，给予企业专家更多主导权。在加强分类管理的基础上，允许企业单独申报项目课题，市场前景广阔的项目交给企业牵头组织实施。

（三）做好科技投入整体统筹，优化基础研究管理机制，推动支持全面创新的基础制度建设

一要统筹推进教育、科技、人才一体化，统筹现有国家科技计划投入结构。强化教育科技人才"三位一体"顶层设计，推动教育体系、人才体系和科技体系的系统性改革。构建创新教育—人才培养—科技创新联合体，在重大项目设计上推动教育改革、人才培养和科学突破联动。聚焦科技投入效能提升，在剥离科技部具体科研项目评审和管理功能的基础上，强化对科研项目实施情况的督促检查和科研成果的评估问效，提高科研投入产出比和质量效益。厘清国家科技计划与市场的边界，国家科技计划要坚持有所为有所不为，重点支持市场失灵的基础前沿和共性关键技术领域，强化政府对市场化程度高、充分竞争领域的驱动引导。优化不同类型科技活动投入比重，强化国家科技计划之间和内部衔接，减少项目经费交叉重复；完善国家科技计划与各部门之间的对接机制，促进中央财政科技投入与地方配套支持政策联动。

二要探索基础研究纳入科技管理工作的政策目标，建立分类管理制度。探索基础研究分类统计、测算、管理工作试点，科学界定战略导向、前沿导向和市场导向三类基础研究的内涵和外延，分类布局体系化、探索性和应用性基础研究。优化基础研究竞争性和稳定性支持，政府和市场以及社会力量广泛参与的多元化投入机制，全面提升投入效能。稳步增加基础研究财政投入，运用税收优惠等激励企业投入基础研究，广泛调动社会力量通过设立科学基金、科学捐赠等多元投入。

三要推动支持全面创新的基础制度建设。完善科技成果分类评级机制，评价体系要区分"从0到1"与"从1到N"，区分短期突破与中长期攻坚。尤其要建立非共识科技项目评价机制，科学把握项目选题价值、完善复议制度，建立非共识预研机制。要完善科技人才工作机制，强化科技人才梯队建设，构建战略科学家、科技领军人才、青年科技人才、创新组织人才等多层次人才结构，坚持自主培育和外部引进并重，强化全球战略科学家引育。在重大科技任务攻关中，创造有利于战略科学家成长的环境，畅通战略科学家建言献策和咨询决策的长效机制，赋予战略科学家团队组建、技术路线选择、任务分配和进展评估等方面充分的自主权。

（四）推动战略科技力量体系化协同，分类推进关键主体建设，构建高能级创新联合体

一要建立战略科技力量体系化协同工作小组，强化整体布局。强化优势科技力量攻关合力，推动关键主体间实现资源整合、信息共享和协同创新，发挥人才、设备和资金等资源优势，集聚力量开展体系化创新攻关。围绕"四个面向"，建立战略科技力量发展动态评价体系，客观评估主体能力、科技成果和创新贡献，同时立足长远可持续发展，始终保持国际领先和创新活力，能够适应不同阶段科技发展要求。探索更符合战略科技发展规律的科技管理制度，完善战略资源投入机制，探索符合原始创新和颠覆性技术创新规律的知识产权保护制度。

二要明确战略科技力量关键主体角色定位，按职责分类施策。国家实验室和国家科研机构主要承担战略导向的体系化基础研究，在研究方向、领域设置和项目安排上要体现国家战略，注重处理好央地关系、政府与市场关系、国家实验室与全国重点实验室关系，以及国家实验室与科研院所关系。要推动中国特色国家实验室体系建设从学科导向转变为需求导向，构建重大问题—关键领域—国家实验室—全国重点实验室—PI课题组五级的组织体系。

高水平研究型大学充分发挥科教资源优势和基础研究主力军作用，筑牢基础研究和人才基础"两大基础"，利用多学科和跨团队优势，成为重大科技突破的生力军。科技领军企业承担市场导向的应用性基础研究，牵头建立创新联合体，发挥新型举国体制优势。

三要注重战略创新平台建设。充分发挥大科学装置集群带动和产业支撑作用，推动社会资本参与大科学装置建设，以装置共享带动科学中心建设，形成良性科学生态。

（五）强化科技领军企业主体地位，完善需求导向机制，推动科技、产业与金融良性循环

一要推动企业成为科技创新主体，广泛参与科技战略决策。突出企业在科学研究和技术攻关中的角色，推动"创新主体"升级为"科技创新主体"。引导企业在新理论提出、新方法使用和新领域开拓，以及新技术转化、新产品生产和高科技产业培育等环节发挥关键作用。要建立企业家和企业科技人才参与国家创新战略咨询制度，鼓励企业参与国家实验室和全国重点实验室建设，形成一批科技领军企业。同时，政策支持要强调主体规则公平和机会公平，对国有企业和民营企业、大中小微企业一视同仁。

二要强化产业创新牵引，构建市场导向和需求引领的创新生态。由企业牵头建立跨领域、大协作和高强度的产业创新基地，建立项目—基地—人才—资金整体配置的产学研融通创新生态，实现基础科学研究、共性技术攻关、科技成果转化、产业培育增长以及创新资源开放共享。

三要围绕战略科技关键领域，建设科技—产业—金融循环示范

区。完善金融支持创新的多层次服务体系，综合运用"投、贷、债、补"等金融工具，持续完善面向创新的多层次资本市场，以更加包容的制度强化科创板"战略科技"特色。

（六）推动国家创新体系双向国际化，加强协同创新网络建设，构建深度融合的开放创新生态

一要持续通过深化改革，推动创新体系从内向国际化向双向国际化转变。在开放创新的环境下，实现自主创新和科技自立自强，全面提升中国在全球科技创新格局中的位势，增强在全球科技治理中的影响力和规则制定能力。[①] 要推动中国本土企业持续大幅提升技术创新能力和国际竞争力，突破在全球创新网络位置中的路径依赖，从网络边缘向中心发展，成为创新网络的核心节点和全球价值创造的主要贡献者。

二要构建多层次科技创新中心和多功能创新平台。有序形成国际科技创新中心、国家科技创新中心、区域科技创新中心和地方科技创新中心的特色科创中心体系。协同推进综合性科学中心、国家技术创新中心、国家产业创新中心和国家制造业创新中心建设，实现科学研究、技术创新、产业孵化和制造业升级的良性互动。立足京津冀、长三角、粤港澳大湾区等城市群建设，形成优势科技资源在全国范围的高效布局，避免重复竞争和资源浪费。

三要建立跨国家、跨区域和跨学科的国际创新协作网络。探索

---

① 李雪松、党琳、赵宸宇：《数字化转型、融入全球创新网络与创新绩效》，《中国工业经济》2022 年第 10 期。

团队管理、资金支持、项目运行和人才培养等机制突破，整合利用全球优质创新资源，形成关键科学节点、技术中心和创新高地。在统筹发展与安全的基础上，就气候变化、生命健康等人类共性问题，加强国际合作和联合研发。可依托国际科技创新中心节点和大科学装置优势，组织牵头国际大科学计划和大科学工程，设立面向全球的科学研究基金，拓展国际科学合作广度和深度。

第六章

推动科技成果评价机制改革

　　科技是国家强盛之基，创新是民族进步之魂。当前，科学技术和经济社会发展加速渗透融合，表现为基础研究转化周期明显缩短，多学科交叉融合成为颠覆性创新的主要知识来源，社会需求对科技发展的牵引作用不断增强，促使国际科技竞争的广度和深度持续扩展。为此，科技研究范式和评价机制必须适应时代变化，向基础前沿和新兴产业引领领域转化。习近平总书记在2021年中央全面深化改革委员会第十九次会议强调，加快实现科技自立自强，要用好科技成果评价这个指挥棒，遵循科技创新规律，坚持正确的科技成果评价导向，激发科技人员积极性。[①] 作为科研管理领域的核心环节，科技成果评价机制发挥着指引前沿科技领域发展方向、促进科技成果顺利转化的承接作用，是科技创新活动的"指挥棒"和"风向标"。推动科技成果评价机制改革，为加快中国进入创新驱动发展轨道提供制度指引，提升国家创新体系整体

---

　　① 《习近平主持召开中央全面深化改革委员会第十九次会议强调　完善科技成果评价机制深化医疗服务价格改革　减轻义务教育阶段学生作业负担和校外培训负担》，《人民日报》2021年5月22日。

效能，具有重要的意义和现实紧迫感。

一 科技成果评价机制的现状和问题

科技成果是指通过科学研究与技术开发所产生的具有实用价值的成果，按照来源不同主要分为基础理论成果、应用技术成果、软科技成果三类。科技成果评价是指被委托人按照委托人的实际需求，遵从一定的规范、程序和方法，对科技成果的创新水平或价值进行专业化评估，按照评估主体不同可分为第一方评价、第二方评价和第三方评价三种类型。[1] 其中第一方评价指的是由科技项目的承担方组织的自我评价；第二方评价是指承担方的相关方（通常是项目委托方）所做的评价；第三方评价是指独立于第一方、第二方的专业性社会评价组织或机构所做的评价。[2]

面对诡谲多变的全球产业环境和日趋激烈的科技竞争态势，中国的科技成果评价机制近年来几经变革，目前已经形成了相对完善的覆盖科技创新全生命周期的政策评价体系，为充分发挥科技成果评价机制的创新导向作用和价值发现作用给予了制度性支撑。但是还需要看到，中国科技成果评价在实际运行中仍然处于探索阶段，科技成果转化效能距离发达国家仍然有较大差距，重大专项成果评价对汇聚创新资源仍然缺乏引领力、带动力，需要不断

---

[1] 向莉、张玲玲：《美、日、英对比下我国科技成果评价发展分析》，《科技促进发展》2022 年第 Z1 期。

[2] 谭华霖、吴昂：《我国科技成果第三方评价的困境及制度完善》，《暨南学报》（哲学社会科学版）2018 年第 9 期。

调整优化科技成果评价机制的目标、方法、程序，构建更为科学、精准、独立的成果评价生态。

（一）中国科技成果评价机制的进展

创新位于新发展理念的首位，不仅是科学技术发展的本质与灵魂，也在中国的现代化建设中处于核心地位。党的十八大以来，中国聚焦当今世界科学技术竞争向基础前沿前移、多学科交叉融合的发展特征，在尊重创新规律的基础上逐步建立起科学分类、多维度评价、兼顾政府和市场的评价导向机制，不仅为探索和完善科技成果评级机制提供了政策保障，也显著提升了中国科技成果的规模和质量。

1. 逐步推进科技成果评价机制改革，夯实支持创新的政策基石

党的十八大以来，中国各级政府根据科学技术发展规律，结合中国产业发展基础的目标，不断优化科技成果评价机制。

一是中央层面，连续出台具有导向性的顶层政策。2018 年，国务院办公厅颁布了《有关深化项目评审、人才评价、机构评估改革的意见》，对保障科技项目评估的独立性、完善专家库和评审流程，以及关注项目事后应用作出了制度性安排。2021 年，中央全面深化改革委员会第十九次会议审议通过了《关于完善科技成果评价机制的指导意见》（以下简称《指导意见》），为科技成果评价涉及的"评什么""谁来评""怎么评""怎么用"等关键问题提供了根本遵循。《指导意见》明确评价应聚焦科技成果的科学、技术、社会、经济、文化五元价值，针对不同类型的项目适用不同的评价方法，强调破除"四唯"的评价导向，并鼓励各地

区通过先行先试探索典型路径。

二是地方层面，立足当地科技成果特色相继出台更具有可实施性的具体政策。中国各省市充分贯彻中央指示精神，立足各自产业优势和科技发展目标，陆续出台了一系列政策文件。例如，山东省在《山东省人民政府办公厅关于完善科技成果评价机制的实施意见》中提到，要在电子信息、医学、现代农业等领域制定符合科学规律和行业特色的评价指标体系，与山东省在电子信息、现代农业具有较为领先的产业优势相匹配；上海市则由上海市科技成果评价研究院联合上海质量管理科学研究院有限公司等多家单位共同编制了《科技成果分类评价和价值潜力评价规范》和《科技评价服务规范》两个地方标准，为不同主体的科技成果评价提供了可供计量的客观标准，并且专门为科技成果五元价值评价和转化潜力建立了指标体系。其中科技成果五元价值评价采用了分级评价的方法，将五种价值维度细分为二级指标，每个二级指标的具体评价标准对应不同级别的定性评价规则。例如，技术价值分为技术创新度、技术成熟度、技术先进度、技术贡献度四个二级指标，每个二级指标又细分为不同级别的评价标准。科技成果转化潜力评价指标体系由技术潜力、市场潜力、团队潜力三个一级指标，以及70个二级指标组成，充分吸收学习了国际同行关注高校科技成果市场转化率的标准。《科技评价服务规范》对参与评价的单位资质、服务标准、评价程序等作出了详细的说明，为科技成果评价提供了标准化的服务规范。此外，江苏省也在积极制定符合本省科技发展情况的地方标准，浙江省出台了全省重大科技成果发布制度。这些针对科技成果评价的标准和制度的建立，充分彰显了中国地方政府在深化制度改革方面的创新。

三是实践层面，通过试点分门别类探索科学有序的评价体系。2021年年底，科技部、教育部、财政部等十部门联合开展科技成果评价机制改革试点工作，根据单位类型与区域科研和产业特色，将试点工作分为综合试点和专项试点两类，其中由浙江省、山东省、湖北省、四川省负责参与为期一年的综合试点工作。各省份也选取具有代表性的领域和单位，积极探索实践经验，争取形成可供其他地区复制的地方模式。例如，四川省基于科教大省、军工大省、农业大省、金融大省的定位，聚焦"破四唯""立新标"、改革军转民科技成果评价制度、创新种业科技成果评价模式、优化科技成果金融评价标准四大重点领域，在省内多家高校和科研院所、军工单位、金融机构、产业园区、学会等开展涉及评价制度中九大内容的试点工作，形成了宝贵的改革经验，也为中国军工领域、农业领域科技成果的社会和经济价值评价标准制定提供了"四川样本"。

2. 打破体制机制束缚，科技成果数量和质量得到显著提升

虽然科技成果评价机制的政策出台时间不长，尚未形成全国统一的各行业分类实施标准，但是从部分试点省份一年后的科技成果规模和数量来看，科技成果评价机制改革有力地提升了科技成果的规模和质量。根据四川省科技厅的统计，2022年四川省技术合同登记成交2.36万项，成交金额达到1649.8亿元，比2021年增长18.1%；年末拥有有效发明专利10.87万件，比2021年年末增长24.6%，发明专利授权同比增长31.7%。根据科技部火炬中

心发布的 2022 年全国技术合同交易数据计算，2022 年浙江省、山东省、湖北省、四川省的技术合同交易成交额分别达到了 2546.5 亿元、3256.04 亿元、3040.75 亿元、1649.77 亿元，分别比 2021 年增长了 27.82%、26.95%、44.00%、18.12%；其中技术交易额分别为 2226.66 亿元、2398.98 亿元、1558.34 亿元、1075.98 亿元，分别增长了 46.92%、26.77%、43.64%、54.41%。

除了试点省份的科技成果明显提质增效外，中国整体在论文发表、专利申请的数量和质量方面，已经位于世界前列。一是在论文发表方面，中国的论文数量跃居世界第一。根据中国科学技术信息研究所发布的《2023 中国科技论文统计报告》的数据，2022 年中国在各学科高水平期刊发表的论文数量达到了 16349 篇，占当年世界总量的 30.3%，首次跃居世界首位；其中按照第一作者统计的发文量达到 9.36 万篇，被引量达到 64.96 万次，均位于世界第一位。二是在知识产权领域，专利密集型企业和产业的作用持续加强。根据国家知识产权局的统计，2022 年，中国发明专利授权量为 79.8 万件，比 2021 年增长了 14.66%；其中数字经济核心产业发明专利授权量为 33.5 万件，占当年专利授权总量的 41.9%，同比增长 17.5%。国家知识产权局发布的《中国专利密集型产业统计监测报告（2022）》显示，2021 年专利密集型产业增加值达到 14.30 万亿元，比 2021 年增长 17.89%，占当年 GDP 的 12.44%，为近年来最高。三是在科技成果转化率方面，中国发明专利的产业化指标持续优化。根据国家知识产权局发布的《2022 年中国专利调查报告》的数据，2022 年，中国发明专利产业化率为 36.7%，较 2021 年提高 1.3%；其中企业发明专利产业化率达到48.1%，高校发明专利产业化率达到3.9%，分别比2021年提升了1.3%和0.9%；其中开展数字化转型的企业专利产业化率为50.1%，远高于未开展数字化转型的企业专利产业化率（34.9%）。四是在科技成果质量方面，登记科技成果的质量逐年提升。根据科技部火炬中心发布的《2021年全国科技成果统计年度报告》的数据，2021年全国登记科技成果78655项，登记的科技成果共产出132034项知识产权，其中已授权专利104641项，制定技术标准1026项。

3. 科技成果质量与结构仍需优化，与发达国家相比转化效能还可提升

虽然近年来中国科技成果评价机制在改革中不断完善，科技成果的数量和质量得到明显提升，但是从科技成果的转化效率和科技成果的开创性、引领性来看，中国与发达国家仍然具有一定的差距。一是科技成果实际使用方面，中国科技成果市场化率与发达国家的差距十分明显。根据世界银行的数据，中国近年来知识产权使用费一直处于逆差状态，2021年、2022年分别为351.39亿美元、311.69亿美元。而同期美国、德国、日本等发达国家则处于顺差状态，2022年来自知识产权使用费的顺差分别为771.89亿美元、334.59亿美元、188亿美元。这说明中国的科技成果转化和使用方面较发达国家处于劣势。二是在引领性的科技成果产出方面，中国仍然落后于发达国家。虽然中国在专利申请数量方面处于世界第一的位置，但是大量专利申请量所带来的引领性产业突破不多。以数字经济领域为例，华为连续多年成为世界申请专利数量最多的企业，2022年全球PCT申请量达到7689件；OPPO

也以 1963 件申请量位居第六位。但是 2022 年引发全球关注的生成式人工智能大模型仍然为美国企业所引领，近年来重大的数字经济前沿领域的概念突破、技术商业化实施也是由美国企业所主导，如自动驾驶技术、元宇宙等。三是在专利转化效率方面，中国基础研究转化率远低于发达国家。[①] 据统计，2020 年中国在材料领域的基础研究成果转化率为 1.9%，而美国为 17.8%；在能源领域中国基础研究成果转化率为 1.7%，美国为 19.5%。

（二）中国科技成果评价机制的不足

当下，世界科技前沿与国家重大战略需求和经济社会发展目标的联系越来越密切，对科技成果评价机制提出了更高的要求。一方面，新兴技术的不断进步引发科技范式的变化，使得科技成果评价机制面对更多的新问题，必须与时俱进；另一方面，新兴技术尤其是数字技术的大规模应用加快了科技成果转化效率，也为科技成果评价机制提供了新的技术和工具。从中国与发达国家的科技成果转化差距可知，中国的科技成果评价机制依然存在较为突出的结构性、长期性问题，即存在缺乏对重大专项评价机制和方法引领性、前沿性、创新性的关注，以及缺乏激发企业在应用技术成果评价中发挥更大效能的机制，分类评价机制和方法还有待完善，科技成果转化效能不高、科技成果难以在短期形成产业竞争力；同时，科技成果第三方评价的生态体系尚未健全、企业

---

① 《推动科技、产业、金融良性循环》，2023 年 3 月 29 日，搜狐网，http://news.sohu.com/a/660509001_121459397。

产学研成果与市场需求脱节的共性问题依然凸显，使中国的科技评价机制难以为实现科技自立自强提供有力的制度保障。

1. 缺乏对重大专项评价机制和方法引领性、前沿性、创新性的关注

国家和地方科技重大专项具有技术前沿性、任务紧迫性、组织复杂性、应用确定性、受益普惠性的特征，一般都是聚焦国家和地方重大发展规划，由政府牵头设置的科技项目。一直以来，中国的科技重大专项更多地以追赶型的目标设置为主，从技术上可以直接参考发达国家在类似项目的评价体系，能够保证结果评价的公正与合理性。但是随着中国科技水平的提升，为了实现科技自立自强，在很多重大专项评价时，不能仅满足于追赶型或是赶超型的评价标准，而是更为关注重大专项成果的前沿性、创新性、引领性，是否能够对经济社会带来正向价值。这对于评价标准的科学设置，提出了较高的要求。

根据《关于完善科技成果评价机制的指导意见》的指示精神，科技成果的价值主要由科学、技术、社会、经济、文化五种价值体现。目前的评价体系和方法更多地关注对科技成果的科学价值、技术价值的评价，对社会、经济、文化价值的评价涉及较少。一是因为在很多领域，技术领域的评价相对容易，特别是在中国技术较为落后的一些领域，技术成熟度、先进度指标有国外同类技术的发展作为参考，指标设置和评价判断较为客观、科学，容易操作。二是由于评价机构和专家的专业性限制，对前沿技术的社会、经济和文化价值的判断较为不足。虽然评审组会专门配置研究产业和经济领域的专家，但是缺乏相应的学科背景，容易对技

术的可行性、产业赋能性判断失当，难以准确估计部分前沿科技成果的社会价值。三是在科学指标设计方面，目前中国对科学评价的技术理论研究并不深入，也缺乏统一性、规范性的指标体系设计指南，主要依靠团体和行业根据技术和产业发展进行自发调整，因此指标体系的科学性难以得到保证，也有可能滞后于技术发展的速度。这成为制约中国重大专项评价机制难以满足科技自立自强目标的最大障碍。

2. 评价主体方面，企业在应用技术成果评价中应发挥更大效能

企业是创新的主体，也是科技成果转化的生力军。根据《2021年全国科技成果统计年度报告》的统计，当年中国应用技术成果共计68199项，由企业完成的应用技术成果达到41938项，占应用技术成果的61.5%；当年中国应用技术成果产业化应用占比43.3%，企业完成的技术成果产业化应用占比达到54.03%，超过全国平均水平10个百分点。虽然企业是科技成果产业化和市场化的转化主体，但是一直以来在科技成果评价体系中，企业的主体性作用不强，对科技成果评价的参与度不高，尤其是央企、国企之外的企业，即便在产业链、供应链处于"链主"地位，也较少参与科技成果评价工作。一方面，与中国科技成果的立项、评价机制与政府主导相关。特别是重大科技成果的立项，主要聚焦于前沿基础理论领域，参与方也多为科研院所、央企等单位，缺乏民营企业或中小企业的参与。另一方面，与部分企业对科技成果评价工作的参与机会较少有关。科技成果评价的前提是对某一研究领域的科研项目进行立项，这对企业的科研规划能力、成果转

化能力提出了较高的要求。中国很多中小企业虽然研发能力较强，在生产中也逐步积累了较多的知识产权成果，但是对于如何申请科研项目、如何参与科技成果评价的途径和流程并不熟悉。企业内部缺乏专业的科研项目管理人才，企业所在地区或园区也缺乏相应的服务机构进行指导，因此造成相当数量的企业难以参与到科技成果评价中。

以上两点造成目前企业在科技成果评价中的参与程度不高，使得众多科技成果与市场需求脱节，特别是高校参与的应用技术成果难以转化。据统计，2021 年大专院校和独立科研机构完成的应用技术成果共计 14110 项，实现产业化应用的比率为 25.28%，远低于企业同类技术成果的产业化率。这不仅造成科研资源的浪费，也不利于产学研用融通体系的建设。但是这一局面在逐步改善，2021 年国家重点研发计划立项了 860 余项课题，由企业牵头或参与的达到 680 余项，参与率达 79%；各部委、地方政府对促进中小企业发展也设置了相应的科研项目，激励中小企业参与。

3. 评价标准方面，客观、独立的评价机制尚需完善

科技成果评价的首要标准是客观，即对科技成果的完成度及实际价值进行评价。但是目前中国现有的评价机制，受到评价人与评价机构资质和独立性限制，难以保证科技成果的客观、公正。

一是在客观性方面，较为完善的同行评议机制仍需构建。目前在基础理论研究领域已经基本达成共识，利用同行评议对基础理论成果进行评价，有的机构甚至开始规定国际同行的比重，以此保证评价结果的客观、公正。但是现有的重大创新越发出现在学科交叉融合的领域，对同行评议的专家知识储备和科学素质提出

了更高的要求，同时同行评议机制本身也可能造成对成果价值的"低估"和"高估"。第一，以刊代评容易低估科技成果的实际价值。在基础研究领域，基础理论成果主要以学术论文形式呈现。一般来说，基础理论成果通过发表得到了期刊的同行评价，其成果水平的客观性、权威性具有一定的保证，使得在最终科技成果评价时直接借助论文发表期刊的层次对科技成果水平进行评价。虽然这种方式提升了评价效率，但是容易出现对科技成果真正价值的误判，尤其是在处于发展前沿的交叉融合学科领域，期刊所代表的主流评价可能会低估科技成果的重大价值，仍然需要具有战略性、前瞻性、权威性的专家对该类成果的实际价值进行把握。第二，"人情评价"和"唯帽子评价"容易高估科技成果实际价值。一方面，同行评议的范围不够大，很多领域容易形成"小圈子"现象。虽然现有的评价采用了"双盲"等方法避免人情评价，但是部分领域的研究者较为集中，学术会议、重大课题评审等活动为其提供了熟识的机会，也容易得知研究者在不同项目的进展情况，难以避免"人情评价"问题。另一方面，在实际评价过程中，科技项目的级别或参与人的级别会对评审专家产生有偏性影响，特别是对于有较高知名度、较高资历的参与者的科技成果，容易得到评议专家的"高估"。第三，在成果评议组织形式方面，由于很多科研项目立项和结题时间较为相近，在一些细分领域权威专家数量较少，难免出现"扎堆评价"的问题。不仅难以给专家较为充足的时间进行评价，也对组织评价的科技成果管理者提出了协调、监督的困难，从而对成果评价质量有不利的影响。

二是在独立性方面，中国尚未形成大规模、可信任的第三方评价市场。目前，科技成果评价大多是由项目主管部门自发设计评价制度和程序开展工作。虽然采用第三方评价机构，但是第三方评价机构的独立性难以得到保障。一方面，中国缺乏较为完善的第三方评价的规范。无论在法律层面还是在行业层面，目前中国对第三方评价机构所依赖的法律规范主要为《科技进步法》《促进科技成果转化法》《科学技术评价办法（试行）》《科技评估工作规定（试行）》。这些法律规范主要对科学技术评价所遵循的基本原则和流程进行规范，较少涉及第三方评估的规范，更未提及第三方评价机构的独立性以及在何种情况下实施第三方评价的强制性，更缺乏对第三方评价结果的监督和追责制度。目前中国各地在第三方评价方面主要依托社团规范或行业规范，具有较高的地域和行业属性，因此出现标准不一、流程不一的情况。另一方面，缺乏大量具有权威性、专业性的第三方评价机构。科技成果需要大量具有专业素质的人员进行评价，具有相当高的知识门槛；同时鉴于科技成果的复杂性、融合性、前沿性的特点，对专业素质的人员的能力和水平也有较高的要求。目前，大部分第三方评价机构主要由政府部门指定的科研管理部门、学会、高校和科研院所等单位担任。虽然这些单位具有大量的专业素质评价人才，但是这些机构的权威性来源于行政权力，因此独立性会有所削弱；同时，对权威性的重视也不利于中国培育出高质量的第三方评价机构。与中国高速增长的科技成果数量相比，目前仅靠中国各类学会、行业协会、高校和科研院所等进行第三方评价工作，势必会影响评价工作的效率和独立性，也不利于构建服务于创新体系的评价生态。

4. 评价方法和程序方面，分类分领域的评价规则还需细化

在评价实践中，采取针对不同类型的科技成果进行分类评价。目前较为一致的评价标准为，对基础理论成果和软科技成果采取同行评议的方式，对应用技术成果的评价则更多地根据委托人要求进行评价，采用机构评价、验收、知识产权等方式进行。根据《2021 年全国科技成果统计年度报告》的数据，基础理论成果以结题、验收为主要评价方式，其中结题方式占比约为 43.49%，验收方式占比约为 46.71%；应用技术成果主要采取机构评价和验收的方式，其中机构评价占比约为 33.06%，验收方式占比约为 29.75%，知识产权授权方式占比约为 19.19%；软科技成果的评价方式以验收为主，验收方式占比约为 60.90%，其次为结题和评审方式，占比分别为 15.71% 和 14.91%。

虽然中国各评价体系参与主体在不断探索、逐步优化评价方法、方式，但是由于不同学科和技术领域的成果差异较大，目前较为粗略的分类评价仍然难以满足现有的科技成果评价要求。一是不同领域的成果评价标准存在显著差异性。不同行业的产业链长度、赋能其他产业的能力并不相同，比如，在农林牧渔行业，其研究成果主要考虑产量和经济收益，评价标准相对简单；而在数字经济领域，数字技术更新日新月异，哪些技术能够获得产业化推广则需要市场进行检验，对此类成果的评价方法很可能跟不上技术发展水平。正是由于学科的差异性，很多领域的成果评价难以形成完善的、可操作的评价方法，只能通过试点不断摸索，也对基层评价相关科技成果造成了困难。二是不同领域的科技成果产出周期存在差异。不同领域的科技成果的评价还需要考虑到

成果验证的周期性，一般来说科技成果的验证可以通过产品或技术生产来验证，或通过试验可复制性进行可信性验证。但是不同领域的科技成果的产出周期也有较大差异，农业领域的科技成果一般以农产品生产周期为单位，而生物技术、生物医药领域的科技成果则需要长时间的反复试验进行验证。因此对不同领域的成果的评价周期也有不同要求，尤其是在中期评价中如何采用科学的方法对长周期科研领域的阶段性成果进行评价，是亟待解决的问题。中国在下一阶段试点工作中，需要结合行业领域的技术发展特征，采用更加细化的分类对评价方法进行探索。

5. 评价标准方面，成果的市场化、产业化衔接度亟须提高

根据《关于完善科技成果评价机制的指导意见》指示精神的要求，经济价值、社会价值是五元价值体系中最能反映需求侧、产业未来竞争力的环节，应在科技成果评价中占据越来越重要的地位。但是目前的评价标准和评价方法，对科技成果的市场化、产业化的标准认定仍然占比较低。第一，对基础研究成果的市场化标准较低。当前，基础研究到产业化应用的周期越来越短，新兴技术多产生于交叉融合领域，对基础研究成果的评价标准需要增加经济价值、社会价值权重。但是正如前文所言，目前在基础研究成果领域，多采用同行评议的方法。因同行评议的学科背景所限，该种方式更有助于发现基础研究成果的科学价值、技术价值，对经济价值、社会价值的评价力不足，更难以科学评估科技成果的文化价值。这也成为众多高校和科研院所的科技成果市场转化率较低的原因之一。第二，科技成果的市场化、产业化价值应更多采用后评价方式。从科技成果评价标准设置上看，经济价

值、社会价值和文化价值的判断不仅仅依赖于专家评审，更依赖于在市场化应用中的需求体现。科技成果能够顺利地转化为新技术、新产品甚至新产业，不仅要依靠供给层面的技术推动，更需要得到市场层面的需求拉动。随着收入水平的提高、人口结构的变化等因素的影响，消费者偏好很容易发生变化，加之科技成果在实际应用过程中还需要受到资金、成本等硬性条件约束，因此无论采用何种评价手段，都难以保证事前准确衡量科技成果的经济和社会价值，只能通过后评价方式进行检验和验证。第三，缺乏关注成果市场化、产业化的评价人才。虽然事前对科技成果的市场化、产业化作出精准评价较为困难，但是在评价程序中，不能完全将经济价值、社会价值采用后评价的方式，仍需要前期对科技成果的市场化前景有相应的分析和判断。目前制约事前评估的因素在于缺乏能够融通产学研用的人才。一方面，参与评价的科研专家一般缺乏产业领域的实践背景，因此很多科技成果虽然具有先进性，但是难以在实践中应用；另一方面企业领域的专家数量较少，很多企业缺乏有战略规划能力的科学家，因此在评价科技成果的科学性方面有所欠缺。复合类人才的缺乏同样使中国第三方评价制度难以短期形成。

6. 评价手段方面，技术先进的评价工具使用率较低

科学的评价结果需要借助客观的评价工具。目前中国的评价手段是以人为主，以机器为辅。特别是在同行评议环节，无论是函评还是会评，均需要评议人本人对成果作出评价，需要耗费大量的人力和时间。随着大数据、人工智能等技术的兴起，目前很多领域已经开始探索利用数字技术提升评价效率。例如，国家自然

科学基金项目的评审自 2012 年起就在地球科学部、信息科学部和医学科学部进行智能化指派系统的试点工作，通过语义分析比较基金项目申请书和潜在审稿人的研究方向，以此遴选基金项目评议人，取得不错的进展。根据国家自然科学基金委的测算，采用智能指派系统的效率是采用人工的 285 倍。[1] 瑞士的期刊 *Frontiers* 2018 年开始使用名为 AIRA 的 AI 评审系统，帮助检查编辑、审稿人、作者之间是否存在利益联系，并就文章的语言表达、剽窃和学术伦理问题进行标记。[2] 英国牛津大学教授成立了 OxValue. AI 公司，为中小企业估值提供技术支持。美国的一些期刊也利用智能辅助系统帮助审理稿件中的统计数据和方法，并对论文未来可能的引用频次作出预测。

可以预见，随着待评价的科技成果数量逐年增加，评价机构愈加需要客观、公正、便捷的智能化系统辅助评价活动。但是目前来看，智能评价系统的应用并不广泛。一是由于智能系统高昂的价格。以国家自然科学基金委的项目招标情况为例，2021 年其开展的人工智能辅助指派系统项目的中标金额超过千万元，说明使用人工智能技术的成本较高，只能为科技成果评价工作较多、财政采购资金较为充裕的单位所采用。二是由于人工智能系统的运行结果并不能完全满足要求。人工智能系统虽然可以提升工作效率，但是想要达到精准匹配效果，仍然需要在算法层面进行迭代。

---

[1] 江虎军等：《国家自然科学基金项目同行评议的智能化探讨》，《中国科学基金》2019 年第 2 期。

[2] 张彤等：《人工智能辅助学术同行评议的应用及分类》，《中国科技期刊研究》2021 年第 1 期。

就目前国家自然科学基金委的试点来看，智能指派系统自动匹配的评审专家与科技成果评价实际所需要的专家仍有部分出入，有些领域最后仍需要人工干预匹配结果。随着交叉学科、新兴学科的飞速发展，科技成果评价对评审专家的需求会不断调整。这也意味着智能系统的算法需要不断调整、更新，每年的维护费用可以预见也比较高昂，因此目前很多科技成果评价过程并不会采用智能辅助系统。

二 发达国家科技成果评价机制的比较分析

"科学技术是世界性的、时代性的，发展科学技术必须具有全球视野。"[1] 全球科学技术进步、创新网络的形成，均需要通过不同国家的合作与交流。作为科技引领的发达国家，其开展科技成果评价活动较早，并能够根据国家科技体系和产业的特色，形成具有鲜明国家特点的系统性、周期性、分类性、市场衔接性的评价机制，成为各国在科技领域的关键竞争力。中国的科技成果评价机制改革，也需要参考学习全球发达国家的先进经验。

（一）美国：多元竞争制的科技成果评价体系

美国是开展科技成果评价最早的国家之一，自"二战"之后就有计划地组织对科技成果的评价工作，目前已经形成自上而下、产学研用融通顺畅的科技成果评价体系。美国的科技成果评价体

---

[1] 习近平：《努力成为世界主要科学中心和创新高地》，《求是》2021年第6期。

系主要具有多主体分类评价、完备的评价标准、评价机构独立性较高的特点。

1. 多主体分类评价

美国的科技成果众多，从科研项目的资金来源和立项目的来看，美国重大科技成果和长周期的课题立项一般来自政府部门。为了保证资金和科研资源的有效使用，美国对不同层级的科技成果采取多主体分类评价的形式。

一是国家级重大科学技术课题，采取第三方独立评价的管理模式。该类科研立项具有综合性、长期性、战略性的特点，主要是近年来由国会立法或总统行政令设立的国家级重大科学技术课题，例如国家量子倡议、美国人工智能计划等。对此类科技成果的评价，主要依托委托方选择的评估机构进行。例如，2023 年美国总统科学技术顾问委员会就"国家纳米计划"发布第七次评估报告，就由美国国家纳米技术协调办公室委托美国国家科学院、工程院和医学院临时组建"国家纳米技术委员会"对整体科技成果的成就进行评价；一些重大科技成果还会受到美国政策问责局的政策评估，如国家量子计划、国家人工智能计划等。①

二是部分国家级科研项目为美国行政部门自行规划的项目，由下辖科研部门自行规划完成，如美国能源部下属的 17 家实验室、美国国防部高级研究计划局（DARPA）等。对于此类项目，美国已经建立起较为规范的评价体系，基本能够根据不同项目的委托

---

① 刘克佳：《美国重大科技计划的验收与评估机制研究》，《全球科技经济瞭望》2021 年第 3 期。

主体、项目性质采取分类评价的方法。对于国家实验室立项课题的评价，美国各部委也有各自的评价标准与规范，如美国能源部下属的国家实验室采用绩效得分卡的方式进行评估，主要对科学成就和管理效益进行绩效评分，评价的标准和规则也较为完善。

三是国家立项的支持技术商业化应用的项目，如较为知名的"小企业创新研究计划"（SBIR）。对于这类计划，政府采取的评价方式主要采取为专家评审的方式，一般由 5 位专家组成的权威评审团队对项目第一阶段的技术水平、创新能力、市场潜力进行评价，这也成为对小企业是否能获得第二阶段资助的主要评价标准。①

2. 完备的评价标准

作为世界上最早开展科学评价的国家，美国在多年的探索中已经形成了较为完备的科技成果评价标准。1995 年，美国航空航天局（NASA）首次提出了技术就绪水平（technology readiness level，TRL）的指标，并将该指标分为 9 级以此评价技术的成熟度；2001 年美国国防部采用该指标，并于 2005 年颁布《技术就绪水平评估手册》以对评价标准进行规范。目前，美国各部门和科研机构均形成了标准较为完善的评价体系，对于一些重大的科技成果，会专门就经济和社会影响进行多方面的宏观评估和竞争力评估。在具体评估方法上面，采取多种定性与定量相结合的方法对科技成果的水平进行评价，如文献计量法、指标分析法、案例分析法、

---

① 龙飞、巩键：《美国小企业创新研究计划实施的经验与启示》，《中国中小企业》2023 年第 3 期。

同行评议法等。借助标准化、可量化的方法，美国各类评价结构的可信程度较高。

3. 评价机构独立性较高

从美国重大科技成果评价的体系可以看出，美国的评价机构主要有三种类型，即政府评价机构、学术评价机构和社会评价机构，实际评价时会根据委托人的要求选择不同类型的评价机构进行评价活动。美国众多评价机构与美国较为分散的科研体系组织有关，美国并没有一个总体管理科技成果的部门，如中国的科技部，而是将权力分散于白宫科技政策办公室（OSTP）、美国国家科学技术委员会（NSTC）以及总统科技顾问委员会（PCAST）中。并且涉及重要科技成果的部门均有自己独立的技术评价小组或成果管理机构，如能源部、国防部、农业部等。为了保障评价机构的独立性和评价活动的顺利开展，美国相继出台了一系列法律法规，如1972 年颁布的《科技评价法》，1975 年颁布的《项目评估法》，1976 年颁布的《美国国家科技政策、组织和重点法》，1993 年颁布的《政府绩效与结果法案》。其中，1972 年颁布的《科技评价法》促使国会技术评价办公室的成立；1993 年颁布的《政府绩效与结果法案》要求政府机构的所有科技活动必须使用绩效评估技术向公众公开评价结果。并且美国政府对科技项目的评价是采取政府出资、委托机构代评的方法，还有大量的商业类的科技成果需要评价评估。众多科技成果也促使专业的评价机构的产生，从而使得美国有大量公司和非营利性的社会评价机构，它们也成为美国创新生态中重要的中介组织。

（二）日本：以项目评价和政策评价为主的科研评价体系

日本也是世界上较早开展科技成果评价的国家之一，20 世纪 50 年代起就将科研评价作为推进研发活动的手段。日本的科研评价体系的特点可以概括为评价导向国家化、长期计划性、注重事后评价。

1. 评价导向国家化

相较于美国来说，日本重大的科研项目立项的管理部门较为集中，主要由综合科学技术创新会议（CSTI）负责统一统筹制定重大创新战略，并由下属机构对创新政策实施成果进行评价；下属的文部科学省、经济产业省具体负责开展科研项目的立项、审查工作，最后联合综合科学技术创新会议（CSTI）和省下属的评价委员会对这些科研项目进行评价工作。

虽然都是由国家机构负责牵头对重大科研项目或科技政策的实施效果开展科研评价，但日本的科技成果评价具有更为明显的国家主导色彩。日本于 1971 年起每 5 年开展一次科技预测调查，通过技术预测将全国科研项目的研究重点统一起来，即科研项目的立项、中期评价直接受到未来科技预测的影响，并根据相关技术的发展适时地调整评价标准。

2. 有章可循、有计划的科研评价体系

为保障自上而下的科研项目评价工作的实施，日本制定了完备的项目评价法案和指南，对如何评价项目和政策有具体的规定。1995 年日本颁布《科学技术基本法》（2020 年更名为《科学技术创新基本法》），成立"综合科学技术会议"，并提出每 5 年制定科学技术基本计划。为了保障科学技术基本计划的实施效果，2001

年日本制定了《关于行政机关实施政策评价的法律（评价法）》。针对众多的科研项目评价问题，1997年日本"综合科学技术会议"制定了《国家研究开发通用评价方法实施大纲指南》（2001年更名为《国家研究开发评价指南》），文部科学省和经济产业省又分别制定了《文部科学省研究及开发相关的评价指南》和《经济产业省技术评价指南》。[①] 这些法律和指南对政策或项目的评价目的、评价主体、评价对象、评价程序等作出详细的规定，由此建立起有法可依、有章可循的科研评价体系。

3. 注重项目后评价

正是由于科研活动具有较强的计划性，日本的评价体系十分注重项目后评价。项目后评价是指项目结束运行一段时间后，对项目是否达到预期目的、对社会经济的影响等开展的评价活动。针对项目后评价的预期结果，日本评价机构也会设计可以量化或定性的评价工具，对项目的运行情况进行评价。一般来说，项目后评价中主要涉及经济社会影响相关指标。例如，日本医学研究与开发署（AMED）的项目后评价有基本方案和应用方案两种类型，前者更为关注大学与产业界合作的成果是否具有创新性，后者侧重于评价研究成果的应用性。[②] 无论何种类型，后评价方案均十分关注企业对研究成果的产业化和应用情况。通过项目后评价，日本也会不断调整下一阶段的项目立项计划，以此促进科研项目立

---

① 康捷、袁永、邱丹逸：《日本科技创新政策评价制度建设经验及启示》，《特区经济》2018年第6期。

② 钟华、单连慧、安新颖：《日本医学科技项目评价体系分析及启示》，《世界科技研究与发展》2021年第3期。

项和成果产业化的良性循环。

（三）英国：以同行评议为基础的高校科技成果评级体系

英国是同行评议制度的策源地，其近年来开展的对科技成果的评价改革极大地提升了英国的科技成果质量和创新力。英国科技成果评价机制最为成功之处在于充分发挥同行评议的优势，利用科学化、标准化的指标体系和定性、定量相结合的方法开展评价活动，并且在评估中能够根据成果质量而非期刊质量展开评估，使评价结果准确反映科技成果的创新性和影响力。英国的科技成果评价机制可以概括为以同行评议为主的成果评价和以专家评议为主的科研管理评价。

1. 同行评议为主的评价体系

英国主要的创新性科技成果来自高校，对高校的科技成果进行评价成为英国保持科技领先的重要法宝。英国探索出的卓越科研框架（Research Excellence Framework，REF），充分发挥了同行评议制度的优势。该框架的评价主体主要由学科内专家组成，根据不同的学科单元组成专家小组，专家组主席由框架下属的四个高等教育资助机构根据公开申请程序任命，专家组成员由提名程序任命。从专家构成来看，专家组专家由资深学者、国际专家构成；针对跨学科领域的课题数目增多，专家组特别要求评审专家具有一定的研究广度。为了保障评审工作的平等性、公平性，评估委员会专门设置了四个顾问小组，分别是平等与多样性顾问组、跨学科研究顾问组、评估系统工作组、引用系统工作组，专门负责处理评审工作涉及的评价标准、评价工具、评价对象的公平、多样等问题。在评价标准上，框架提供了指标体系以进行标准化评判，由研究产出、研究影响、研究环境三个指标构成，权重分别为60%、25%、15%。在实际科技成果评价时实行主分专家组的双层打分制，实行代表作制度。虽然会借助文献计量工具进行定量评估，但是仍然以专家的同行评议为主。这种机制最大化地保障对科技成果内容和质量的评定，而非以刊代评、以数量代替质量。

2. 专家评议为主的科研管理评价

除了对科技成果进行评价，英国还不定期开展对科研管理部门的绩效评价。英国的商业、能源和产业战略部（BEIS）作为主管科技的部门，负责对科研管理评估进行组织协调工作。2021年，商业、能源和产业战略部委托资深专家对英国科研与创新署的工作进行评估，评估其是否完成了机构设定目标；同年启动对科研机构官僚主义的评估工作。无论是对职能部门的管理工作评议还是对机构官僚主义评议，英国政府部门都选择专家小组的形式组建评估小组。两次评估分别选择国家物理实验室前主席、卡迪夫大学前副校长大卫·格兰特爵士和伯明翰大学校长、苏塞克斯大学前校长亚当·蒂克尔教授领导第三方评估，评估小组的独立性受到保护，评估过程也要遵从《监测和评估框架》等规范的要求。

（四）发达国家科技成果评价机制的启示

从发达国家的科技成果评价经验和做法来看，发达国家均建立了符合自身国情的科技成果评价体系。虽然评估的方法和组织形式各有不同，但评价机制也有一定的共性。一是越来越注重科技成果的质量，以及对后续市场化前景的评价。在科技成果评价中，发达国家均较为注重提交成果本身的质量和影响力，而非成果的数量，强调科技成果的原创性、重大性、引领性。只有高质量的科技成果，才能引领创新。在评价标准设定中，一般会纳入成果的产业化、市场化前景指标，并且将这类指标作为科技成果影响力的重要评价标准。这也成为近年来基础前沿转化速度加快的原因之一。二是评价机制有专门一部分涉及评价科研管理的绩效。在科技成果评价中，发达国家会专门对科研管理部门的绩效进行评价，尤其是以项目制运行的科研项目，会涉及专门的评价标准对项目管理和实施情况进行评价。并且还会对整个科研系统的管理效能开展第三方评估，根据评估结果优化和调整科研机构设置。三是将计划评价与项目后评价相结合。发达国家均设立了有计划的科技成果评价体系，一般5年的项目周期中会在第3年开展中期评估，并根据不同的科研项目预先制定好评估节点，方便科研人员有计划地开展科研工作。发达国家越来越重视项目后评价，会在重大项目结束或政策实施后的一段开展后评价工作，以此总结不足、及时调整科研政策。四是重视科技项目评价的连续性。一些重大科研项目时间跨度长，超过5年的标准时限。为了评价此类项目成果，也会根据此类项目的进展和技术特点定期开展连续性、跟踪性的科技成果评价工作。此类项目一般涉及较多的科研领域和研究机构，因此会特别成立专家小组或委托第三方机构开展后期评估项目，以此判断重大科研项目或政策实施方面是否存在问题。例如，美国的国家纳米计划就被多次评估和审查。五是具有大量的专业性评估机构。一方面，这些国家科技成果评价的法律规范比较完善，评估机构不仅受到法律的保护，也受到法律和行业协会的监督；另一方面，除了科研部门的科技成果评价，大量产生于企业的科技成果也需要通过中介机构的评估实现市场化。大量市场化的评估机构，对加速这些国家的科技成果转化和利用有很大益处。

但是同时也要看到，无论科技成果评价的机制设计得多么完美，科技成果评价指标方法多么先进，重大的、颠覆性科技成果并不会一蹴而就地出现，很大概率短期内无法实现产业化。在一个评价周期内准确预测科技成果的未来潜力，仍然是较为困难的。并且仅依靠技术供给层面推动科技成果的产业化，大概率会出现技术路线选择失当的问题，典型的例子就是日本在国家层面技术路线多次选择失误。2000 年以来，日本先后在电视、新能源汽车产业技术路径方面出现失误，降低了本国企业在相关产业的国际竞争力。创新成果的竞相涌现，并不仅仅依靠科技成果评价机制的完善，而是要构建激发创新活力的创新生态。

三 推动科技成果评价机制改革的政策建议

习近平总书记曾指出，创新是一个系统工程，创新链、产业链、政策链相互交织、相互支撑，改革只在一个环节或几个环节是不够的，必须全面部署，并坚定不移推进。[①] 推动科技成果改革，即是以制度创新支撑科技创新，通过体制创新激发科技创新

---

① 习近平：《论科技自立自强》，中央文献出版社 2023 年版。

的活力。与科技成果转化机制相比，科技成果评价机制位于科技成果转化的上游，更加完善科学的科技成果评价机制相当于在科技竞争中率先布局"先手棋"，有利于中国更好地塑造"先发优势"，更快地实现科技自立自强。为此，中国应统筹规划，聚焦新质生产力培育加快试点进程，尽快出台重点学科领域的评价指南；发挥科技成果评价的导向作用和价值发现作用，激励企业和社会各类机构积极参与；优化指标体系，提升评价指标的客观度；探索更具有效率的同行评议机制，注重跨学科领域的专家队伍和专业评价机构的建设；以第三方评价为主，探索更贴近市场导向的评价机制；加快推广人工智能、大数据等新技术在科技成果评价中的使用。

（一）聚焦新质生产力培育，选择战略性新兴产业、未来产业领域试点

1. 以新质生产力培育为牵引，开展重大科技专项评价机制改革试点工作

战略性新兴产业与未来产业是培育新质生产力的主要领域，是颠覆性技术突破和构筑创新优势的主要来源，其科技成果具有学科交叉融合程度高、技术引领性大、经济社会影响力广的特点，可以为探索重大专项成果评价机制提供广阔的空间，因此应该率先选择这些领域组织试点工作。一是根据产业成长性进行分类试点。根据产业技术发展的紧迫性和成长性进行分类试点，优先对可以加快新旧动能转化的领域开展科技成果评价标准、程序、方法的试点工作，将未来发展空间大、技术成熟度不高的科技项目

纳入专项计划进行试点。二是要完善重大科技成果评价的制度设计，加强对重大科技成果评价机制的理论探索，明确各层级科技成果评价的定位，厘清评价工作中行政管理与学术意见的边界，在国家层面构建跨学科领域的重大科技成果协调统筹机制，建立健全全流程的科技评价监督体系，建立科技成果信息汇交工作机制，加强重大科技成果供需信息共享，优化重大科技成果评价的服务体系。三是要利用学会、行业协会、高校等组织加快对细分领域科技成果评价标准、程序、方法、人才培养的探索，尽快制定出符合细分学科领域发展规律、产业需求的评估指南和操作规范，建立重点交叉学科领域的学科名录清单，构建专家库专家选拔标准，善于总结和推广基层在科技成果评价领域的典型经验。

2. 建立计划性的评估工作机制，实行重大科研项目评价的长周期管理

第一，建立分层次、分类别、有计划的科研项目管理机制，立足科学技术发展规律，结合科研项目的重要性、战略性、牵头单位层级、协作单位复杂程度实行分类管理，增加对成果多元价值的分类管理。第二，尊重科技成果的渐进性、阶段性特征，延长重大科研项目、基础理论项目的评估周期，并定期论证科研项目评估周期，对于超长周期的科技成果实施滚动评价机制。第三，探索科研评价成果多方互认、互用的典型做法，增加评估机构的协作性，研究科技成果全周期的评价最优频次，尽可能减少科研项目的评价次数，降低评价工作对正常科研工作的干扰。第四，增加科技项目事前评估程序，将重大科技项目的可行性、合理性、市场前景、预期效果等纳入科技成果评价体系，优化科技资源分配。

（二）发挥科技成果评价的价值导向作用，激励企业积极参与科技成果评价

1. 发挥评价的价值导向作用，引导社会各类机构协同推进评价工作

一是要加强对社会评估机构的管理，禁止社会评估机构发布商业性质的科技成果排名或科研机构排名；官方科研管理部门也应谨慎发布科技成果评价结果，降低不当排名对科技成果价值、科研项目价值和科研机构声誉的影响。二是开展与媒体机构的合作宣传，客观报道科技成果机制改革的进展和价值导向，利用新媒体空间开展寓教于乐的科技成果科普、解读工作，促进民众对国家重大科技政策的了解。三是引导科技金融专业机构和部门的设立，优化金融机构的科技成果评价流程，推广知识产权质押登记服务，发挥资本市场对科技成果的价值发现作用。四是要充分发挥协会、学会、研究会的桥梁纽带作用，积极向会员单位传达国家针对科技成果评价机制改革的大政方针、实施方略、试点动向等最新信息，达到社会组织在价值引导方面的信息共享、宣传引领的目的。

2. 发挥企业创新主体的能动性，提升企业参与科技成果评价的参与度

一是发挥企业的创新主体作用，提高应用技术成果评价中来自企业的专家占比，增加科技企业领域的科技成果立项、评价组织、成果鉴定等多个环节；二是发挥链主企业的带动作用，增强产学研用的联动性，联合工信部在新一代信息技术、生物技术、新能

源、新材料、高端装备等重点领域的链主企业进行科技成果评价试点工作，聚焦产业链科技成果评价的共性问题、难点问题，增加民营企业、"专精特新"企业的参与，凝练形成重点产业链的共性标准；三是加强企业参与成果评价的知情权和选择权，优化评价程序和服务，增强不同科技成果评价工作的协同性、联动性，降低重复、冗余的评价工作，减少企业参与评价工作的负担；四是为参与评价的企业提供一定的物质激励和精神激励，提高企业科研人员参与国家、地方重大科技成果评价的劳务报酬，为积极参与科技成果评价的企业颁发具有公信力的奖项，激发企业的参与热情。

（三）坚持基础项目与应用项目分类评价制度，提升评价机制的客观性、独立性

客观性与独立性是科技成果评价机制参考的重要标准，不同领域的科技成果需要采用不同的评价机制。目前在基础研究领域，国外发达国家已经探索出较为完善的同行评议制度，中国应该在此基础上参考、改进；在应用研究领域，需要建设更具市场化的第三方评价机制，以此提升中国科技成果评价的整体效能。

1. 在基础研究领域，探索更有效率的同行评议机制

同行评议已经成为基础研究领域较为一致性的评价准则，中国应该持续优化这一机制，从增强评价机制的透明度、公平性、评价效率入手设计顶层机制，使之更好地反映科技成果的价值。第一，规范专家库专家遴选制度，增强专家遴选的透明度，制定评议专家的选择标准，建立规范科学地反映专家专业水平、社会影

响力、跨学科能力的基本指标体系，邀请社会公众与第三方机构、企业推荐专家，增加国际专家比重，适当考虑性别、地域、年龄等多元化指标，重大科技成果评价项目应定期向社会公众公布专家库名单。第二，配套出台评议专家职业规范，明确保密义务、回避原则，完善科技项目评审的专家库抽签机制，明确规定同部门、同单位专家在科技成果评价中的最高占比，实施专家库动态调整制度，建立专家"白名单"和"黑名单"制度，落实重大评议技术失误和违反职业道德的追责机制。第三，利用数字化技术提升同行评议的效率和质量，利用大数据、社交网络等技术评估专家的知识结构和学术网络关系，提升同行评议专家与评价项目的匹配度，定期对评议专家开展数字化技术和评议平台的培训工作，提升评议专家的数字素养。

2. 在第三评价方面，探索更贴近市场化的评价机制

第一，保障第三方评价机构的独立性，设置第三方评价机构的行业准入门槛，引导开展地方性、社会性评价机构自律规范制定的试点工作。国家应尽快出台科技成果评价相关的职业伦理标准和规则，实行第三方评价机构的白名单制度。第二，继续深化金融机构对科技成果的评价机制探索，联合银行、证券公司、风险投资基金探索科技成果评价结果的商业估值模型，扩大知识产权质押机制的试点范围，增加科技金融评价增信体系建设的专项试点。第三，搭建产学研用协同创新资源服务平台，建设高水平科技中介服务平台、知识产权和技术交易平台，探索新型创新资源服务平台的一体化管理机制，促进其高水平市场化运作。第四，建立由第三方评价机构、金融机构、科技成果评价项目、评审专

家为主要内容构成的科技成果评价信息统计数据库，实施科技统计成果及转化统计平台试点，将大、中、小、微企业和第三方各类服务主体纳入统计数据库，通过完善全流程的科技成果统计数据支撑创新服务。第五，加强对科技成果评价相关工作的管理类、专业类、服务类人才的培养，增加科技成果评价统筹管理岗位的职业认定标准，加强对管理类人才的专业知识、金融知识、国家政定策的定期培训工作，促进现代科研管理制度与市场机制相结合，由人力资源和社会保障厅负责开展此类职业的培训工作，提升科技成果管理服务的专业度、综合度和产业赋能程度。

（四）分类优化指标体系，提升科技成果评价指标体系的科学性

完善的科技成果评价机制，既需要定性评价把握战略方向，也需要定量评价科技成果不同维度的实际价值。这就需要指标体系既能够发挥引领技术发展方向的"望远镜"作用，也能够成为精准衡量成果多元价值的"丈量尺"。为此，应该针对不同学科的特点设置科学的指标体系，运用先进的评估方法和管理方式，重视科技成果的价值导向性和促进成果转化的牵引作用。

一是要加快汇总行业、学科意见，针对不同类型成果的特点设计指标体系，基础理论成果应突出科学技术的原创性、引领性指标，应用技术成果应该关注技术成熟度、市场需求、经济效益等指标，软科技成果应强调前瞻性、社会影响性等指标的权重，增加应用技术转化风险度、供应链韧性影响度等指标。二是要增强指标的可操作性、可计量性，增加对定性、定量指标的科学分类，

对于明显可定量的指标采取定量评估的方法，对于不可计量的成果采取定性的方法，并辅以秩序或等级并转化为相应的分数，方便对评价结果进行横向比较，增强指标的可操作性。三是要采用先进的评估方法和工具，除了计量分析法、文献分析法、等级评价法、论文被引率、H 指数、熵值法、社会网络分析法等基本定性、定量分析方法，还需要使用机器学习、人工智能、大数据等智能工具生成的新的分析方法。例如，采用产业知识图谱刻画专利在不同产业链的布局和知识联系、企业联系，为相同或相近领域的科技项目评审提供关系上的参考依据，并能够根据技术发展环境不断调整相应参数，使得评估结果能够成为科技发展的同步"显示器"。

（五）坚持市场导向原则，提升金融机构在科技成果评价中的参与度

一是要坚持需求导向和问题导向原则，用需求侧提升供给侧科技成果的质量。深化对科技成果经济价值、市场价值的评价标准研究，根据银行、资产评估公司等对应用技术类科技成果的贷款额度、评估价格作为参考，定期修正经济价值指标，并将其作为科研项目立项的参考，使应用技术类科技成果更加贴近市场需求。二是要加快吸收知识产权局、金融机构对科技成果评价的方法，增加对非专利技术成果的评价标准研究。除了增加对此类成果评价的保密义务，更需要增加对此类技术成果的经济影响力或社会影响力指标的评估。根据经济影响力或社会影响力进行分层归口管理，便于加速此类科技成果的转化。三是要搭建金融机构

资源服务平台，利用大数据、人工智能等前沿技术，整合金融机构评价标准、金融机构评价方法、金融机构估值数据等资源，按照不同学科门类和产业门类将此类信息汇总，定期更新对科技成果评价结果的估值方法、估值结果等数据，提升金融机构在科技成果评价中的转化导向作用，促进金融服务与科技创新的深度融合。

（六）利用数字化工具，增强科技成果评价机制的"数智化"升级

一是增加数字技术在科技成果评价的应用的专项试点工作，试点数字技术智能识别科技成果相关材料抄袭等学术不端问题，增加大数据、云计算、生成式人工智能等技术在科技成果评价中的运用，搭建数字化、智能化的成果评价平台，提高数字技术在成果客观性评价中的权重。二是开展"数字素养"提升行动，对系统内所有人员的数字化工具使用情况进行摸底，对参与科技评价的相关人员定期进行数字化工具使用培训，提升评价人员的数字技能。三是管理部门应分领域定期收集科技成果评价过程中利用数字工具辅助评价的典型案例，评估典型案例的可行性，对于采纳的典型案例的参与人员应该予以一定的奖励，提升数字工具的普及度。

第七章

推动人才培养和支持机制改革

党的二十大报告明确了教育、科技、人才是全面建设社会主义现代化国家的基础性、战略性支撑。新一轮科技革命迅猛发展，世界各国人才竞争越发激烈，人才成为推动科技创新的关键资源，也是衡量综合国力的重要指标。习近平总书记指出："我国要建设世界科技强国，关键是要建设一支规模宏大、结构合理、素质优良的创新人才队伍，激发各类人才创新活力和潜力。"① 人才竞争归根结底是人才制度的竞争，需要进一步营造育才、聚才、用才的良好生态，来充分满足高水平科技自立自强对高水平人才队伍的迫切需求。

一 中国高端人才队伍现状

中国人才队伍规模不断扩大，但人才质量仍然不高。全社会研究与试验发展（R&D）人员（全时当量）从 2012 年的 325 万人·年

---

① 习近平：《为建设世界科技强国而奋斗——在全国科技创新大会、两院院士大会、中国科协第九次全国代表大会上的讲话》，人民出版社 2016 年版，第 20 页。

增长到 2021 年的 572 万人·年，自 2013 年超越美国以来，中国连续多年位居世界第一。但是，中国 R&D 研究人员在 R&D 活动人员中的占比仅为 42%，世界主要国家基本在 50.0% 以上，韩国与瑞典 R&D 研究人员占比超过了 80%。R&D 人员投入强度在一定程度上反映全社会劳动人员的素质水平，在每万人就业人员中从事 R&D 活动人员，2021 年中国仅为 77 人，而德国、英国、日本分别为 163 人、145 人、134 人，韩国则超过了 200 人（2019 年与 2020 年数据），其中中国的 R&D 研究人员仅为 32 人，美国、德国、英国与日本则都在 100 人左右。中国的 R&D 人员投入强度仍处于落后水平，仅略高于土耳其等发展中国家。人力资源的整体学历层次不断提升，尤其是研究生学历层次的科技人力资源增长最为迅速，但基础研究人才相对匮乏：从事试验发展的研究人员占比最高，基础研究人员占 R&D 人员的 6.5%，而美国、英国、日本的基础研究人才占比分别为 15.1%、18.3%、12.8%。①

　　人才结构不断调整优化，但仍与产业升级速度不匹配。中国顶尖科学家数量不断增加，由科睿唯安评选的高被引科学家中，中国内地入选世界高被引科学家数量，从 2014 年的 111 人次增长到 2022 年的 1169 人次；美国在 2018—2022 年，高被引研究人员在总人员中的占比分别为 43.3%、44.0%、41.5%、39.7%、38.3%，始终保持在首位，但是占比连续 3 年下降；中国在 2018—2022 年，高被引研究人员占比分别为 7.9%、10.2%、12.1%、14.2%、16.2%，连续获得提升，目前仅次于美国，并且进一步缩小了与

---

① 数据来源：《中国科技统计年鉴（2022）》。

美国的差距。但是考虑到中国的人口总量与发展需求，中国的高端研发人才数量还难以满足经济发展的需要。高技能人才是国家战略人才力量的重要组成部分，截至 2021 年年底，技能劳动者总量超过 2 亿人，占就业人员的比例为 26%；其中高技能人才超过 6000 万人，占技能人才的比例为 30%，[①] 但是据估计，到 2025 年，制造业十大重点领域的人才缺口将近 3000 万人，其中新一代信息技术产业、高档数控机床和机器人等行业缺口最大。[②] 高端研发人才和技能人才短缺成为掣肘中国产业结构转型升级的最大因素。

二　人才培养和支持机制探索

（一）人才培养与使用

中国历来高度重视科技人才的自主培养，不断优化青年科技后备人才选拔培养新模式。高校是创新型人才培养的主体。在"早出人才、快出人才"的号召下，中国在改革开放初期开始探索高校少年班的拔尖创新人才培养模式，以中国科学技术大学为代表的一批高校开始招收具有特殊科学潜质的青少年进行专门培养，开辟了拔尖创新人才早期发现与选拔培养的新路径。20 世纪 90 年代以来，在科教兴国战略背景下，中国逐步加强基础学科领域拔尖创新人才培养。1991 年起，教育部选择了一批代表中国先进水

---

① 《完善培养体系、强化激励机制、畅通发展路径——持续壮大高技能人才队伍》，2022 年 12 月 7 日，中国政府网，https://www.gov.cn/xinwen/2022 – 12/07/content_5730362.htm。

② 数据来源：《制造业人才发展规划指南》。

平的、在国内具有重要影响和起骨干带头作用的数学与自然科学一级学科专业点，建立"国家理科基础科学研究和教学人才培养基地"，进行基础学科领域的高层次人才培养；2009 年，教育部联合中组部、财政部启动"基础学科拔尖学生培养试验计划"，由北京大学等顶尖高校进行基础学科人才培养的试点探索。党的十八大以来，教育部开始探索多部门、多学段协同的拔尖创新人才选拔培养模式，先后实施"拔尖计划""强基计划"，清华大学实施"丘成桐数学科学领军人才培养计划"、开设"清华学堂计算机科学实验班"等，通过大中衔接、科教协同、选拔培养衔接、本硕博贯通培养拔尖创新人才。[①]

中国当代青年科技人才的职业生涯与到 21 世纪中叶全面建成社会主义现代化强国的时间高度契合，培养用好青年科技人才，对加快实现高水平科技自立自强、建设科技强国和人才强国意义重大。2022 年，科技部等五部门聚焦青年科研人员启动实施《关于开展减轻青年科研人员负担专项行动的通知》，有针对性地开展挑大梁、增机会、减考核、保时间、强身心五项行动；在此基础上，2023 年 8 月，中共中央办公厅、国务院办公厅印发《关于进一步加强青年科技人才培养和使用的若干措施》，进一步加大政策力度，通过加强思想政治引领、强化职业早期支持、突出大胆使用、促进国际化发展与构建长期机制相结合，推动中国青年科技人才队伍建设。

---

① 王新凤：《我国高校拔尖创新人才自主培养模式与实践难点》，《中国高教研究》2023年第 7 期。

杰出人才的培养和成长是"优中选优"的结果。21 世纪以来，中国施行各类国家拔尖人才培养计划，科技领域的战略科学家和工程领域的卓越工程师在聚集培育中脱颖而出。早在 2004 年，中国科学院推出"百名战略科学家培育计划"，旨在培育作出重大科学发现、开创新领域的战略科学家和具有战略眼光与卓越组织管理才能的科技管理专家。教育部也推出"卓越工程师教育培养计划"，旨在培养造就一大批创新能力强、适应经济社会发展需要的高质量各类型工程技术人才。国家层面也高度重视杰出人才的培育。2020 年 9 月 11 日，习近平总书记在科学家座谈会上提出，"要有一批帅才型科学家，发挥有效整合科研资源作用"。[①] 2020 年 10 月 26 日，《人民日报》发文《培养更多帅才型科学家》指出，充分认识帅才型科学家的重要作用，尊重科技人才成长规律，在已有的院士、科学家等高端人才群体和世界级规模的科研队伍基础上，选拔和培养一批帅才型科学家。在 2021 年 9 月召开的中央人才工作会议上，习近平总书记再次强调，要"大力培养使用战略科学家"，"要坚持长远眼光，有意识地发现和培养更多具有战略科学家潜质的高层次复合型人才，形成战略科学家成长梯队"。战略科学家、一流科技领军人才等帅才科学家的培养使用问题被提至空前高度。

（二）人才流动与引进

合理有序的人才流动机制是提高人才资源配置效率的重要途

---

① 习近平：《在科学家座谈会上的讲话》，人民出版社 2020 年版，第 20 页。

径。近年来，中国不断健全科技人才流动机制，发挥市场在人才资源配置中的决定性作用，促进科技人才在各类创新主体及在各地区之间的顺畅流动，同时吸引国际人才来华工作，促进各类科技人才发挥更大作用。

第一，促进科技人才在国内创新主体之间有序流动。鼓励和促进高等院校、科研院所与科技企业之间的人才流动，以达到促进科技成果转化，进一步提升科技创新能力的目的。一是支持科技人才双向流动与双聘。2016 年，中共中央印发的《关于深化人才发展体制机制改革的意见》明确要求破除人才流动障碍，畅通人才流动渠道，提出制定科技人员离岗创业、兼职兼薪、兼职导师等方面的政策措施。此后又进一步明确科技人才双向流动细则，建立持久良性的"旋转门"机制。二是允许高校和科研院所科研人员离岗创办企业和兼职兼薪。2015 年以来，各地各部门出台多项政策文件，允许和鼓励科研人员带着科研项目和成果到企业开展创新工作或创办企业，在岗位、收入等方面加大政策保障。2019 年，人力资源和社会保障部发布《关于充分发挥市场作用促进人才顺畅有序流动的意见》（以下简称《意见》），从健全人才流动市场机制、畅通人才流动渠道、规范人才流动秩序、完善人才流动服务体系四个方面提出十六条有针对性的措施。三是设置流动或创新岗位以引进人才，允许高校和科研院所设立一定比例流动岗位，吸引有创新实践经验的企业家和企业科技人才兼职，引进优秀人才从事创新活动。

第二，探索高层次人才多种流动方式。《意见》明确，支持通过规划咨询、项目合作、成果转化、联合研发、技术引进、人才培养等方式，实现人才智力资源共享；鼓励高校、科研院所建立人才驿站，推行特聘教授、特聘研究员、特聘专家制度；建立以业绩为导向的柔性引才激励办法，柔性引进人才与本地同类人才在创办科技型企业、表彰奖励、科研立项、成果转化等方面可享受同等待遇。在各地实践中，人才柔性流动的方式也更加丰富。比如，吉林省在 2022 年年底发布《吉林省科技人才助力企业创新跃升三年行动方案》，以三年为一个实施阶段，2023—2025 年，面向省内科技企业，每年从省内外高校科研院所选派 200 名左右科技人才入驻省内企业兼任两年"科创专员"，积极建立科技成果供需链接纽带，促进企业与高校科研院所高效对接，加速提升企业创新发展能力，推动科技成果加快转化为现实生产力。

第三，推进境外科技人才深入参与国家科技计划项目。一是鼓励境外科学家和外资研发机构参与国家科技计划项目。2017 年，科技部制定《关于推进外籍科学家深入参与国家科技计划的指导意见》，鼓励外籍科学家领衔和参与国家科技计划项目。除涉及国家安全等特殊情况外，鼓励外籍科学家依托在中国境内注册的内资或外资独立法人机构领衔和参与申报国家科技计划项目。同时，为外籍科学家深入参与国家科技计划做好服务。此后，还作出了中央财政科技计划支持港澳科技发展的总体制度安排。2023 年，商务部和科技部发布《关于进一步鼓励外商投资设立研发中心的若干措施》，提出要着力提高海外人才在华工作便利度；国务院发布《关于进一步优化外商投资环境　加大吸引外商投资力度的意见》，提出为符合条件的外商投资企业聘雇并推荐的外籍高级管理、技术人才申请永久居留提供便利，同时提高外国人永久居留身份证的应用便利度。二是邀请高水平的国际科学家参加中国各类科研项目的评审。2017 年以来，中国不断完善国际同行评议制度，提出邀请国际高水平科学家参与项目评审，开展国际同行评议。2020 年后进一步明确科技计划绩效评估在符合保密要求的前提下，评估委托者可根据需要引入国际评估或邀请国际专家参与咨询。三是不断加强各类国际科技交流合作平台建设，为科技人才国际化提供载体和渠道。比如，科技部自 2001 年开始全力打造中国国际人才交流大会等重要平台，促进海内外科技人才双向流动。

（三）人才考核与评价

人才考核与评价是人才发展的基础性制度和深化科技体制改革的重要内容，对培育高水平科技人才队伍、产出高质量科研成果以及营造良好创新环境至关重要。科技人才评价是引导科研人员研发活动方向的重要"指挥棒"。中国人才评价经历了探索与形成—发展—完善几个阶段。

一是人才评价的探索与形成阶段。1985 年，《中共中央关于科学技术体制改革的决定》首次提出分类评价思想理念，"对于各种不同类型的研究工作，应当采取不同的政策和评价标准"，以此开始对科技人才评价的探索。2003 年，多部门联合发布了《关于改进科学技术评价工作的决定》。同年，科技部印发《科学技术评价办法》（试行）的通知，强调研究与发展人员评价应根据其所从事的工作性质和岗位确定评价标准以进行分类评价，并就四类人员——基础研究工作人员、应用研究工作人员、从事科学技术成果转化与产业化工作的人员，以及从事条件保障与实验技术工作的人员分别提出人才评价标准，科技人才分类评价制度初步形成。

二是人才评价的发展阶段。2005 年，国务院颁布《国家中长期科学和技术发展规划和纲要》，指出要改革科技成果评价和奖励制度，根据科技创新活动的不同特点，完善科研评价制度和指标体系，并分别针对应用研究和试验开发、公益科研活动、基础研究和前沿科学探索等创新活动性质，建立与之适应的科技人才评价体系。2011 年，科技部等多部门联合颁布《国家中长期科技人才发展规划（2010—2020 年）》；2012 年，中共中央、国务院发布《关于深化科技体制改革加快国家创新体系建设的意见》。上述相关文件的出台，使分类评价标准和评价指标逐渐明晰，对科技人才分类评价起到了积极的推进作用。

三是人才评价的完善阶段。党的十八届三中全会将"完善人才评价机制"列为重点改革任务之一，快速推进科技人才评价的分类化、科学化和规范化。国家层面既出台了方向性与原则性的引导要求，也出台了具体细化的"硬措施",① 对原有的科技人才评价体系带来变革性影响。一是"评什么"，破除"四唯"评价障碍，突出"创新能力、质量、实效、贡献"等价值判断。党的十九届五中全会提出"建立以创新能力、质量、实效、贡献为导向的科技人才评价体系"，推动评价核心回归科研本质，坚决破"四唯"（唯论文、唯职称、唯学历、唯奖项），以更加多元化的价值

① 刘辉：《关于科技人才评价改革若干重点举措的探讨》，《中国科技人才》2021 年第 1 期。

维度对科研人才进行综合评价。二是"怎么评",明确评价标准,强化代表作评价以及更加多元化的分类评价方式,推进同行评议。对于代表作评价,既限制代表作的数量,又放宽代表作的内容,将反映科研活动价值与科研人才成就的多种成果形式作为代表性成果。在科研活动分类基础上,按照不同科研人员群体特征进一步细分人才分类评价标准。《关于分类推进人才评价机制改革的指导意见》提出,根据不同职业、不同岗位、不同层次人才特点和职责建立各有侧重的人才分类评价标准。三是"谁来评",完善评价方式。根据人才的使用主体主要是高校、科研院所等各类科研单位,将职称评审下放,赋予科研单位科技人才评价更多的自主权,让科研单位能够根据实际需要自主开展评价活动,实现"人尽其用"。此外,对于技能人才,2022 年创新建立健全职业技能等级制度,完善职业技能等级认定工作机制,推动更多拔尖领军技能人才脱颖而出。

(四)人才激励与保障

科技人才激励政策旨在激发各类人才竞相成长、进发人才创新活力。党的十八大以来,党中央从国家战略的高度系统规划科技人才发展,对科技人才激励进行了顶层设计,科技人才激励政策不断细化、机制不断完善,在激发科技人才的创新创造活力和动力、提升科技人才的荣誉感、归属感和获得感等方面取得积极进展。[①]

[①] 公丕明:《构建多元化科技人才激励机制》,《中国党政干部论坛》2022 年第 10 期。

一是完善创新价值为导向的收入分配机制，加大对科技人才的薪酬激励。在科技人才收入分配激励政策的作用下，由创新知识到财富收入的正反馈循环机制正在不断完善，以创新价值为导向的收入分配机制初步建立。2016 年 11 月，中共中央办公厅、国务院办公厅印发《关于实行以增加知识价值为导向的分配政策的若干意见》，要求加快成果转化。2018 年 7 月，国务院印发《关于优化科研管理提升科研绩效若干措施的通知》，建立完善以信任为前提的科研管理机制，减轻科研人员负担，为人才松绑，充分释放创新活力，调动科研人员的积极性。2020 年以来，人社部等相关部门鼓励对高层次与高技能人才、青年人才探索年薪制等灵活的分配形式。2023 年，中央全面深化改革委员会第二次会议审议通过《关于高等学校、科研院所薪酬制度改革试点的意见》，强调薪酬分配要向扎根教学科研一线、承担急难险重任务、作出突出贡献的人员倾斜，向从事基础学科教学和基础前沿研究、承担国家关键核心技术攻关任务、取得重大创新成果的人员倾斜。近十年来，科技人才薪资水平得到大幅提升。

鼓励科研人员通过科技成果转化获得合理收入，科技人才成果转移转化收益不断增长。2015 年修正的《中华人民共和国促进科技成果转化法》、2016 年印发的《实施〈中华人民共和国促进科技成果转化法〉若干规定》及《促进科技成果转移转化行动方案》，对科技成果转化进行了整体设计和系统部署，从修订法律条款、制定配套细则到部署具体任务，大幅提高科研人员成果转化收益分配比例，大力破除制约科技成果转化的体制机制障碍，将科技成果转化收益中不低于 50% 的比例用于对完成、转化该项科技成果作出重要贡献人员的奖励和报酬。在实际效果上，根据《中国科技成果转化年度报告（2021）》，在 2020 年高校和科研院所的成果转化合同中，奖励个人金额占现金和股权收入总额的比重超过 50%，奖励研发与转化主要贡献人员金额占奖励个人金额的比重超过 90%。

三是重视精神奖励，深化科技奖励制度改革和科技奖励立法工作。2020 年，国务院第三次修订《国家科学技术奖励条例》，科技奖励由"推荐制"调整为"提名制"，明确国务院设五项国家科学技术奖：国家最高科学技术奖、国家自然科学奖、国家技术发明奖、国家科学技术进步奖、国际科学技术合作奖，通过行政法规立法对国家改革成果予以确认，为持续深化科技奖励改革提供法治保障。各个省区和计划单列市也设立了科学技术奖。政府也鼓励社会力量设立科学技术奖，个人与社会力量设奖项目逐渐增多，奖金数额创新高，奖励对象也扩及全球。① 各类奖励制度的完善，调动了科技人才的积极性和创造性，也营造出尊才、爱才的社会环境。

三 人才培养和支持机制面临的问题与挑战

（一）高层次人才的持续培养机制不健全，一体化培养体系尚待完善

当今的世界科技强国普遍具备强大的人才自主培养体系和能

---

① 张剑波、顾丽英：《国内外科技奖励制度发展回顾》，《科技中国》2022 年第 10 期。

力。中国高度重视人才自主培养，持续探索不同成长发展阶段各类人才的培养模式，促进人才队伍量质齐升。但是也要认识到，中国人才培养中还面临基础学科人才培养不足、青年科技人才持续培养机制不健全，以及世界顶尖科技人才自主培养能力有待提升的问题，人才的整体结构、质量和能力还不能有效支撑高水平科技自立自强的实现。

在科研后备人才培养方面，高校基础学科人才选拔和培养力度不足。2005年，温家宝探望钱学森时，钱学森就中国的高等教育提出，现在中国没有完全发展起来，一个重要原因是没有一所大学能够按照培养科学技术发明创造人才的模式去办学，没有自己独特的创新的东西，老是冒不出杰出人才。为回应钱学森，教育部组织各大顶尖高校加强基础学科人才培养。当前实施的"强基计划"旨在"选拔和培养有志于服务国家重大战略需求且综合素质优秀或基础学科拔尖的学生"，替代原来的"自主招生"。截至2023年7月，"强基计划"试点及基础学科拔尖学生计划基地高校增加到79所。在招生选拔上，主要采取综合评价招生模式，高考的普适性和基础学科专门性的矛盾，导致部分学生的选拔不够精准，学生发展后劲不足。在研究生教育阶段，中国的研究生选拔形式单一，能力考核不突出，研究生课程的前沿性与交叉性不足，科研训练学术含量低，导致整体创造性思维和科学精神培养不够。

职业早期青年科技人才持续培养机制不健全。国际上通常将取得博士学位后从事科研工作5—10年、尚未取得终身职位或高级职称的阶段称为科学家的职业早期。职业早期青年科技人才处于选准科研方向、明确科研目标、开始创造性研究的关键时期，也是自然科学领域作出重大创新的时期。据有关435位诺贝尔奖获得者的统计，在26—45岁作出重大创新的比例占到78%。[①] 当前中国科研支持以竞争性的计划项目为主，尤其缺乏对职业早期青年科技人才的普惠性与稳定性的科研支持，青年科技人才花大量时间"写本子"、追热点，很难产生重大原创成果；年轻科研人才在国家重大科技项目中话语权较低，多扮演"配角"，缺乏在国家重大需求任务创新链上的系统培养和长期锻炼，难以脱颖而出。[②] 同时，企业对青年科技人才培养的参与度较低。在美国硅谷芯片产业发展中，龙头企业（如仙童等）在行业人才培养中发挥了积极作用，而中国多数创新型企业重使用、轻培养，导致业内存在"35岁天花板"现象，阻碍了企业青年科技人才向高层次人才跃迁。

世界顶尖科技人才自主培养能力有待提升。中年科技人是"传帮带"的中坚力量，既面临成长为主要科技领域的领跑者、新兴前沿交叉领域的开拓者、战略科学家等更高层次人才的压力，又面临在从事科研之外，涉及大量的社会活动、团队培养等多重任务。如何有计划地培养和支持一批长期从事一线科研的中高层次人才，提升他们的前瞻性判断力、跨学科理解能力、大兵团作战组织领导能力，让他们成长为世界顶尖科技人才，是目前人才培养政策不容忽视的问题。

---

① 郭铁成：《自主培养科技人才必须尊重客观规律》，《中国科技人才》2023年第3期。
② 袁铭等：《完善我国青年科技人才发展措施的思考》，《中国科技资源导刊》2022年第2期。

（二）人才区域分布不均衡，国际引才难度加大

中国人才的区域、城乡布局不均衡，协调发展格局有待形成。在区域人才分布上，华北、华东和华南地区各类人才占比远高于中西部和东北地区，部分中西部省份和东北地区人才外流严重。在高学历人才占区域就业人口比重上，2020年华北地区、华东地区、华南地区硕士研究生占区域就业人口的比重分别为2.49%、1.45%、1.3%，其他地区均在1%以下；2020年华北地区、华东地区的技术人才占区域就业人口的比重分别居第一、第二位，每10万就业人口中分别有13位、6位科研人员；从工程技术人员占区域就业人口比重来看，2020年北京、上海、广东、江苏、浙江分别为6.4‰、4.7‰、2.8‰、2.7‰、2.3‰，而中西部省份的山西、贵州、甘肃、吉林、云南均在2‰以内。高端人才区域布局不均衡问题尤为突出。2020年，华北地区、华东地区每万就业人口中分别有37.2位、18.9位博士研究生，北京、上海、江苏、浙江、广东每万人就业人口中博士研究生分别有195.7位、97.6位、19.5位、15.9位、13.3位，而甘肃、青海、云南、新疆、贵州每万人就业人口中博士研究生分别仅有10位、7位、6.1位、5.1位、4.8位。中国科学院院士工作区域布局上，排名前十位的北京、上海、江苏、湖北、陕西、广东、安徽、香港、辽宁、浙江的院士人数占到全体院士的87%。① 与此同时，在城镇化进程中，

---

① 《促进人才区域合理布局与协调发展》，2023年3月22日，国务院发展研究中心，https://www.drc.gov.cn/DocView.aspx? chnid=379&leafid=1338&docid=2906679。

农村人才不断向城市集聚，城乡之间人才布局严重不均衡，农村专业技术人才匮乏也导致相关的医疗、教育等公共服务质量远低于城镇。

区域间人才流动秩序有待规范。西部、东北等经济欠发达地区，受制于发展水平、产业层次、科教资源等因素影响，难以与东部沿海地区对人才产生的"虹吸效应"相抗衡，大量人才"孔雀东南飞"，人才的单向流动进一步拉大了欠发达地区与发达地区的发展差距。近年来，中国日益重视规范人才流动秩序。2017年，教育部在《关于坚持正确导向促进高校高层次人才合理有序流动的通知》中明确提出，"不鼓励东部高校从中西部、东北地区高校引进人才"。2019年，中共中央办公厅、国务院办公厅在印发的《关于进一步弘扬科学家精神加强作风和学风建设的意见》中强调，"支持中西部地区稳定人才队伍，发达地区不得片面通过高薪酬高待遇竞价抢挖人才，特别是从中西部地区、东北地区挖人才"。但部分东部大城市利用高收入、优质科研平台等优势引进中西部人才，东北地区、中西部地区高端人才流失现状仍未彻底改善。

缺乏系统完善的技术移民制度，国际人才吸引力度有待提高。一方面，海归高层次人才存在再次流出可能。在国外受教育年限长，对国内发展环境缺乏了解的博士、博士后等高学历"海归"群体，一般对个人事业发展有较高期待。如果在国内的求职就业和生活经历与预期之间存在较大落差，可能会导致其再次"海归"。调研显示，超过四成的"海归"在被问及未来是否有可能离开中国时，选择了"很可能"和"不好说"。对于离开中国的具体原因，主要是"无法适应国内的人际关系"（73.4%）、"不能适应国内的考核管理"（61.2%）、"没有找到职业的发展方向"（52.1%）。[1]另一方面，中国的高科技人才是发达国家争夺的重点对象，加大了国内引才难度。美国通过跨国企业并购、在海外设立研发机构，以及举办各类国际科技合作与学术交流等途径网罗人才，比如在2022年美国芯片巨头企业美光科技解散上海研发中心的工作团队，并挑选40多位核心研发人员提供技术移民美国的资格。美国保尔森基金会下属的智库研究表明，中国是全球输出人工智能人才最多的国家，其中大多数正在为美国企业和高校工作。在中国接受本科教育的人工智能顶尖人才中，大约有56%最终留在了美国，而在美国获得博士学位的中国人工智能人才更是高达88%留在了美国。与中国相邻的新加坡，在2020年推出了科技准证（Tech. Pass），于2021年开放申请，旨在吸引快速发展的外国科技企业的相关人员和经验丰富的外国科技专业人士到新加坡定居。当前，中国正面临复杂多变的国际环境，使中国人才引进计划受限，国际人才交流受阻，加大了高层次人才引进的难度。

（三）人才评价破"四唯"达成共识，但"立新标"尚未成熟

近年来的科技人才评价中，虽然破"四唯"达成共识，不合理的评价数量、指标等被破除，但是"立新标"尚不成熟，在引导科研人员追求卓越价值导向方面尚未根本好转，社会上部门、地方、单位之间还未形成上下一致、内外协调的评价体系。

---

[1] 廉思：《我国高科技人才培养路径探析》，《人民论坛》2022年第10期。

第一，评价方法仍然处于探索阶段。一是人才标准同质化严重，在实际操作中分类评价不精细。比如在专业分工细致的领域，分类不够细致，无法有效体现不同细分科技领域的差异。二是评价体系强调第一完成人，难以客观衡量团队成员的实际贡献，很难发挥团队的当量效应和整体优势，甚至导致科研人员热衷牵头干小项目，不愿参与重大任务。三是拉长考核周期成为改革趋势，有利于科技人员沉下心来做研究，但长周期下有些单位把考核简单化为指标数量的叠加，加大了工作量，使改革预期难以实现。四是应用研究人才的评价标准往往包含科技成果转化，但成果认定难也就决定了人才评价难。

第二，同行评议在实际操作中存在一些问题。由于不同学科、领域间存在专业壁垒和信息不对称性，通过专业共同体的"同行评议"有利于真正反映客观实际，获得具有真正价值的评价结论。但是同行专家库的建立需要一定时间，比如如何确定评议专家的入库标准、专业匹配，考量评议专家的学科专业匹配度以及动态更新专家人选等；在制度不完善的背景下，同行评议可能出现"人情评审"，将同行评议做成熟人评议、就近评议、方便评议，损害了评价公平、公正、中立原则；另外，同行评价中的回避制度也还不完善，特别是在领域较小、专业程度较高或者新兴交叉学科，严苛的回避制度导致懂行的专家被回避掉，进而出现二流专家评一流人才的问题，平衡评议的专业性与回避制度是人才评议中的难题。

第三，多元主体评价机制尚未形成。当前评估、评比、奖励、人才"帽子"工程主要由政府部门主导，参与评价的机构也往往与政府部门存在联系，学术共同体对学术评价的话语权较低；第三方评价机构正处于经验积累阶段，专业机构独立评价有效机制尚未形成。[①] 未来只有建立起专家评价、同行评价、用人单位评价、创新主体自主评价、第三方独立评价和市场评价等多元化主体的评价模式，各主体有条不紊参与到人才评价中来，才能最终实现科技人才的立体多维评价。

（四）物质激励水平有待提高，精神激励效用仍显不足

在物质层面，科技人才收入整体仍然偏低，群体内部收入差距较大。美、日、英、德的科研机构科技人才的收入水平一般处于社会的中上等水平，即使同样为发展中国家的印度，其科学与工业研究理事会的科研人员平均收入相当于全印度平均收入的2.8—7.8倍。2018年发布的《第四次全国科技工作者状况调查报告》显示，科技工作者对自身收入在当地相对地位的判断呈现持续下降趋势，这可能是科技人才的收入增长率不及全国城镇单位就业人员平均工资增幅导致；此外，约有1/3的科技工作者认为自身压力主要来源于经济收入，科研人员收入水平整体上缺乏市场竞争力。发达国家科技人才收入中，基本工资是主体，绩效工资只占据2%—10%，收入水平比较稳定；中国的科研单位的绩效工资与津贴占比在30%以上，导致收入水平的不稳定。地区间、行业间科技人才的收入差距普遍存在，是否有编制以及行政化的管理体制，也导致单位内部收入的差距，与收入挂钩的行政和资历等级

---

① 张林山等：《深化中国科技人才发展体制改革研究》，《中国物价》2022年第2期。

化导致科研活力不高。①

　　奖励机制还不完善，尤其针对青年科技人才的科技奖励类型较少。在中国现行科技奖励体系中，以政府设奖为主，社会力量设奖为辅；对应用性成果奖励较多，对基础研究的科技奖励较少；授奖对象以成果奖为主，人物奖所占比重较低，尤其是面向青年科技人才的奖励很少，对不同科研活动中科技人才成长规律考虑不够充分。现行国家级科技奖中没有设置专门的青年科技奖，即使在成果奖项中，青年科技人才在承担任务与评奖、荣誉分配中容易处于劣势，很可能影响青年人才的创新活力。

四　美、德、日人才培养与支持机制经验

　　当前，随着人才争夺战愈演愈烈，全球研发领域重要引领者的美、德、日等科技强国，注重通过国际交流、科学奖励、产学研深度合作等形式，加强对本国科技人才的开发与培养，并相继采取各种措施，加大对科技人才的吸引力度。通过梳理近年来美国、德国与日本科技人才开发政策特征与导向，便于更深入地掌握国际最新人才政策趋势。

（一）美国人才培养与支持机制经验

　　美国不仅是全球科技实力最强的国家，还长期保持世界人才中

---

　　① 韩凤芹、陈亚平：《科研事业单位收入分配改革的逻辑——基于系统论的分析》，《中国科技论坛》2022 年第 6 期。

心的地位，聚集了全球最多的顶尖科学家，拥有最多的高等教育机构和顶尖科研机构，在人才培养、吸引与使用方面有其独特的优势。

第一，不断完善 STEM（科学、技术、工程、数学的缩写）教育体系，强化高科技人才培养。美国是 STEM 教育的最早提出者，将其作为培养创新人才、确保在国际竞争中获胜的基本教育国策，形成了完善的教育体系和保障机制。一是完善法治保障基础。1986 年，美国国家科学委员会首次提出"科学、数学、工程和技术教育集成"的观点，并建议培养科学家、数学家、工程师、技术人才以提升国家竞争力。此后，不断细化规定。2018 年，联邦政府出台《为成功制定路线：美国的 STEM 教育战略》，规划五年的美国 STEM 教育计划，进一步明确 STEM 的发展方向和路径。二是充足的资金支持。联邦政府的教育部、卫生部、能源部、国防部、宇航局、国家科学基金会等机构，设置了师资培训，少数族裔、贫困子弟教育优惠，社会实习等众多 STEM 教育项目。2020年，美国联邦政府的 STEM 项目预算约为 37 亿美元，同比增长15%。[①] 三是课程体系标准规范。美国政府不断规范统一并优化完善基础教育阶段的 STEM 体系，2010 年美国制定《共同核心州标准》，2013 年颁布《新一代科学教育标准》，2016 年制定《STEM路线图：整合式 STEM 教育框架》，设计以"主题—话题—主导学科—任务"为基本架构的 STEM 整合连续体，将 STEM 教育体系贯

① 范云峰等：《美国 STEM 领域人才政策动向及我国发展策略》，《创新科技》2022 年第6 期。

穿 K—12 全学段。美国依靠自身高质量的教育体系，充分重视 STEM 教育，自主培养了大批高水平人才。

第二，提高移民门槛，细化移民标准，构建吸纳全球高素质人才的移民体系。美国是世界上最早实施人才吸引政策的国家之一，一系列的移民政策在美国战略人才力量建设中起到了关键性作用。近年来，美国政府通过不断提高移民的门槛和限制条件，根据产业与社会发展需求设立"积分择优制"全新移民政策，在移民总额减少的同时增加高技能移民比例，有针对性地吸引众多海外高素质战略人才赴美工作。同时，美国政府针对不同层次与职业类属的战略人才，设置差异化的移民条件和不同的签证类型，以规范化的管理流程加速推动全球范围内人才的吸纳。根据国家战略需求，美国的移民政策进行适时调整。例如 2021 年年初，美国国土安全部开始实行 H—1B 新规，签证发放优先考虑高技能、高职位、高薪的网络安全领域人才。此外，美国还充分利用庞大的跨国公司，建立海外公司分部和研究机构，从而吸纳世界各国优秀人才为其工作，并将他们发展为美国公民。

第三，完善留学生资助体系与社会保障体系，吸引留学生留美。美国拥有全球 1/3 的留学生，是美国战略人才力量中最为重要的潜在性储备。自 1946 年以来，美国就开始推行"富布赖特计划"，开启资助国际交流学生的先河，同时美国也是最早为留学生创造永久移民条件的国家之一。美国政府设立了国际开发署，并鼓励福特基金会、洛克菲勒基金会等机构通过各种奖学金项目资助来自发展中国家的留学生，其历年对外国留学生的投入平均金额高达 25 亿美元。① 美国高校与相关部门还出台配套的人才优惠与补助政策，完善社会保障制度等政策配套，增加了留学生留美定居的可能性，从而以较低的成本换取巨大的人才效益。

第四，良好的产学研协同创新机制，形成人才聚集的创新生态系统。美国通过支持科研创新平台的建设，汇聚和使用全球范围内的战略人才，产生"集聚—创新—交流—再创新"的创新倍增效应。一是美国国家实验室注重与各国大学、研究机构、产业界的合作，共同解决学科发展前沿和重大科学问题，吸引优秀人才。二是美国国家科学基金会设立各类项目，为战略科技人才的研究提供平台与制度支撑，其中最具特色的美国工业与大学合作研究中心计划（IUCRC）通过促进行业精英、国际领先科研团队和政府机构之间密切、长期的合作，产出突破性创新成果，推动企业技术进步，也帮助战略人才实现理论与实践能力的提升。三是美国国家级产学研合作平台（如硅谷、128 号公路园区），通过高水平研究型大学与国立科研机构对顶尖战略科技人才、STEM 专业领域博士研究生等给予长期稳定的支持，加速了创新生态系统中人才、高校、政府、市场以及行业机构间的交流互动，建立起基础科研与战略人才培养、发展的良性循环体系。

第五，以人为本的科研、管理环境为人才提供充分发挥潜能的空间。在收入水平上，美国科研工作者的薪酬收入较为可观，处于社会中高等收入水平，并且科研人员在美国有很高的社会地位，

① 林成华、赵文鹏、张维佳：《美国建设国家战略人才力量的特色举措及启示》，《今日科苑》2022 年第 7 期。

受到社会承认和尊重。在科研环境上，各类人才在科技创新上有充分的自主性与自由度，使其较少受到行政干预，更多受市场规律调节，良好的科研生态成为美国吸引高端人才的重要因素。

（二）德国人才培养与支持机制经验

德国作为欧洲最为典型的科技强国之一，在高层次人才开发、引进与评价等方面制定并实施了一系列卓有成效的政策和措施。

第一，最具特色的"双元制"教育制度，加强了对青年人才的分类培养。大学培养和高等专科学校培养是德国人才培养的两类模式。其中，大学通过学习、教育和研究相结合进行培养，培养学生具备掌握科学知识和开发研究的能力，塑造研究开发型人才；同时，德国是世界上最早建立职业培训体系的国家，并且通过颁布一系列法律法规，推动职业教育有序发展。在此背景下，高等专科学校通过建立职业学校和企业共同培养科技人才的"双元制"教育制度体系，培养擅长实践动手能力的应用型人才。"双元制"是指在工厂企业和国家的职业学校同步双轨运行的一种教育方式，具有学制较短、实践性强、专业水平高的特点。截至2020年，德国建有上百所知名工科大学、企业大学和200多所应用技术大学，[①]"校企合作共赢"人才培养模式为制造业输送大量高素质技能型人才和工程师，保障了德国传统优势工业后备人才库的人员充足。

---

① 张永利、房健：《发达国家科技人才发展战略的启示——以河北省为例》，《人才资源开发》2022年第21期。

　　第二，改革移民政策，加强科技人才引进。一是改革移民政策。德国自2005年正式实施《移民法》（即"绿卡计划"），允许高级专业技术的外籍人员无限期落户德国，包括拥有特殊专业知识的科学家、成就突出的教学科研人员等。《移民法》的正式实施标志着德国真正迈入移民国家行列，为德国有计划、有选择地引入外国高级技术管理人才奠定了法律基础。2012年，德国正式开始实施《关于高素质人才引进条例》，即所谓的"蓝卡"法案。该法案通过延长工作签证时间、解决人才配偶居留权、免除德语语言水平要求等方法，吸引国外高技术人才和留学生。二是德国还设立高端人才引进奖项，吸引世界顶尖人才。联邦政府2008年设立的亚历山大·冯·洪堡教席—国际研究奖，吸引世界顶尖人才到德国高校工作，对从事实验科学与理论科学的获奖者分别予以500万和350万欧元的奖金，用于组建研究团队、购买实验设备以及支付获奖者工资。这项计划由全球著名的洪堡基金会实施，该基金会资助过的学者中有40多位获得了诺贝尔奖，有力促进了德国在全球范围内科研竞争实力的持续提升。① 三是充分发挥民间协会、非营利基金会等主体的作用，不断完善人才资助机制。德国的非营利科研协会和基金会都会制定政策吸引人才，如洪堡基金会、弗朗霍夫协会和学术国际网等都制定了一系列人才计划，搭建了交流平台，进行职业活动、研讨会等信息的分享以吸引国际一流的科学家。

---

　　① 邓子立：《德国科技人才开发和评价的国际经验与启示》，《中国人事科学》2020年第8期。

第三，制订国家层面的后备科研人才培养与激励计划，强化青年人才的培养与激励。为加强对青年人才的培养，联邦政府和州政府在 2005 年推出面向研究型高校的"杰出计划"，2011 年推出面向公共研究机构的"研究与创新公约"，2016 年推出面向中小规模高校尤其是应用科技大学的"创新高校计划"，资助和支持青年科技人才成长，加强学术交流合作。作为德国联邦政府最大的科研资助机构的德国研究联合会，设立了哈森贝格计划、后备人才科学院计划等一系列可持续地加强对青年后备科研人才培养和激励的计划项目并不断完善。国家层面加强后备人才培养的立法保障，2002 年，德国联邦议院通过《高校框架法第 5 修正法》草案，为在大学建立青年教授制度提供了法律依据；2006 年，联邦教研部制定《科技人员定期聘任合同法》，放宽公立科研机构研究人员定期聘任合同的最长期限，以留住青年科技人才；2012 年，大型研究机构改革博士生资助模式，以资助合同取代奖学金。针对青年人才，德国并不以具体年龄设限，而是以职业生涯的时期进行人才层次的划分。德国科技人才资助体系中，提到"职业生涯早期科研人才"资助对象的项目占比在 40% 以上。[①]

第四，德国的科技人才评价制度充分体现出公开、公平、规范的特点。以大学为例，大学围绕教学和科研定位制定相应的评价指标，确立相应的评价标准，自主地评聘各类人才，具有充分的自主权，以同行评价为基础，多采用内部评价与外部评价相结合

---

① 陈虹枢等：《德国科技人才资助体系与资助机制研究》，《中国科技人才》2022 年第 2 期。

的方式。一是评价标准与评价过程的公开性。保证广泛的社会监督和程序的合法性。二是评价条件与评价程序的明确性。德国大学对教师的选聘有着明确的评聘条件和严格的考核制度，并通过相应的程序实现评价，有比较完整、严格的评价监督机制，并体现在整个评价过程中，以确保选聘教师的"名副其实"。三是成果统计的规范性。德国许多大学都建有一套行之有效的教师教学与科研成果统计数据库，由专业的管理机构依靠现代信息技术进行维护和管理，具有系统化、规范化、制度化和专业化等特点

（三）日本人才培养与支持机制经验

日本政府长期以来强调科技创新的核心要素是创新人才，将培养原创型科技人才作为日本科技创新的重中之重。截至 2022 年年底，已有 25 位日本人在自然科学领域获得诺贝尔奖。这些诺奖获得者全都在日本成长并接受现代教育，为日本科技强国建设提供了重要的人才支撑。

第一，日本高度重视全教育阶段的科技素养培养。早在 1953 年，日本就制定《理科教育振兴法》，建立完善的理科教学指导体制，从小培养学生的科学素养及观察解决问题的能力。日本拥有世界顶尖水平的初等、中等教育，日本学生的科学素养整体水平较高[①]。为推动科技创新人才早期培养，2002 年日本文部科学省开始指定实施先进数理教育的高中为"超级科学高中"，培养下一代

---

① 在经济合作与发展组织（OECD）2015 年发布的 35 个加盟国的国际学生评价项目（PI-SA）中，日本学生在阅读理解方面以 516 分排名第六，数学素养方面以 532 分排名第一，科学素养方面以 538 分排名第一。

科学技术创新人才和引领高中教育改革，提高学生的科学兴趣与科学能力。截至2022年，日本"超级科学高中"达到217所。在高等教育阶段，适时调整学科设置。日本中央政府行政机关之一的文部科学省组织建立"加强数学和数据科学教育联盟"，并配套实施一系列科技计划项目，促进数理科学、数据科学和人工智能教育的发展。在2018年修订的《大学设置标准》中，允许围绕人工智能、物联网和大数据等信息技术培养人才，改变过去大学资源按照专业纵向配置的结构，建立起超越学部（院系）的信息工程灵活教育体系，并尝试开展学士和硕士一体化教育；职业教育也积极响应社会需求，积极培育网络安全、物联网和机器人等领域既有实践能力又有创造性的工程师等。

第二，日本制造业企业是科技人才聚集高地。日本企业投入的研发经费占全部科技投入的72.6%，高于德国的66%、美国的63.1%，是世界上企业研发投入比例最高的国家。日本企业创新意识很强并注重持续投入，对科技人才有较强吸引力，60%的科技人才进入企业开展研究工作，日本的诺贝尔奖获得者中有10.7%来自企业。日本优秀制造业技术创新企业注重人才自主培养和研发团队建设，为顶尖科技人才提供了施展才能的环境，也彰显出日本企业对科技的重视程度以及对人才的巨大吸引力。①

第三，日本的国家科技计划——ERATO（先进技术探索研究）计划促进了战略科学家的培养与使用。日本早在20世纪80年代就

---

① 甄子健：《日本科技人才自主培养及其创新激励研究》，《中国科技人才》2022年第3期。

意识到战略科学家的重要价值，设立 ERATO 计划，在资助领域上突出战略导向，并且强调"以人为核心"，尊重研究负责人的原创性与领导力，塑造科技帅才。ERATO 计划的特点在于：一是高度重视并强调项目研究活动的前瞻性、变革性和多元交叉融合性，项目选择契合日本经济社会发展的战略需求与目标导向；二是面向杰出研究者，不进行公开申报，而是建立一套成熟的调查遴选机制，实行前期全面调查与后期咨询委员会严格遴选的研究负责人确定机制，严格遴选负责人；三是作为重大原创成果的探索性研究，ERATO 计划每个项目设置长达 5 年的基本研究周期，还允许设置启动前的培育期以及延期资助；四是 ERATO 计划的项目是跨机构、跨学科的研究活动，为保障人员流动畅通，允许从事 ER-ATO 计划的研究人员自由选择暂时保留原有职位还是辞职，但通过完善人事制度保障未来的待遇不受影响。ERATO 计划为日本培养塑造了一批科技领军人才，并充分借助其前瞻性视野和领导力优势，带动了高水平科技活动的组织开展，推动了科技进步。

第四，积极搭建国际合作平台以吸引人才。长期以来，日本通过寻求本国与他国科技发展的共同性和互补性来推动双边或多边合作，实现人才合作开发。一是共建项目平台，共建人才网络。比如 2011 年，日本与欧盟合作建立了首个集成微机电系统实验室，2021 年，双方开始进行欧盟研究与创新框架计划和日本科学技术基本计划的合作，共建人才网络。二是实施国际合作项目。日本实施了"亚洲科学技术战略推进项目"等一系列科技合作项目，推进国际共同研究和人才合作，集聚科技人才和科技信息。三是实施大学国际化战略。将一些优势大学列为"大学国际战略本部强化事业"校，增强大学吸引国内外优秀人才的能力；鼓励大学在全球主要城市设立办事处，招收优秀留学生，加强校友联系，构筑国际人才人际网络。

五 完善人才培养与支持机制的政策建议

科技竞争归根到底是人才竞争。通过全面提高人才自主培养质量、规范人才流动与引用、完善人才评价，充分发挥物质激励与精神激励作用以营造育才、聚才、用才的良好生态，筑牢高水平科技自立自强的人才支撑，将中国的制度优势转化为人才竞争优势、科技竞争优势，实现高水平科技自立自强的目标。

（一）分类施策，构建青年后备科技人才、优秀青年人才与战略科学家的一体化自主培养体系

人才培养是国家和民族长远发展的大计。实现高水平科技自立自强，对人才数量、质量、结构的需求是全方位的，而满足这样庞大的人才需求必须主要依靠自主培养，提升人才供给自主可控能力。

促进产教融合，从科技人才成长的全链条出发培养创新型后备科技人才。高校与具有人才培养职能的科研院所作为人才的供给方，而大部分的科研机构与企业等在劳动力市场上属于人才的需求方，只有探索供需协调的人才培养方式，才能充分发挥人才价值。一是在人才选拔方面，政府做好选拔程序与结果公平性的监督工作，提高高校的自主性，鼓励各个高校根据自身基础学科优势与特点，结合学生特长与兴趣，构建独立于高考的选拔通道，

识别对基础学科真正感兴趣、有天赋的学生。二是促进校企合作，注重多主体联合培养，重视在实践中培养和提升科研能力。高校瞄准国家战略与产业人才需求设置专业与培养方案，企业与科研基地提供资助、实习、工作等方式，承担协同培养关键核心技术人才的责任，[①] 通过理论与实践的紧密结合，共同培养人才。

对优秀青年科技人才要使用与培养并重。一是要大胆选用优秀青年科技人才承担国家重大科技创新任务，在科研一线发现新问题、解决新问题，产生原创性、前沿性、变革性的科技创新成果。二是为青年科技人才提供更多的合作与交流平台。支持国内的科研人员参加国际学术会议和国际学术组织的活动，与国际同行保持紧密的学术联系，随时掌握学科前沿。三是为广大青年科技人才提供更加普惠性、公平性的资助，让他们能够有更多精力投入科研工作。四是探索鼓励科研院所和高校青年科技人才参加科技人员服务企业专项行动等活动，发现企业创新遇到的"真问题"，树立解决"真问题"的决心。同时在高等学校设置流动岗位，围绕国家重大决策部署，紧密结合自身对应用型教学科研人才的需求，充分利用企业专业技术人员在科技创新方面的技术和技能优势，提升企业在职青年科技人才的学术研究能力和前沿视野。五是要尊重科技人才成长规律和创新工作规律，完善创新容错机制，切实做到用环境聚集人才、发展人才。

建立科学有效的战略科学家识别遴选机制，同时做好服务保障。习近平总书记指出，"要大力培养使用战略科学家"，"形成战

---

① 张志刚等：《现代科技人才培养趋势研究》，《全球科技经济瞭望》2022 年第 11 期。

略科学家成长梯队"。①战略科学家是国家战略人才力量中的"关键少数"。一是科技部、人社部等相关部门要加强调研，了解和把握中国战略科学家资源现状，建立战略科学家信息库、备选库，战略科学家的发现渠道应当更加多元化，从高校、科研机构扩展到产业界。二是赋予战略科学家更大技术路线决定权和经费使用权，使其充分按照自己的研究设想，担纲领衔更具引领性、战略性、颠覆性的研究活动，实现引领产业和社会的创新性变革。三是建立跨学科、跨机构的研究交流制度环境。使担当领衔的战略科学家与科研团队成员能够充分、高效地交流互动，并由此带动科研资源的有效整合和青年科研人才的快速成长。四是为战略科学家提供各类科研条件设施的稳定保障，同时为战略科学家松绑。科研单位提供专门的管理服务团队，协助做好日常行政管理工作。在评估考察项目实施成效时，应放在更长时效的维度来进行，营造更加宽松、适于探索的研究环境。

（二）规范人才流动机制，加大国际人才吸引力度，建立高端人才长效吸引机制

促进人才区域合理布局和协调发展。一是加快规范人才流动秩序。积极制定和完善人才激励政策，重点激励扎根西部地区和东北地区等有突出贡献的人才，鼓励人才向欠发达地区流动，在科研经费、科研平台建设上加大倾斜力度，增加人才计划、财政补

---

① 《深入实施新时代人才强国战略　加快建设世界重要人才中心和创新高地》，《求是》2021年第24期。

贴、个税优惠、住房等福利保障方面的政策支持；建立对发达地区通过不公平竞争手段从相对落后地区"重金"挖人的惩戒机制，加强人才在不同区域间流动竞争秩序的监管。二是推动区域间资源共享，提高高校和科研院所布局均衡性，以平台吸引人才。根据国家区域协调发展战略要求，制定和完善政策，支持并鼓励相对落后的中西部地区、东北地区现有高校和科研院所特色化发展与高质量发展，增强其人才吸引力和容纳力；同时鼓励欠发达地区的高校与科研机构"走出去"，到发达地区设立分支机构、共建合作机构；与发达地区的机构开展人才合作与培育，实现人才资源共享。

借鉴科技强国技术移民经验，完善中国的技术移民制度，加大力度吸引国际人才。面对全球技术移民竞争新态势，中国的海外人才引进制度急需加快与世界通行的海外引才制度接轨，为深度参与全球人才竞争与治理奠定制度基础。一是积极推进国家《移民法》出台，并根据社会需要逐步修订和完善，降低外籍高技术人才引进的门槛，简化审批流程，强化法律法规对技术移民权利和义务的保障。二是实施开放包容的移民政策，细化、丰富海外人才签证类别。借鉴发达国家的经验，细分海外人才类型，针对顶尖人才、专门人才、创新创业人才、优秀外国留学生等群体，分别推出对应的签证类别；同时要参考和对照国际标准，不断完善和创新相关配套政策，形成一套具有国际竞争比较优势的海外人才签证体系，增强招才、引才的精准性和灵活性。[1] 三是优化组

---

[1] 黎兵：《全球技术移民竞争新态势及启示》，《中国科技人才》2023 年第 1 期。

织职能结构，为技术移民提供高质量服务。加快构建以国家移民管理局为主导的多部门协调新机制，平衡协调职能交叉部门间关系，形成多部门管理的高效合力；同时深化职能部门的"放管服"改革，完善统一的外国人才工作评估、申请、受理、审批、发证等环节的管理流程，提升便利程度。

建立高科技人才流失预警机制与长效吸引机制。高科技人才流失重在预防，重点提升回国高科技人才的融入感，通过专业机构提供市场化、专业化的职业顾问服务，帮助其适应国内就业环境并顺利发展科研事业；协调帮助其解决生活中的困难，提供适当的社会参与机会，提高其对国家的认同感和归属感；在宣传树立先进典型的同时，还要建立经常性的谈心交流沟通机制，及时发现和敏锐捕捉人才流失的征兆，进行疏导、解释、劝说，并迅速化解矛盾和解决问题。在长效吸引机制方面，充分发挥一些科研协会与基金会的作用，建设集信息储存、沟通联络和信息发布为一体的海外人才数据库，及时跟踪和了解高科技人才的动向、回国意愿及面临困难，为将来引进高科技人才奠定基础。

（三）细化评价标准，改进评价方法，实施有利于科技人才潜心研究的评价制度

着力解决人才评价体制机制障碍，加快建立以创新价值、能力、贡献为导向的人才评价体系，通过评价来准确反映科技人才在专业领域中处于什么层次、什么位置，在生态位上的"势能"有多大；同时精准识别人才个体在其专业领域内是否具有较强的发展潜力，表现在生态位上的"动能"有多强。[①] 形成并实施有利于科技人才潜心研究和创新的评价体系，让人才评价指挥棒最大限度地激发科技人才活力。

细化评价标准，树立正确的科技人才评价导向。推进科技人才评价标准持续优化和动态调整。一是提高分类评价的精准性，顾及科研活动复杂多样的特点，多层次细化科技人才分类评价体系，以创新能力质量、实效、贡献等作为评价维度，针对不同评价对象、学科领域、研究类型、研究成果，明确各类评价对象的评价重点，提出差异性和有辨识度的评价指标，以充分契合各类科研活动和科技人才的特点。二是健全"能上能下、能进能出"机制，动态跟踪和调整人才评价，打破人才帽子"标签化""终身制"，实行优胜劣汰、能进能出的动态考核管理机制。

改进评价方法，提高评价过程、评价结果的公平性。一是完善代表性成果评价机制。树立对标世界一流、符合行业领域的共同价值观和一致的评价认知，合理使用论文专利、影响因子等量化指标，强调代表作的质量，尤其是原创性和对经济社会发展的实际贡献。二是加强专家库建设，推进同行评议。提高学术共同体的学术审美、学术品位和前瞻性，构建多学科专家组成的专家库；同时建立人才评价诚信制度，对评委进行监督与问责，防止利益干扰和权力滥用。三是适应科技协同创新和跨学科、跨领域发展的学科特点，针对科技团队，推进以合作解决重大科技问题为重点的整体性评价。

实施有利于科技人才潜心研究的评价制度。一是明确政府边

---

① 孙锐：《正确认识科技人才评价的本质》，《中国人才》2022 年第 8 期。

界，发挥好政策引导、关系协调等作用，营造尊才、爱才的社会环境，同时在人才评价上，强化用人单位主体作用，发挥学术共同体专业作用，健全多主体联动的科技人才评价体制。二是各地、各部门尽快统一政策"指挥棒"，推进机构评价改革，统一机构评价与人才评价标准。三是合理确定不同类别科技人才的评价周期，尤其是适当延长对基础研究人才、青年科技人才的评价考核周期，制定针对不同成长阶段的差异化评价体系，避免频繁重复评价人才，切实减轻人才负担。四是实施更加开放的人才评价服务准入，加快培育具有行业性、权威性、独立性与国际化的第三方评价机构，完善第三方科技人才评价制度。

（四）推进收入分配制度改革，完善重大荣誉奖励体系，提高科技人才获得感与满足感

推进和完善以增加知识价值为导向的收入分配制度改革，充分发挥绩效工资的激励作用。一是鼓励科研院所自主创新，让市场自发定价取代政府行政规定，从市场中获取知识价值的合理评估值，扩大科研单位薪酬分配自主权，是推动以知识价值为导向的收入分配政策落实的大前提。二是推动科技人才薪酬制度结构性改革，改善绩效工资总额控制，建立绩效工资总额正常增长机制，逐步优化核定机制，确保科技人才的薪酬具有市场竞争力，增强科技人才的薪酬竞争力。三是以实际贡献为绩效考核标准，实行差异化福利制度，优化基本工资、基本福利以及项目奖金提成、股权激励机制，完善科技人才保障性薪酬体系和激励性薪酬体系，构建以创新价值、能力、贡献为导向的薪酬分配机制，提高科技

人才激励的精准性。四是要高度重视基础研究对科技创新的重要作用，在鼓励科技成果转化的同时也要给基础研究工作提供稳定的经费保障，完善基础研究人员的绩效激励。同时，充分认识科研工作的周期性和风险，建立容错机制，正确评估其是否有助于促进科技创新，并相应给予绩效工资分配。五是建议对"戴帽子"人才予以一次性奖励补贴，避免多次、重复的奖励拉大单位内部收入差距。

完善重大荣誉奖励体系，提高科技人才获得感与满足感。一是打造具有重大国际影响力和公信力的世界顶级科学大奖，推动中国和全人类科学技术事业的发展，营造尊才、爱才的社会氛围。二是优化青年人才科技奖励体系。在现有的国家科技奖项基础上，争取设立国家层面的青年科技奖励，更加聚焦国家战略，扩大青年科技奖励的层次和覆盖面，最大限度发挥科技奖励的社会功能，促进更多青年科技人才提高创新能力，突出科技奖励对青年科技人才的引导示范作用，激发青年人才的使命感与荣誉感，使之更好地服务实现国家高水平科技自立自强，促进青年科技人才为建设世界科技强国建功立业。

参考文献

白春礼：《构建现代科技创新治理体系　全面提升科技创新供给能力》，《中国党政干部论坛》2018 年第 6 期。

曹聪等：《中国科技体制改革新论》，《自然辩证法通讯》2015 年第 1 期。

曹希敬、袁志彬：《新中国成立 70 年来重要科技政策盘点》，《科技导报》2019 年第 18 期。

陈宝明、文丰安：《全面深化科技体制改革的路径找寻》，《改革》2018 年第 7 期。

陈虹枢等：《德国科技人才资助体系与资助机制研究》，《中国科技人才》2022 年第 2 期。

陈劲、杨硕、陈钰芬：《世界科技强国：内涵、特征、指标体系及实现路径》，《创新科技》2023 年第 5 期。

陈劲、张学文：《中国创新驱动发展与科技体制改革（2012—2017）》，《科学学研究》2018 年第 12 期。

陈劲：《以新型举国体制优势强化国家战略科技力量》，《人民论坛》2022 年第 23 期。

陈劲、阳镇、朱子钦：《"十四五"时期"卡脖子"技术的破解：识别框架、战略转向与突破路径》，《改革》2020 年第 12 期。

陈靓：《美国贸易政策新思维映射下的"印太经济框架"》，《国际展望》2022 年第 6 期。

陈诗波、陈亚平：《中国建设全球科创中心的基础、短板与战略思考》，《科学管理研究》2019 年第 6 期。

陈实、章文娟：《中国 R&D 投入强度国际比较与分析》，《科学学研究》2013 年第 7 期。

陈志：《回归纯科学还是走向综合？——基础研究概念的演变与启示》，《人民论坛·学术前沿》2023 年第 9 期。

窦贤康：《加强基础研究是世界科技强国建设的必由之路》，《学习时报》2023 年 8 月 14 日

樊春良：《面向科技自立自强的国家创新体系建设》，《当代中国与世界》2022 年第 3 期。

范云峰等：《美国 STEM 领域人才政策动向及我国发展策略》，《创新科技》2022 年第 6 期。

方曦、尤宇、何华：《国家重大科技项目知识产权育成要素研究》，《创新科技》2021 年第 8 期。

方新：《中国科技体制的形成、演进与改革》，载方新主编《中国可持续发展总纲（第 16 卷）：中国科技创新与可持续发展》，科学出版社 2007 年版。

方新：《关于我国发展基础研究的几点思考》，《中国科学基金》2019 年第 5 期。

冯泽、陈凯华、冯卓：《国家创新体系效能的系统性分析：生成机

制与影响因素》，《科研管理》2023 年第 3 期。

高洪玮：《中国式现代化与产业链韧性：历史逻辑、理论基础与对策建议》，《当代经济管理》2023 年第 4 期。

公丕明：《构建多元化科技人才激励机制》，《中国党政干部论坛》2022 年第 10 期。

郭春生、胡志伟：《科技革命与苏联兴衰的关系论析》，《当代世界与社会主义》2023 年第 1 期。

郭雷：《不确定性动态系统的估计、控制与博弈》，《中国科学：信息科学》2020 年第 9 期。

郭铁成：《自主培养科技人才必须尊重客观规律》，《中国科技人才》2023 年第 3 期。

韩凤芹、陈亚平：《科研事业单位收入分配改革的逻辑——基于系统论的分析》，《中国科技论坛》2022 年第 6 期。

韩军徽、李哲：《强化国家战略科技力量：认识、问题与建议》，《中国科技论坛》2023 年第 3 期。

洪银兴：《科技创新阶段及其创新价值链分析》，《经济学家》2017 年第 4 期。

胡旭博、原长弘：《关键核心技术：概念、特征与突破因素》，《科学学研究》2022 年第 1 期。

霍竹、刘华仑、田德录：《新形势下科技体制改革攻坚的若干思考》，《中国科学院院刊》2023 年第 1 期。

贾宝余、杨明、应验：《高水平科技自立自强视野中重大科技项目选题机制研究》，《中国科学院院刊》2022 年第 9 期。

江虎军等：《国家自然科学基金项目同行评议的智能化探讨》，《中国科学基金》2019 年第 2 期。

康捷、袁永、邱丹逸：《日本科技创新政策评价制度建设经验及启示》，《特区经济》2018 年第 6 期。

黎兵：《全球技术移民竞争新态势及启示》，《中国科技人才》2023 年第 1 期。

李晓红：《强化企业科技创新主体地位》，《人民日报》2022 年 12 月 26 日。

李晓华：《"新经济"与产业的颠覆性变革》，《财经问题研究》2018 年第 3 期。

李雪松、党琳、赵宸宇：《数字化转型、融入全球创新网络与创新绩效》，《中国工业经济》2022 年第 10 期。

李哲、杨晶、朱丽楠：《美国国家创新体系的演化历程、特点及启示》，《全球科技经济瞭望》2020 年第 12 期。

李正风：《中国科技政策 60 年的回顾与反思》，《民主与科学》2009 年第 5 期。

李智：《典型国家城镇化中后期的发展特征及启示》，《中国经贸导刊》2021 年第 16 期。

廉思：《我国高科技人才培养路径探析》，《人民论坛》2022 年第 10 期。

林成华、赵文鹏、张维佳：《美国建设国家战略人才力量的特色举措及启示》，《今日科苑》2022 年第 7 期。

刘钒等：《新时代科技体制的结构性矛盾：逻辑、表征与改革路径》，《中国科技论坛》2019 年第 6 期。

刘鹤：《把实施扩大内需战略同深化供给侧结构性改革有机结合起

来》，《人民日报》2022 年 11 月 4 日。

刘辉：《关于科技人才评价改革若干重点举措的探讨》，《中国科技人才》2021 年第 1 期。

刘克佳：《美国重大科技计划的验收与评估机制研究》，《全球科技经济瞭望》2021 年第 3 期。

刘娅：《英国科技评价和科研诚信建设概述及启示》，《全球科技经济瞭望》2023 年第 4 期。

刘云：《破"四唯"能解决中国科技评价的问题症结吗》，《科学学与科学技术管理》2020 年第 8 期。

柳卸林、马瑞俊迪、刘建华：《中国离科技强国有多远》，《科学学研究》2020 年第 10 期。

龙飞、巩键：《美国小企业创新研究计划实施的经验与启示》，《中国中小企业》2023 年第 3 期。

路风、何鹏宇：《举国体制与重大突破——以特殊机构执行和完成重大任务的历史经验及启示》，《管理世界》2021 年第 7 期。

吕岩威、李平：《科技体制改革与创新驱动波及：1998—2013》，《改革》2016 年第 1 期。

马名杰、张鑫：《中国科技体制改革：历程、经验与展望》，《中国科技论坛》2019 年第 6 期。

马名杰等：《全球科技创新趋势的研判与应对》，《经济日报》2021 年 1 月 22 日。

马双、陈凯华：《美国基础研究体系：主要特征与经验启示》，《科学学研究》2023 年第 3 期。

磨惟伟：《韩国半导体产业发展情况分析及相关启示》，《中国信息安全》2022 年第 10 期。

彭绪庶：《高水平科技自立自强的发展逻辑、现实困境和政策路径》，《经济纵横》2022 年第 7 期。

平力群：《探析日本经济波动的制度因素——基于国家创新体系的视角》，《日本学刊》2021 年第 3 期。

秦铮、孙福全、袁立科：《德美日建设世界科技强国的经验及启示》，《科技管理研究》2022 年第 12 期。

秦铮：《美国建设世界科技强国的经验及对我国的启示》，《创新科技》2022 年第 3 期。

邱举良、方晓东：《建设独立自主的国家科技创新体系——法国成为世界科技强国的路径》，《中国科学院院刊》2018 年第 5 期。

荣俊美、陈强：《基础研究"两头在外"如何破局？》，《中国科技论坛》2021 年第 11 期。

沙德春、何新伟、周春涛：《科技自立自强：国际演绎、中国图景与测度体系》，《科学管理研究》2023 年第 3 期。

沈艳波等：《科技强国评价指标体系构建及初步分析》，《中国科学院院刊》2020 年第 5 期。

石雪怡：《英国大学科研成果评价探究及其对破除"五唯"的启示》，《中国高校科技》2021 年第 6 期。

时殷弘：《美苏冷战史：机理、特征和意义》，《南开学报》2005 年第 3 期。

史卫：《日本应对贸易摩擦的科技政策选择及对我国的启示》，《财政科学》2020 年第 9 期。

苏铮、李丽：《世界主要科技强国发展战略对比研究》，《制造技术与机床》2021 年第 2 期。

眭纪刚：《新型举国体制中的政府与市场》，《人民论坛·学术前沿》2023 年第 1 期。

孙锐：《正确认识科技人才评价的本质》，《中国人才》2022 年第 8 期。

孙玉涛、刘凤朝、曹聪：《中国科技体制改革的逻辑：一个制度理论的框架》，《科学学研究》2022 年第 1 期。

谭华霖、吴昂：《我国科技成果第三方评价的困境及制度完善》，《暨南学报》（哲学社会科学版）2018 年第 9 期。

万劲波：《基础研究的内涵、模式与高质量发展路径》，《人民论坛·学术前沿》2023 年第 6 期。

王昌林等：《大国崛起与科技创新——英国、德国、美国和日本的经验与启示》，《全球化》2015 年第 9 期。

王国强：《新时代中国实现高水平科技自立自强的路径研究》，《人民论坛·学术前沿》2022 年第 20 期。

王海燕、梁洪力、周元：《关于中国基础研究经费强度的几点思考》，《中国科技论坛》2017 年第 3 期。

王海燕、徐君言、李玲娟：《基础研究经费投入现状与统计口径研究》，《科学学研究》2022 年第 11 期。

王宏伟等：《中美技术摩擦给我国高技术产业和企业带来的风险分析》，《中国科学院院刊》2023 年第 4 期。

王静、张延东：《关于加大基础研究稳定支持力度的思考和建议》，《中国科技论坛》2008 年第 5 期。

王胜华：《英国国家创新体系建设：经验与启示》，《财政科学》

2021 年第 6 期。

王铁成：《英国科技强国发展历程》，《今日科苑》2018 年第 1 期。

王晓、张换兆：《我国国际科技创新合作成效、面临的挑战及建议》，《科技中国》2022 年第 9 期。

王新凤：《我国高校拔尖创新人才自主培养模式与实践难点》，《中国高教研究》2023 年第 7 期。

王志刚：《加快科技自立自强和科技强国建设步伐》，《学习时报》2021 年 12 月 20 日。

温军、张森：《科技自立自强：逻辑缘起、内涵解构与实现进路》，《上海经济研究》2022 年第 8 期。

吴梦圈：《科技成果评价政策演变研究：趋势、特征和脉络》，《中国科技论坛》2023 年第 8 期。

吴宪宇、程如烟、姜桂兴：《国家基础研究经费投入规律研究》，《中国科技论坛》2020 年第 7 期。

吴月辉：《基础研究的钱怎么花》，《人民日报》2014 年 5 月 12 日。

习近平：《把握新发展阶段，贯彻新发展理念，构建新发展格局》，《求是》2021 年第 9 期。

习近平：《加快建设科技强国，实现高水平科技自立自强》，《求是》2022 年第 9 期。

习近平：《加强基础研究　实现高水平科技自立自强》，《求是》2023 年第 15 期。

习近平：《深入实施新时代人才强国战略　加快建设世界重要人才中心和创新高地》，《求是》2021 年第 24 期。

肖咪咪、卢芳妹、贾良定：《中国科技体制改革中的组织身份变革》,《管理世界》2022 年第 3 期。

徐芳、李晓轩:《科技评价改革十年评述》,《中国科学院院刊》2022 年第 5 期。

徐晓丹、柳卸林:《大企业为什么要重视基础研究?》,《科学学与科学技术管理》2020 年第 9 期。

玄兆辉、曹琴、孙云杰:《世界科技强国内涵与评价指标体系》,《中国科技论坛》2018 年第 12 期。

薛澜:《关于中国基础研究体制机制问题的几点思考》,《科学学研究》2011 年第 12 期。

薛姝、石长慧、张文霞:《尊重基础研究人才成长规律》,《中国人才》2023 年第 6 期。

阳镇:《关键核心技术:多层次理解及其突破》,《创新科技》2023 年第 1 期。

杨琨:《科研项目组织管理改革亟待深化》,《光明日报》2022 年 4 月 7 日。

叶玉江:《持之以恒加强基础研究 夯实科技自立自强根基》,《中国科学院院刊》2022 年第 5 期。

曾明彬、李玲娟:《我国基础研究管理制度面临的挑战及对策建议》,《中国科学院院刊》2019 年第 12 期。

张剑波、顾丽英:《国内外科技奖励制度发展回顾》,《科技中国》2022 年第 10 期。

张景安:《中国科技体制改革 40 年》,《中国软科学》2018 年第 10 期。

张俊芳等:《构建新型投入机制,助力核心技术攻关》,《智慧中国》2022 年第 10 期。

张可、唐道润：《美国劳伦斯·利弗莫尔国家实验室管理方式研究》，《全球科技经济瞭望》2020年第8期。

张韶阳等：《持续升级科学基金人才资助体系，为基础研究高质量发展提供有力支撑》，《中国科学基金》2022年第5期。

张硕、陶蕊、施筱勇：《中国科技评价研究热点述评》，《科技管理研究》2021年第18期。

张彤等：《人工智能辅助学术同行评议的应用及分类》，《中国科技期刊研究》2021年第1期。

张永利、房健：《发达国家科技人才发展战略的启示——以河北省为例》，《人才资源开发》2022年第21期。

张于喆等：《中国关键核心技术攻坚面临的主要问题和对策建议（笔谈）》，《宏观经济研究》2021年第10期。

张玉臣、谭礼：《关键核心技术的概念界定、特征辨析及突破路径》，《中国科技论坛》2023年第2期。

张媛媛：《践行与弘扬科学家精神　着力加强基础研究——学习习近平总书记关于加强基础研究的重要论述》，《毛泽东邓小平理论研究》2020年第8期。

张志刚等：《现代科技人才培养趋势研究》，《全球科技经济瞭望》2022年第11期。

张志强、田倩飞、陈云伟：《科技强国主要科技指标体系比较研究》，《中国科学院院刊》2018年第10期。

赵星宇、白杨：《英国科研领域同行评议管理的现状与发展》，《全球科技经济瞭望》2020年第11期。

甄子健：《日本科技人才自主培养及其创新激励研究》，《中国科技人才》2022 年第 3 期。

中共中国科学院党组：《筑牢高水平科技自立自强的根基》，《求是》2023 年第 15 期。

中国社会科学院宏观经济研究智库课题组等：《有效应对外部变化继续促进经济恢复——2022 年秋季中国宏观经济形势分析》，《改革》2022 年第 10 期。

钟华、单连慧、安新颖：《日本医学科技项目评价体系分析及启示》，《世界科技研究与发展》2021 年第 3 期。

朱承亮：《新时代我国科技创新发展的伟大成就与展望》，《科技智囊》2023 年第 7 期。

朱迎春：《创新型国家基础研究经费配置模式及其启示》，《中国科技论坛》2018 年第 2 期。

庄芹芹、高洪玮：《强化国家战略科技力量的政策演变、理论进展与展望》，《当代经济管理》2023 年第 12 期。

［美］D. E. 司托克斯：《基础科学与技术创新：巴斯德象限》，周春彦、谷春立译，科学出版社 1999 年版。

Cong Cao，Richard P. Suttmeier，"Challenges of S&T System Reform in China"，*Science*，No. 355，2017.

Yutao Sun，Cong Cao，"Demystifying Central Government R&D Spending in China"，*Science*，No. 345，2014.